Zur Erosion der Menschenrechte im demokratischen Rechtsstaat

Frankfurter kriminalwissenschaftliche Studien

Bd./Vol. 102

PETER LANG
Frankfurt am Main · Berlin · Bern · Bruxelles · New York · Oxford · Wien

Alexa Albrecht

Zur Erosion der Menschenrechte im demokratischen Rechtsstaat

Reaktionen der Systeme und der Zivilgesellschaft

PETER LANG
Europäischer Verlag der Wissenschaften

Bibliografische Information der Deutschen Nationalbibliothek
Die Deutsche Nationalbibliothek verzeichnet diese Publikation in der Deutschen Nationalbibliografie; detaillierte bibliografische Daten sind im Internet über <http://www.d-nb.de> abrufbar.

Zugl.: Frankfurt (Main) Univ., Diss., 2006

D 30
ISSN 0170-6918
ISBN 978-3-631-56648-0

www.peterlang.de

Vorwort

Diese Untersuchung gründet auf Vorarbeiten einer politikwissenschaftlichen Studie am Otto-Suhr-Institut Berlin im Rahmen meiner politologischen Ausbildung. Die mir dort lediglich deskriptiv angetragene Aufgabe einer Analyse der Organisation von Menschenrechten hat mich nachdrücklich kritisch motiviert: Der Erosion von Menschenrechten im demokratischen Rechtsstaat konnte ich mich an einem rechtswissenschaftlichen Fachbereich intensiv widmen, wofür ich mich bei den Herren Professoren Dr. Walter Kargl und Dr. Wolf Paul herzlich bedanken möchte. Walter Kargl hat mich in diesem Vorhaben von vornherein bestärkt und durch seine wissenschaftlichen Anregungen mir stets einen klaren Blick für die juristischen Zusammenhänge bereitet. Wolf Paul danke ich für seinen steten Aufruf, das Ausmaß der Verletzung von Menschenrechten in den globalen Zusammenhängen zu erkennen und seiner bis in die Disputation hineinreichenden Mahnung, dass man jenseits des beschränkten Horizonts der juristischen Denkungsart nach Antworten auf die Frage von Grund und Wesen, Glanz und Elend der Menschenrechte zu suchen hat.

In der Tat muss man weiter ausholen, will man den Menschenrechten auf den humanistischen, philosophischen und schlechthin wissenschaftlichen Grund gehen. So wichtig diese auf Komplexität zielenden Perspektiven für die Menschenrechte sind, mein Ansatz war ein anderer – eher bescheidener, handwerklicher aus rechtlicher und politologischer Sicht. Die beiden zentralen juristischen und gesellschaftspolitischen Schlüsselbegriffe „Prävention und Privatisierung" sind die beiden Kategorien, die in meiner Arbeit in einen gesellschaftskritischen Blick genommen werden sollen: Einmal in einem theoretischen Aufriss und einmal in einer empirischen Analyse. Ich möchte den Nachweis führen, dass sich hinter diesen offiziellen und höchst angesehen Begrifflichkeiten, denen gesellschaftssteuernde Funktion und Potenz zugeschrieben wird, zerstörerische Tendenzen für Staat und Gesellschaft verbergen. Juristen, Politiker und auch der Wahlbürger lassen sich selten von philosophischen Einsichten leiten. Sie folgen lieber eingetretenen begrifflichen Pfaden: Vorbeugen ist besser als Zurücklehnen! Private sind besser als Bürokraten! Für diese populistische Begriffsideologie sind Überlegungen zur „Logik der Macht" und zur „Logik des Risikos" sogar gefährlich und gehören unterdrückt – vielleicht, weil die Akteure nicht selten Bestandteile dieser Logiken sind.

Meine Arbeit verstehe ich als kritische Begriffsanalyse, die zum einen den ideologischen Gehalt von zentralen Steuerungsbegriffen aufdecken soll. Zum anderen soll der Nachweis erbracht werden, dass diese ideologische Begrifflichkeit reale Erosionen von Menschenrechten verdeckt und verschleiert. Die Hoffnung, dass ein formelles Rechtssystem allein diese Entwicklung von Erosionen ausbremsen kann, erweist sich als trügerisch. Man muss weitere Verbündete finden:

eine kritische Rechtswissenschaft, eine kritische interdisziplinäre Wissenschaft und vor allem zivilgesellschaftlichen Diskurs und entsprechendes Engagement. In meiner Arbeit habe ich mich bemüht, der offiziellen Semantik der Rechtspolitik Tatsachen und gesellschaftspolitische Realitäten entgegenzustellen: Vorbeugung und Sicherheitsgewinn sind keine Werte an sich, sondern produzieren eine Sicherheitsgesellschaft, die ihre freiheitlichen Grundlagen aufgibt.

Alexa Albrecht — Frankfurt am Main im Dezember 2006

Inhaltsübersicht

1. Teil: Das Wesen der Menschenrechte und seine Ableitung aus der Menschenwürde 19
A. Definitionen der Menschenrechte 19
B. Dokumente für den Schutz von Menschenrechten 21
C. Legitimationen der Menschenrechte 26

2. Teil: Erosionen der Menschenrechte im Rahmen gesellschaftlicher und rechtlicher Entwicklungen 45
A. Von der Prävention zur Sicherheitsgesellschaft 45
B. Vom Sozialstaat zur Privatisierung 76

3. Teil: Formelle Systemreaktionen 95
A. Traditionelle Institutionen zur Durchsetzung der Menschenrechte 95
B. Normative Veränderungsprozesse im traditionellen Rechtssystem am Beispiel der strafrechtsdogmatischen Folterdebatte in Deutschland 126

4. Teil: Informelle zwischenstaatliche und zivilgesellschaftliche Reaktionen 149
A. Zur Entwicklung von Nichtregierungsorganisationen und zwischenstaatlichen Institutionen als Antwort auf systemische und normative Erosionen 150
B. Das Beispiel von Amnesty International als NGO-Beitrag zur Folterdebatte in Deutschland 172

5. Teil: Conclusionen zu den Erosionen 185
A. Der formelle und informelle Schutzrahmen für Menschenrechte 185
B. Auf dem Weg zur Auflösung von Menschenrechten 190

Inhaltsverzeichnis

	Einleitung	17
1. Teil:	**Das Wesen der Menschenrechte und seine Ableitung aus der Menschenwürde**	19
A.	Definitionen der Menschenrechte	19
B.	Dokumente für den Schutz von Menschenrechten	21
I.	Wichtige internationale Positivierungen	21
II.	Die normativen Anknüpfungspunkte	22
III.	Differenzen im horizontalen Menschenrechtsverständnis	23
C.	Legitimationen der Menschenrechte	26
I.	Geschichte der Menschenrechte	26
II.	Ideengeschichtliche und philosophische Begründungen der Menschenrechte und der Menschenwürde	28
1.	Die Basis: Menschenwürde	28
	a) Versuche inhaltlicher Würdebestimmung	29
	b) Versuch über Menschenbilder	31
	c) Versuch über Richtlinie und Maßstab	32
	d) Versuch über internationale Positivierungen	32
	e) Versuch ex negativo: Objektformel	33
	f) Versuch über absolute Schranken	35
2.	Die historische und soziale Kontextgebundenheit der Menschenwürde: Individualismus, Kollektivismus, Personalismus	35
3.	Menschenwürde und die relative ‚Logik der Abwägung'	37
4.	Menschenwürde und die absolute ‚Logik des Tabus'	39
5.	Conclusio: Alles ist im Fluss	42

2. Teil: Erosionen der Menschenrechte im Rahmen gesellschaftlicher und rechtlicher Entwicklung 45

A. Von der Prävention zur Sicherheitsgesellschaft 45

I. Vor-präventive Zeiten 45

II. Präventionsstaat und Präventionsgesellschaft 46

1. Die Entwicklung von der begrenzenden Repression zur präventiven Gestaltung 46
2. Von der sozialen zur inneren Sicherheit 47
3. Polaritäten (Pro & Contra) 49
   a) Die Pro-Debatte 49
   b) Die Contra-Debatte 50
4. Die Logik des Risikos 51
5. Die Stunde der Exekutive 52
   a) Das Beispiel Lauschangriff 53
   b) Die Informalisierung des Rechts 57
6. Conclusio: Vom Präventionsstaat zur Präventionsgesellschaft 59

III. Sicherheitsstaat und Sicherheitsgesellschaft 59

1. Prävention vs. Sicherheit: Bestandsaufnahme 59
   a) Die Rationalität des Sicherheitsstaates: Rechtsabbau 59
   b) Die Mittel des Rechtsabbaus: Sicherheitsgesetze 62
2. Die paradoxe Folge des Sicherheitsstaates: Produziertes erhöhtes Sicherheitsbedürfnis 64
   a) Abschaffung des rechtsstaatlichen Strafrechts 64
   b) Produziertes Sicherheitsbedürfnis 65
   c) Politik des Sicherheitsversprechens und Entindividualisierung 65
3. Gründe für die Entwicklung zur Sicherheitsgesellschaft (Protagonisten des Wandels) 66
   a) Abbau des Sozial- und Wohlfahrtstaates 67
   b) Neoliberalismus: Die Ökonomisierung des Sozialen und die Fixierung auf Marktfreiheit in einer globalisierten Welt 67
   c) Die Ideologie des Unilateralismus: Moralisch-religiöser Konservatismus 68
4. Varianten theoretischer Einsichten zur Sicherheitsgesellschaft 69
   a) Die Fixierung auf die Produktion von Sicherheit (Bekenntnis Pro) 69

b) Fundamentale Verneinung rechtsstaatlichen Abbaus (Bekenntnis Contra) ... 70
c) Abwägungs-Neutralismus und Sachkritik (Baldus/Hassemer) ... 73

B. Vom Sozialstaat zur Privatisierung ... 76

I. Staatlichkeit im Wandel ... 77

1. Dimensionen der Staatlichkeit ... 77
2. Privatisierung von Staatsaufgaben ... 78
3. Privatisierung und Regulierung ... 79

II. Globalisierte Privatwirtschaft und Menschenrechte ... 81

1. Globalisierung und Ausbeutung ... 81
2. Transnationale Ansätze der Regulierung globalisierter Privatwirtschaft ... 82
a) Die Europäische Union ... 82
b) Vereinte Nationen ... 83
c) Organisation für wirtschaftliche Zusammenarbeit und Entwicklung (OECD) ... 83
d) Draftnorms ... 83
e) Verhaltenskodizes verschiedener Branchen ... 84
3. Menschenrechtsverletzungen durch „private“ transnationale Akteure ... 84
a) „Anonyme Matrix“: Verbund verselbständigter Subsysteme und die Gefährdung von Grund- und Menschenrechten ... 84
b) Der traditionelle Grundrechtschutz (state-action-doctrin) ... 85
c) Globalisierung: Der Zerfall in und die Verselbständigung von Subsystemen (Matrices) ... 86
d) Radikale Exklusion der Menschen (Fleisch und Blut) aus der Gesellschaft ... 86
e) Konsequenz: Neujustierung der Menschenrechte gegenüber gesellschaftlichen Institutionen ... 87
4. Fazit: Auf der Suche nach neuen Wegen des Rechts ... 87

III. Privatisierung sozialer Kontrolle und Menschenrechte ... 88

1. Private Sicherheitsproduktion ... 89
a) Überlast und gestiegene Sicherheitsnachfrage ... 89

b) Die Neubestimmung der Eingriffsbefugnisse in Folge Privatisierung 89
c) Ein konkretes Beispiel der „anonymen Matrix“: Drittwirkung der Grundrechte in privatisierten Zonen? 90
2. Sicherheit als Ware und die Ökonomisierung des Rechts 91
3. Bedeutungsverlust von Legislative und Judikative 92

3. Teil: Formelle Systemreaktionen 95

A. Traditionelle Institutionen zur Durchsetzung der Menschenrechte 95

I. Der Schutz der Menschenrechte als rechtliche Systemanforderung auf internationaler Ebene 96

1. Der Menschenrechtsrat und der VN-Hochkommissar für Menschenrechte 97
2. VN-Menschenrechtsausschuss des Zivilpaktes 99
3. VN-Ausschuss für wirtschaftliche, soziale und kulturelle Rechte 100
4. VN-Ausschuss für die Überwachung des Antifolterabkommens 101
5. VN-Ausschuss für die Beseitigung der Rassendiskriminierung 102
6. VN-Ausschuss für die Beseitigung jeder Form von Diskriminierung der Frau 103
7. VN-Ausschuss für die Rechte des Kindes 103

II. Der Schutz der Menschenrechte durch supranationale und nationale Gerichte und justiznahe Institutionen 104

1. Internationaler Strafgerichtshof (IStGH) 104
2. Europarat und Europäische Menschenrechtskonvention (EMRK) 106
a) Europäischer Gerichtshof für Menschenrechte (EGMR) 107
b) Europäisches Komitee zur Verhütung von Folter (CPT) 111
c) Europäische Kommission gegen Rassismus und Intoleranz (ECRI) 112
3. Europäische Union und Europäischer Gerichtshof (EuGH) 114
a) Rechtsgrundlagen in der Schwebe 114
b) Schwacher Parlamentarismus der EU 115

c) Europäischer Gerichtshof (EuGH) 117
d) Zur Übermacht der europäischen Exekutive 118
4. Bundesrepublik Deutschland: Innerstaatliche Sicherungsmechanismen für die Menschenrechte 119
a) Legislative 119
b) Exekutive 120
c) Judikative 122

III. Fazit zum formellen Menschenrechtsschutz 123

1. Internationale formelle Überwachungsinstitutionen 123
2. Europäische formelle Schutzebenen 124
3. Nationale formelle Schutzebenen 125

B. Normative Veränderungsprozesse im traditionellen Rechtssystem am Beispiel der strafrechtsdogmatischen Folterdebatte in Deutschland 126

I. Die Ausgangsbasis: Menschenwürde als unverrückbare Schranke vor der Folter 127

II. Internationale Regelungen zur Ächtung der Folter 129

III. Die Dogmatik der Aufbrechung des Schutzes der Menschenwürde 129

1. Relativierungen der Menschenwürde 130
2. Argumentation der „Ausnahme“ im Sinne einer „Dogmatik“ für Grenzsituationen 133
3. Rechtstechnische Aufbrechungen im öffentlichen Recht und im Strafrecht 135
a) Öffentlich-rechtliche Ermächtigungsgrundlagen 135
b) Strafrechtliche Ermächtigungen 138
c) Verlagerungstechnik in das Polizeirecht: repressiv vs. präventiv 139
4. Die Konstruktion einer Analogie zum finalen Rettungsschuss 141
5. Rechtspolitische Bekenntnisse 143

IV. Zusammenfassung 144

4. Teil: **Informelle zwischenstaatliche und zivilgesellschaftliche Systemreaktionen** 149

A. Zur Entwicklung von Nichtregierungsorganisationen und zwischenstaatlichen Institutionen als Antwort auf systemische und normative Erosionen 150

I. Zu Funktion und Aufgabe von Nichtregierungsorganisationen 150

1. Zivilgesellschaft als Ausgangspunkt 150
2. Zielsetzungen 151
3. Kooperationen 152
4. Schwachstellen von NGOs 153
5. Fehlende staatliche Anerkennung von NGOs – ein Nachteil? 154

II. Jahresberichte, Protokolle und Dokumentationen von Amnesty International 154

1. Beispiel: Jahresbericht 2003 154
2. Kritik an Amnesty International 156
3. Fazit zur Watch-Dog-Funktion 157

III. Deutschlandberichte des Europäischen Ausschusses zur Verhütung von Folter und unmenschlicher oder erniedrigender Behandlung oder Strafe (CPT) (Europarat) 157

1. Periodische Besuchskontrollen der CPT 158
2. Länder-Berichte mit Reaktionen der Regierungen 159
3. Kritikpunkte der Zusammenarbeit 160
4. Die offiziös-diplomatische Methodik zwischenstaatlicher Institutionen 161

IV. Zum Umgang mit Menschenrechten in der deutschen Polizei – ein konkretes Beispiel externer Kritik durch Amnesty International 161

1. Kritik von Amnesty International an der deutschen Polizei 162
   a) Einzellfälle von Misshandlungen (ohne Foltervorwürfe) 162
   b) Forderungen 163
2. Kritik vom Europarat (CPT) an der deutschen Polizei (ohne Foltervorwürfe) 165

3. Fazit: Unterschiedliche Informationsflüsse und Informationsverwertung ... 167
a) Amnesty International ... 167
b) Kommission des Europarats zur Verhütung von Folter (CPT) ... 168
V. Menschenrechtsüberwachung durch NGOs in Kooperation mit dem Europarat ... 169

B. Amnesty International in der deutschen Folterdebatte: ein Beispiel zivilgesellschaftlicher Reaktion ... 172

I. Rechts- und sozialwissenschaftliche Erkenntnisse innerhalb der Amnesty International-Debatte ... 172

1. Relativierungstendenzen des absoluten Folterverbotes ... 173
2. Das uneinschränkbare Folterverbot im Völkerrecht ... 174
3. Diskussion um die Garantie der Unantastbarkeit der Menschenwürde ... 175
4. Die Lehren geschichtlicher Erfahrungen ... 176
5. Die Gefahren des „Präventionsstaates“ ... 177
6. Für ein absolutes Folterverbot ... 178
7. Fazit zur Ankopplung an die wissenschaftliche Erkenntnisebene ... 178

II. Methoden der Vermittlung von Wissen und Einsichten in die öffentliche Meinung ... 179

1. Informationsträger Flyer ... 180
2. Prozessbeobachtungen als Methode der Wissensvermittlung ... 181
3. Pressemitteilungen, Themenberichte für die Presse und Amnesty International-Journal ... 182
4. Fazit zu den Vermittlungsmethoden ... 182

5. Teil: Conclusionen zu den Erosionen ... 185

A. Der formelle und informelle Schutzrahmen für Menschenrechte ... 185

I. Formelle internationale und zwischenstaatliche Systemreaktionen ... 185

1. Vereinte Nationen 185
2. Europarat 186
3. Europäische Union 187

II. Nationaler Schutz von Menschenrechten 187

III. Informelle Reaktionen der Zivilgesellschaft 188

B. Auf dem Weg zur Auflösung von Menschenrechten 190

I. Stationen der Erosion und des Verfalls von Menschenrechten 190

II. Der Hoffnungsträger: Die Zivilgesellschaft 191

III. Erosionen der Menschenrechte sind nicht vermeidbar, höchstens zeitweilig aufhaltbar 192

Literatur (I) und Internetquellen (II) 195

Einleitung

Die Menschenwürde wird allgemein als Basis universaler Geltung der Menschenrechte angesehen. Sind schon Menschenrechte vielfältigen Definitionsprozessen und auch ideengeschichtlichem und historischem Wandel unterworfen, gilt das erst recht für den vorrechtlichen Begriff der Menschenwürde. Hier streitet die derzeitige politische und juristische Debatte über die absolute oder relative Geltung des Begriffs der Menschenwürde. Der Eindruck, es handele sich bei dieser Debatte lediglich um einen akademischen oder philosophischen Streit von Experten, wäre falsch. Die Reichweite dieser Begrifflichkeit zielt in den Mittelpunkt gesellschaftlicher Realitäten: staatliche Folter, staatlich legitimierter Abschuss von Zivilflugzeugen und die „innere" Sicherheit schlechthin hängen von der Entscheidung für eine absolute oder relative Anwendung des Begriffes Menschenwürde ab. Ein Streit, der schon vergessen war, entbrennt vor dem Hintergrund gesellschaftlicher Entwicklungen und der Globalisierung erneut und heftiger. Menschenwürde und Menschenrechte sollen deshalb in ihrem aktuellen Diskussionsstand im *ersten Teil* der Arbeit dargestellt werden.

Die sich abzeichnende Begriffskonfusion der Menschenwürde spiegelt sich in Erosionen der Menschenrechte, wie sie im *zweiten Teil* innerhalb gesellschaftlicher und rechtlicher Entwicklungen aufgezeigt werden. Hier soll die Debatte zweier moderner gesellschaftlicher Strategien innerhalb der Sozial- und Rechtswissenschaften aufgegriffen werden: ‚Prävention' und ‚Privatisierung' sind die modernen Richtungsweisungen, mittels derer eine von breiten Mehrheiten getragenen Gesellschaftspolitik die Krisen der inneren Sicherheit und der wirtschaftlichen Globalisierung in den Griff bekommen will.

Den aus präventiven und privatisierenden Strategien deutlich hervortretenden negativen Nebenwirkungen soll bereits durch formelle Systemreaktionen begegnet werden können. Diejenigen, die diese Nebenwirkungen und ihre Auswirkungen auf Menschenrechte erkennen, erhoffen sich von nationalen und internationalen Gremien und Gerichten einen hinreichenden Schutz. Im *dritten Teil* der Arbeit soll diese Art des formellen Rechtsschutzes beschrieben und analysiert werden. Ein Blick auf die normative Entwicklung innerhalb des Rechtssystems zeigt aber, dass die Erosionsprozesse zulasten der Menschenrechte schleichend sind und mittels formeller Reaktionen kaum aufzuhalten sind. Am Beispiel der strafrechtsdogmatischen Folterdebatte aus jüngster Zeit soll diese Befürchtung belegt werden.

Neben den nationalen und internationalen Schutzforen der Menschenrechte haben sich seit längerem so genannte Nicht-Regierungs-Organisationen entwickelt, die auf systemische und normative Erosionen reagieren: Das wird in dieser Untersuchung als informelle zivilgesellschaftliche Reaktion bezeichnet. Im *vierten*

Teil werden dafür Jahresberichte, Protokolle und Dokumentationen von internationalen beobachtenden Organisationen, insbesondere von Amnesty International, ausgewertet. Amnesty International hat sich sehr intensiv in die deutsche strafrechtlich-normative Folterdebatte eingebracht und kämpft unter der Prämisse der absoluten Geltung von Menschenwürde für ein „NEIN ZUR FOLTER; JA ZUM RECHTSSTAAT". Inwieweit sich diese informellen Reaktionen im formellen und normativen Rechtssystem niederschlagen, soll in der Analyse der konkreten Arbeit für den Schutz des absoluten Folterverbotes untersucht werden.

Im abschließenden *fünften Teil* der Arbeit soll abgewogen werden, inwieweit formelle und informelle Reaktionen den Schutz vor Erosionen der Menschenrechte im demokratischen Rechtsstaat überhaupt ermöglichen und, wenn ja, zu gewähren vermögen. Welcher Stellenwert kommt den formellen und informellen Institutionen in diesem Zusammenhang zu?

1. Teil: Das Wesen der Menschenrechte und seine Ableitung aus der Menschenwürde

A. Definitionen der Menschenrechte

Als Menschenrechte bezeichnet man die angeborenen, unverletzlichen und unveräußerlichen Grundfreiheiten und Rechte, die jeder Person kraft ihres Menschseins zustehen und im Gegensatz zu den Bürgerrechten von der Staatsangehörigkeit unabhängig sind.[1]

Gareis / Varwick[2] benennen drei Generationen von Menschenrechten. So sagen sie, die erste Generation umfasse die klassischen, liberalen Schutzrechte des Individuums gegenüber staatlicher bzw. gesellschaftlicher Willkür und Gewalt: Das Recht auf Leben, auf Freiheit der Meinung, der Rede und der Religion sowie auf Rechtsstaatlichkeit. Zu den Menschenrechten der zweiten Generation zählen sie die individuellen Anspruchs- und Teilhaberechte im sozialen, wirtschaftlichen und kulturellen Bereich: Das Recht auf Arbeit, auf menschenwürdige Arbeitsbedingungen, auf eine materiell gesicherte Existenz oder auf Gesundheit. Die Menschenrechte der dritten Generation erstrecken sich auf kollektive Ziele. Die Autoren nennen unter dieser Begrifflichkeit das Recht auf Entwicklung, auf eine saubere Umwelt oder das Recht auf Frieden. Diese als Solidarrechte bezeichneten Rechte berücksichtigen das Individuum als originären Träger von Rechten jedoch allenfalls indirekt[3].

Im Mittelpunkt dieser Arbeit steht das besondere internationale Anliegen an der Verhinderung „schwerer und systematischer Menschenrechtsverletzungen (GVHR)".[4] International gelten als schwere Menschenrechtsverletzungen Vergehen, die die Integrität der einzelnen Person unmittelbar berühren. Wenn Folter, extralegale Hinrichtungen und Verschwindenlassen im größeren Umfang und nicht vereinzelt, sonder systematisch angewandt werden, spricht man von schweren und systematischen Menschenrechtsverletzungen.[5]

Aber auch hier sind die Grenzen fließend und das Verständnis nicht eindeutig. Das Verständnis hierüber unterliegt einem Wandel. Ursprünglich war die Bestimmung der Täterschaft von Menschenrechtsverletzungen ausschließlich auf staatliche Instanzen beschränkt. Der Staat gilt weltweit als hauptverantwortlich für Menschenrechtsverletzungen. Zunehmend wird das jedoch auch auf nicht-

---

[1] Bungarten / Koczy (1996), S. 10; vgl. auch Fischer-Lescano (2005), S. 14 ff.
[2] Gareis / Varwick (2003), S. 160.
[3] Gareis / Varwick (2003), S. 160.
[4] GVHR: Gross Violations of Human Rights (schwere und systematische Menschenrechtsverletzungen)
[5] Hamm (2003), S. 34.

staatliche Akteure z.B. Opposition oder auch „Terrorismus" ausgedehnt, wobei im Kampf um Einfluss und Durchsetzung ebenso Menschenrechtsverletzungen verübt werden. Das spiegelt sich selbst in einer Erweiterung des Mandats von Amnesty International von 1991 wieder.[6] Das Problem liegt allerdings darin, dass dadurch nichtstaatliche Akteure völkerrechtlich gewissermaßen zu „quasistaatlichen" Akteuren aufgewertet werden, wie Hamm zutreffend darstellt.[7]

Ein systemtheoretischer Ansatz[8] geht ohnehin von einer ganz anderen Perspektive aus. Danach grenzen Menschenrechte sogar gegenüber der Gesellschaft - also gegenüber „Privaten" - für den einzelnen Menschen kommunikative Autonomieräume ab. Die Vielzahl vom Staat freigesetzter autonomer Subsysteme sind bereits die neue Gefahr, jenseits des in Auflösung begriffenen Staates. Ein harter Kern von Menschenrechten muss – wie Teubner es ausdrückt – den Totalisierungstendenzen der anonymen „Matrix", d.h. einer Vielzahl gesellschaftlicher Subsysteme, Schranken setzen[9]: Hier gewinnt die Kernfigur des Rechts – das juridische Verbot – seine Wirksamkeit über die Grenzen des Kommunikativen hinaus: Verbote bestimmter Kommunikationen wie das Tötungsverbot und das Folterverbot. Nach Teubner sollte man die Menschenrechte im strengen Sinne auch auf diese „krasse" Problematik der psychischen und physischen Integrität gegenüber kommunikativen Prozessen beschränken.[10]

Man kann also festhalten: Das Interesse internationaler Organisationen, internationaler Rechtsprechungsinstitutionen und der wissenschaftlichen Literatur wie auch das Interesse von Nichtregierungsorganisationen richtet sich primär auf einen „harten Kern von Menschenrechten".[11] Dieser Kern soll die grundlegenden oder minimalen Menschenrechte umfassen, über die jede Person verfügen muss, um menschenwürdig zu leben.[12] Sie sind die Vorraussetzung für die weitergehenden Menschenrechte der Security Rights als auch der Subsistence Rights (wirtschaftliche und soziale Rechte).

Die internationale Verständigung hierüber ist im Völkergewohnheitsrecht zu suchen. Es ist ungeschriebenes Recht, dem die Rechtsubjekte, also die Staaten

---

[6] Hamm (2003), S. 34.
[7] Hamm (2003), S. 34.
[8] Teubner (2006), S. 180, definiert aus systemtheoretischer Sicht die Menschenrechtsfrage im strengen Sinne „als Gefährdung der Leib/Seele-Integrität der Einzelmenschen durch eine Vielzahl anonymer und verselbständigter, heute globalisierter Kommunikationsprozesse". Vergleiche zur Erläuterung systemtheoretischer Ansätze, zum autopoietischen System: Organisation, Struktur, Funktion (Kargl, 1991, S. 31-51); insbesondere zur Interpenetration gesellschaftlicher Subsysteme siehe Schaubild bei Kargl (a.a.O.), S. 321.
[9] Teubner (2006), S. 174.
[10] Teubner (2006), S. 171.
[11] Nuscheler (1995), S. 1-17; Shue (1983).
[12] Hamm (2003), S.36.

auf Grund langwieriger Praxis und auf Grund einer erwiesenen, einheitlichen Rechtsüberzeugung zustimmen.[13] Vier Kernbereiche schälen sich heraus: das Recht auf Leben, die Freiheit von Folter, die Freiheit von Sklaverei, die Freiheit von (Rassen-) Diskriminierung.[14]

Dieser harte Kern von Menschenrechten, zu dem vor allem das Recht auf Leben sowie das Verbot von Folter und Sklaverei zählen, ist interkulturell unumstritten. Das heißt indes nicht, dass es - auch interkulturell und international, selbst auf nationaler Ebene - durchsetzbar ist. Gerade die Durchsetzbarkeit und Wege dahin will diese Untersuchung in den Blick nehmen.

B. Dokumente für den Schutz von Menschenrechten

I. Wichtige internationale Positivierungen

Als wichtigstes Dokument gilt die „Allgemeine Erklärung der Menschenrechte" (AEMR), welche die Vereinten Nationen bei ihrer Generalversammlung vom 10. Dezember 1948 verkündeten. Sie erklärt die Menschenrechte zum „von allen Völkern und Nationen zu erreichenden allgemeinen Ideal" und damit zur internationalen Angelegenheit.[15]

Die Vereinten Nationen beabsichtigten in ihrer Erklärung ursprünglich ein Dreifaches: erstens die universelle Proklamation der Menschenrechte als ein gemeinsames Ideal aller Völker; zweitens die Ausarbeitung eines oder mehrerer internationaler Verträge mit rechtsverbindlicher Kraft für die Vertragsstaaten; drittens die Einsetzung von Organen, welche die Einhaltung dieser Verträge überwachen sollten, sowie internationale Maßnahmen, um diese Rechte wirkungsvoll zu gestalten.[16] Damit hat das Prinzip der „Menschenwürde als elementare Basis des Menschenrechtssystems"[17] Eingang gefunden in regionale Menschenrechtsdokumente wie die Amerikanische Menschenrechtskonvention, die Afrikanische Menschenrechtscharta sowie in die Allgemeine Islamische Menschenrechtserklärung.[18]

1966 gelang die Fertigstellung der beiden Internationalen Pakte der Vereinten Nationen, welche die Menschenrechte zum einen in die wirtschaftlichen, sozialen und kulturellen Rechte (Pakt I) und zum anderen in die bürgerlichen und po-

[13] Kimminich (1993), S. 239.
[14] Hamm (2003), S. 36.
[15] Kälin (1998), S. 10.
[16] Bergmann (1995), S. 62.
[17] Schweizer / Sprecher (2004), S. 133.
[18] Arnold (2005), S. 188.

litischen Rechte (Pakt II) gliedern.[19] Während das zweite Übereinkommen vorrangig die klassischen Menschenrechte enthält, wie sie in den Verfassungen vieler Staaten parlamentarischer Prägung niedergelegt sind, führt das erste die Menschenrechte auf, wie sie Anliegen besonders von sozialistischen Staaten sind. In jedem Fall war die VN-Mehrheit der Ansicht, dass freie Menschen nicht auf wirtschaftliche, soziale und kulturelle Rechte verzichten müssen.[20] Die Präambel und Artikel 1 beider Pakte sind identisch und berufen sich auf die Grundsätze der Charta der Vereinten Nationen von 1945, also auf die angeborene Würde und die unveräußerlichen Rechte der Menschen als Grundlage der Freiheit, Gerechtigkeit und des Friedens in der Welt.[21] Mittlerweile haben 154 Vertragsstaaten den Pakt über wirtschaftliche, soziale und kulturelle Rechte unterzeichnet und 157 Vertragsstaaten den Pakt über bürgerliche und politische Rechte.[22]

Zusammen mit der "Allgemeinen Erklärung der Menschenrechte" bilden diese beiden Menschenrechtspakte die "Internationale Charta der Menschenrechte". Es folgten spezielle Übereinkommen gegen Rassendiskriminierung, Frauendiskriminierung und Folter, zu Kinderrechten und den Menschenrechten von Wanderarbeitnehmer/innen und ihren Familien. Allerdings haben die hier aufgeführten Menschenrechtskonventionen den Nachteil, dass die Garantie ihrer Umsetzung in das Belieben der Unterzeichnerstaaten gestellt ist. Eine Organisation, die eine Durchsetzung dieser Rechte garantieren könnte, wurde von den Vereinten Nationen bisher nicht geschaffen.

II. Die normativen Anknüpfungspunkte

Die Vorstellung von den Menschenrechten als Freiheit für ... und Freiheit von... entspricht dem Menschenrechtskatalog in der *Allgemeinen Erklärung der Menschenrechte* und beschreibt die Komplexität der Menschenrechte in hervorragender Weise – wie Hamm belegt.[23] Alle Dokumente internationaler Organisationen stellen den Staat als den Hauptverantwortlichen für den Schutz der Menschenrechte dar.[24] Er bzw. die jeweilige Regierung ist verpflichtet, für Bedingungen Sorge zu tragen unter denen die Menschenrechte verwirklicht werden können.

---

[19] Kälin (1998), S. 5.
[20] Pietzcker (1981), S. 111.
[21] Pietzcker (1981), S. 111.
[22] Homepage des Auswärtigen Amts: Oktober 2006.
[23] Hamm (2003), S. 27.
[24] Vgl. hierzu den systemtheoretischen Ansatz, der einen diesbezüglichen Wandel beschreibt: Menschenrechte als Schranken gegenüber gesellschaftlichen Institutionen. Teubner (2006), S. 183 und oben Abschnitt A, Fn. 8.

In allen internationalen Dokumenten umfasst die Verpflichtung der Staaten zum Menschenrechtsschutz drei Ebenen:

- Staaten dürfen Menschenrechte nicht verletzten (Respect),
- Staaten müssen Menschenrechte vor Verletzungen Dritter, z.B. privatwirtschaftlichen Unternehmen, schützen (Protect),
- Staaten müssen lang- und kurzfristige Maßnahmen ergreifen, um die Menschenrechte zu gewährleisten (Fullfill).[25]

Menschenrechte setzen somit die Existenz des Staates doppelt voraus. Einerseits gelten vor allem staatliche Einrichtungen als verantwortlich für Menschenrechtsverletzungen und andererseits obliegt es demselben Staat, die Rechte der Menschen zu schützen.[26] Dass es hierbei Spannungen und Verwerfungen gibt, dürfte sich verstehen.[27]

Trotz aller internationalen Bemühungen um Gewährung und Durchsetzung von Menschenrechten sind diese nirgends unmittelbar anwendbar und gerichtlich einklagbar. Im völkerrechtlichen Sinne sind das keine unmittelbar umsetzbaren Normen[28] und damit keine eigenen Rechtsquellen, sondern sie stellen eher eine generelle Absicht dar. Sie erfordern für ihre Geltung als innerstaatliches Recht eine spezielle innerstaatliche Gesetzgebung und Umsetzung.[29]

III. Differenzen im horizontalen Menschenrechtsverständnis

Hinzu kommt, dass Menschenrechte im Ost-West- und Nord-Süd-Konflikt gänzlich anders konturiert sind.

In den westlichen Industrieländern geht es eher um politische Rechte und bürgerliche Freiheit. Nach Haller ist das allerdings zwischen Europa und den USA schon differenzierter zu sehen. Europa verfolgt seit dem zweiten Weltkrieg ein klar international definiertes Konzept der Menschenrechte, die USA eher ein nationales Konzept. Letztere lehnen völkerrechtliche Verpflichtungen im Bereich der Menschenrechte weitgehend ab und entziehen sich internationalen

[25] Hamm (2003), S. 30.
[26] Hamm (2003), S. 31.
[27] Vgl. unten 2. Teil.
[28] Vgl. aber zum Internationalen Strafgerichtshof (IStGH) unten 3. Teil A II 1 und zur Beschreibung einer Globalverfassung mit direkter Wirkung Fischer-Lescano (2005), S. 216 ff.
[29] Hamm (2003), S. 38; vgl. hierzu aber Fischer-Lescano, der ausführt, dass globale Judikativorgane keineswegs auf überstaatliche Instanzen wie z.B. den Internationalen Strafgerichtshof reduziert werden können, sondern auch in den staatlichen Rechtsordnungen angesiedelt seien: „Nationale Gerichte, Wahrheitskommissionen, ad-hoc-Tribunale, ICC, IGH und regionale Menschengerichtshöfe stehen im Zentrum des segmentär und zum Teil hierarchisch binnendifferenzierten Menschenrechts-Rechts und ermöglichen, dass sich dieses Rechtssystem operativ schliessen kann" (2005), S. 27.

Überwachungsmechanismen. Aus der Sicht der USA sind Menschenrechte in erster Linie keine rechtliche, sondern eine Angelegenheit der politischen Stärke.[30] Auch wird das US-amerikanische Menschenrechtsverständnis vor allem durch religiöse und moralische Elemente bestimmt.[31]

In den ehemaligen Ostblockstaaten geht es mehr um wirtschaftliche und soziale Rechte. Zur Zeit des Kalten Krieges war auf Seiten des Staatssozialismus ein Menschenrechtsverständnis präsent, das Individualität und Freiheit nur in engen staatlichen, politischen und kollektiven Grenzen und Vorgaben akzeptierte. Demgegenüber war das bürgerlich-demokratische Menschenrechtskonzept von einer Betrachtungsweise gekennzeichnet, dass die Freiheit des Menschen vom Staat wie zugleich eine durch den Staat zu garantierende Freiheit einforderte.[32] Vorherrschend sind kollektiv definierte Menschenrechte heute noch in China aktuell, ohne dass sie sich dort auf einen dogmatischen und inhumanen Marxismus zurückführen lassen. Maßgebend für das Menschenrechtsverständnis in China ist die Lehre des Konfuzianismus, die weniger die Einzelperson als vielmehr den Menschen von vornhinein als soziales Wesen begreift.[33]

Die Menschenrechtskonzepte in den Entwicklungs- und Schwellenländern sind eher auf das Recht auf Entwicklung, wirtschaftliche und soziale Rechte ausgerichtet.[34] Das trifft insbesondere auf den afrikanischen Kontinent zu, der auf Menschenrechtskonzepte abstellt, die immer noch die kulturelle Entfremdung während der kolonialen Fremdherrschaft abschwächen wollen. Menschenrechte sind dort kulturspezifisch und eher Angehörigen einer jeweiligen Kultur vorbehalten.[35]

Die Menschenrechtskonzepte in Schwellenländern, für das Brasilien als Beispiel gelten mag, orientieren sich eher an den sozialen Realitäten derartiger Gesellschaften, so dass Menschenrechtsverletzungen kein Rätsel sind, sondern in der Armut ihre allgemeine Erklärung finden. So gelten in Brasilien fast ein Drittel der Bevölkerung, dass heißt 50 Millionen Einwohner als „arm“ und „sozial ausgeschlossen“: „Sie verdienen einen halben Minimallohn (70 Euro) im Monat, und ihre größte Sorge ist das tägliche Brot und das Wellblechdach über dem Kopf.“[36] Alle rechtsstaatlichen und menschenrechtlichen Anforderungen der Verfassung kranken daran, dass sie durch die staatliche Praxis, die an ihren Routinen und autoritären Traditionen festhält, ausgehöhlt und suspendiert werden. Sozialwissenschaftlich erklärt sich die Gesamtstruktur der politischen Kultur

---

30 Arnold (2005), S. 186.
31 Haller (2004).
32 Arnold (2005), S. 185.
33 Arnold (2005), S. 185.
34 Hamm (2003), S. 38.
35 Tonndorf (1997), S. 100.
36 Paul (2006), S. 214.

Brasiliens an „ihrer spezifischen Technik, sich mit Widersprüchen zu arrangieren, mit Konflikten zu leben und Probleme zu lösen".[37] Zur Logik des Verfassungsalltags gehört schließlich für Lateinamerikaner die zentrale Kategorie „Korruption", die Sozialstruktur, Handlungsnorm und Bewusstseinsform sei[38], und die juristisch schließlich im Begriff der Impunität („impunidat"), nämlich der Rechtstatsächlichkeit, dass Verbrechen ohne Strafen bleiben, ihre Auflösung findet.[39] Das Menschenrechtskonzept derartiger Staaten und Gesellschaften – wenn es denn überhaupt eines gibt – ist ein Konzept des nackten Überlebens, und das auch nur für einige.[40]

Nimmt man unterschiedliche Menschenrechtskonzepte in den Blick, kommt man an dem des Islam nicht vorbei.[41] Arnold weist darauf hin, dass das noch geltende „klassische" islamische Recht (die Scharia) und die modernen Menschenrechte sich allein schon deswegen widersprächen, weil die Scharia aus den ersten Jahrhunderten der islamischen Geschichte stamme: „Gegründet auf den Koran fungiert die Scharia nicht nur als Maßstab für die Gläubigen, sondern auch als Quelle der Gesetzgebung. Grausame Bestrafungen finden im Strafanspruch Gottes ihre Rechtfertigung".[42]

Für das Verständnis der Universalität der Menschenrechte ist die Kenntnis der Unterschiede des Ansatzes, der Bezugspunkte und der sozialen, historischen und sozialstrukturellen Realitäten unabdingbar. Für die Geltungsbegründung der Menschenrechte, für die man eine Globalverfassung erhofft, ist hingegen nicht das Trennende, sondern das Gemeinsame - nämlich die Universalität ihrer Geltung - von herausragender Bedeutung für den weltweiten politischen Kampf um dieselben.

Auch das Ausspielen der unterschiedlichen vertikalen Gruppen von Menschenrechten (klassische Schutzrechte / individuelle Teilhaberechte / kollektive Solidarrechte) gegeneinander - so befürchtet Hamm - schwächt die Menschenrechte, weil die verschiedenen politischen, wirtschaftlichen, sozialen und kulturellen Rechte aufeinander angewiesen sind und sich wechselseitig bedingen. Insofern ist es besser den Begriff der drei Generationen[43] allein als „bloße Bezeichnung

---

[37] Paul (2006), S. 212; zur Entwicklung der brasilianischen Verfassung vergleiche auch Paul (2005) (2005), S. 30 ff.
[38] Paul (1998), S. 413.
[39] Paul (2002), S. 305 ff.; zum Verbrechen des „Verschwindenlassens" der argentinischen Militärdiktatur siehe Fischer-Lescano (2005), S. 31 f.
[40] Zur Situation in Venezuela, Mexiko, Argentinien, Kolumbien und Peru vgl. Paul (1998), S. 413 ff.; zur besonderen Situation in Kolumbien vgl. auch Aponte (2004).
[41] Bielefeldt, EuGRZ 1990, 489 ff.
[42] Arnold (2005), S. 186; Bielefeldt (1998), S. 132.
[43] Gareis / Varwick (2003), S. 160.

für unterschiedliche Gruppen von Menschenrechten zu verstehen".[44] Die gegenseitige Abhängigkeit und die Unteilbarkeit aller Menschenrechte sind bereits im Ansatz in der Allgemeinen Erklärungen der Menschenrechte verankert. Die Organisation der Menschenrechte und die ihres Schutzes im Rahmen der Vereinten Nationen und im Kontext der jeweiligen internationalen Dokumente, die die Grundlage internationaler Vereinbarungen sind, werden im dritten Teil näher dargelegt.

C. Legitimationen der Menschenrechte

I. Geschichte der Menschenrechte

Der Begriff der Menschenrechte setzt erst in der Neuzeit an. Gleichwohl ist die zugrunde liegende Idee älter und bereits mit Denkmodellen des Naturrechts verbunden. Schon in der Antike wird auf eine natürliche Gleichheit aller Menschen Bezug genommen und nach Fenske / Mertens[45] wird schon die Sklaverei als „bloß juristische Konvention" bezeichnet. Dieses so genannte vormoderne Naturrecht bezieht sich bereits auf Rechte und vor allem Pflichten[46]. Auch im römischen Recht gibt es schon die Idee eines vorstaatlichen natürlichen Rechts. Im Christentum schließlich werden die Wurzeln der Menschenrechte in der Vorstellung vom Menschen als Ebenbild Gottes, seiner Gewissensfreiheit und seiner darauf beruhenden Würde gesehen[47]. Primär knüpfen derartige Konzepte des Naturrechts bis zum Mittelalter aber lediglich an Pflichten einzelner Personen an, nicht an deren individuellen Rechten.

Erst die aufkommende Neuzeit fördert ein neues Menschenbild, das auch in der Renaissance einen Niederschlag findet. Hier beginnt die Herauslösung der einzelnen Person aus feudalen Zwängen. Das Individuum mit seinen Eigenschaften[48] rückt mehr in den Focus der Aufmerksamkeit. Und diese veränderte Perspektive schlägt sich auch gesellschaftlich in einer Betonung individueller Rechte nieder[49].

So ist bereits in der Magna Charta Libertatum aus dem Jahr 1215 vertragsrechtlich die Ableitung bestimmter Rechte ersichtlich, indem der Herrscher in seinem Machtmissbrauch eingedämmt werden soll. Die Habeas Corpus Akte von 1679 rekurriert auf rechtstaatliches Verhalten und will die Freiheit einzelner Personen

[44] Hamm (2003), S. 39.
[45] Fenske / Mertens (1996), S. 103.
[46] Weston (1992), S. 14.
[47] Hamm (2003), S. 16.
[48] Vgl. zum Unterschied von Person und Individuum und damit im Zusammenhang stehende ökologische Grundrechtskonzepte, Teubner (2006), S. 168 ff. und unten Abschnitt C II 2.
[49] Hamm (2003), S. 16.

vor der Willkür des Herrschers schützen. Verfahren und Richter spielen bereits eine Rolle. Früh ist erst die Position des Adels gegenüber der Krone gesichert, mit der so genannten Bill of Rights aus dem Jahre 1689 wurde aber die Macht des Herrschers noch weiter eingeschränkt und konstitutionellen Schranken unterworfen[50]. Schon darin werden Rechte des Parlaments und der Parlamentarier garantiert.

Aber erst die Aufklärung, die sich im 17. und 18. Jahrhundert im Europa entwickelt und Anerkennung findet, nimmt Bezug auf ein Naturrecht[51], das auf einer natürlichen Ordnung der Welt basiert. Jedermann sei von Natur aus mit Vernunft begabt und verfüge insofern über natürliche und vorstaatliche Rechte. Freilich bezieht sich alles erst auf den Mann, der von Natur aus so ausgestattet sei und nicht erst durch eine staatliche Autorität beliehen werden müsse. Der politische Liberalismus, unter Montesquieu, Voltaire und Rousseau oder von John Locke aus der englischen Naturrechtstheorie abgeleitet, beginnt den Staat als Garanten von Rechten der Unterworfenen anzusehen.[52] Die Staaten seien verpflichtet, diese Rechte zu sichern, andernfalls besteht ein Recht zum Widerstand und zur Revolution gegen die Staatsgewalt.[53]

Die Vorstufe des Naturrechts beinhaltet erstmals den Anspruch auf universale Gültigkeit der durch dieses Recht begründeten Werte und Normen, da die Natur des Menschen als universal angesehen wird. Es ist die Zeit des Gesellschaftsvertrages (Contract social / Rousseau[54]) mit der die Menschen bewusst den Naturzustand aufgeben und den Rechtszustand vertraglich untereinander sichern wollen (Kant[55]). Hier wird der Mensch als freies und autonomes Subjekt mit spezifischen Rechtsansprüchen verstanden.

Die Idee der Rechte des einzelnen Bürgers bildet die Legitimationsgrundlage staatlicher Herrschaft, wie sie in den nachfolgenden Revolutionen im 18. Jahrhundert auch durchgesetzt wurde[56]. Menschenrechte sind somit untrennbar mit der Herausbildung moderner Staaten verknüpft und bilden die Schranke und einen Rahmen für die nationale Souveränität nach innen. Bis ins 20. Jahrhundert hinein galt der Staat – gerade auch in Europa – als Inbegriff von Sitte und Gerechtigkeit, der sich die einzelne Person im Interesse gesamtgesellschaftlicher

[50] Hamm (2003), S. 16.
[51] Fischer-Lescano (2005), S. 46 f.
[52] Näher zu den Staatsdenkern und Staatsphilosophien Naucke/Harzer (2005), S. 59 ff.
[53] Hamm (2003), S. 17; Fischer-Lescano bezeichnet die dem Staat vorgegebenen Individualrechte als „Paradox": „Das Paradox heißt ‚Positivierungsbedürftigkeit des vorpositiven Rechts' und bietet eine Natur und Vernunft ersetzende Normfixierung: Freiheit, Gleichheit, Gerechtigkeit, Frieden, Würde, Sicherheit." (2005), S. 46; hierzu auch Luhmann (1993), S.19.
[54] Rousseau (Reclam-Ausgabe 1986) , S. 5.
[55] Vgl. hierzu Naucke / Harzer (2005), S. 69 ff.
[56] Hamm (2003), S. 18.

Interessen unterzuordnen hatte. Erst nach dem zweiten Weltkrieg - also der Zeit der Entwicklung international anerkannter und positivierter Menschenrechte - verliert der Staat diese unreflektierte Zustimmung auf Grund von idealistischen staatsphilosophischen Überspitzungen (Hegel[57]) und sieht sich mehr und mehr demokratischen Legitimationsforderungen ausgesetzt.[58] Dieses ist kein Endpunkt in der Entwicklung der Menschenrechte, lediglich ein Stichtag für eine analytische Bilanz.

II. Ideengeschichtliche und philosophische Begründungen der Menschenrechte und der Menschenwürde

1. Die Basis: Menschenwürde

Die historischen und philosophischen Entwicklungen und Erklärungen überlappen sich in der Herausbildung der Idee der Menschenrechte und sind an ihre spezifischen historischen Bedingungen gebunden. Damit wird einerseits die Universalität der Menschenrechte legitimiert, andererseits wird durch die philosophischen und historischen Beschränkt- und Begrenztheiten diese universale Gültigkeit der Menschenrechte aber gerade in Frage gestellt[59]. Insofern führt die ideengeschichtliche Legitimationsgeschichte zu einem Verständnis für die Ambivalenz des zentralen Begriffs, der auch als oberstes Ableitungsprinzip der Menschenrechte bezeichnet wird: der Menschenwürde.

Nach herrschender Auffassung im juristischen Schrifttum genießt die Würde unmittelbaren Grundrechtsschutz.[60] Die Würde wird auch als Summe der Grund- und Menschenrechte bezeichnet, worin bereits eine Tautologie liegt. Denn: wenn sie oberstes Ableitungsprinzip für die Menschenrechte sein soll, muss sie ihnen vorstehen, sie soll vorrechtlich sein, vorgegeben und vor allem unverfügbar sein. Insofern wird Artikel 1 Abs. 1 des Grundgesetzes (die Würde des Menschen ist unantastbar) als Schlüssel einer materialen Konstruktion und Interpretation der Verfassung angesehen (Maihofer[61]).

Wie wird nun aber der normative Gehalt des Begriffs der Würde inhaltlich bestimmt? Denn wenn man Artikel 1 Abs. 1 GG rechtlich anwenden will, muss

---

[57] Naucke / Harzer (2005), S. 79 ff.
[58] Tomuschat (1992), S. 5.
[59] Hamm (2003), S. 15.
[60] Ob die Menschenwürde nun selbst als Grundrecht anzusehen ist oder nicht, mag dahinstehen, denn für den verfassungsgerichtlichen Umgang mit Art. 1 Abs. 1 GG ist diese Entscheidung nicht von Bedeutung: Der Rechtsprechung nach sind alle anderen Grundrechte im Lichte von Art. 1 Abs. 1 GG auszulegen und ein Betroffener kann „jeden Verstoß gegen Art. 1 Abs. 1 GG geltend machen (), so dass bei der Rechtsanwendung eine Verletzung der Menschenwürde wie ein subjektives Grundrecht geprüft werden muss“ (Will, 2006, S. 33 mwN).
[61] Siehe insgesamt Maihofer (1968).

man dazu die konkrete normative Bedeutung ermitteln und inhaltlich die Würdebestimmung herleiten können. So einleuchtend diese Forderung auf den ersten Blick ist, so schwierig ist die gewünschte inhaltliche Konkretisierung des Würdebegriffes. Über Versuche ist man bislang – bei allen scharfsinnigen Bemühungen – nicht hinaus gekommen.

a) Versuche inhaltlicher Würdebestimmung

Die Grundgesetzkommentierung von Dreier[62] unterscheidet drei Arten inhaltlicher Würdebestimmung: die so genannte Mitgifttheorie, die Leistungstheorie und die kommunikationstheoretische Aufladung des Begriffs der Würde.

(1) Würde als Mitgift bedeutet, dass sie dem Menschen als eine besondere Qualität oder Eigenschaft von Gott oder der Natur mitgegeben worden sei. Als Begründung wird auf die Gottesebenbildlichkeit des Menschen oder die kantische Ethik des Personseins[63] verwiesen. Nur dieses Denken „stellt universalistische Maximen auf, die vor dem Menschen und jenseits seiner Handlungen existieren".[64] Kargl bezeichnet die Produkte dieser Orientierungen - im Anschluss an Geiger - als „rigide Ethik". Die rigide Ethik sei wie die dogmatische Moral das „Ergebnis der Gewissheit". Ob diese Gewissheit aus der Natur, aus einer übernatürlichen Ordnung oder aus der wissenschaftlichen Methodik gewonnen wird, in jedem Falle sichert sie sich gegenüber subjektabhängigen Kontingenzen durch Wahrheits- und Objektivitätspostulate ab".[65] Würde ist in der Mitgifttheorie also absoluter Achtungsanspruch, eingebettet in religiöse oder metaphysische Selbstdeutungen.[66]

(2) Die Leistungstheorie versteht die Würde als eigene Hervorbringung, als menschliche Leistung, die aus eigenem selbstbestimmtem Verhalten über gelungene Identitätsbildung möglich sein soll.[67] Die Leistungstheorie stellt stärker auf die Vernunftnatur des Menschen und seine sittliche Autonomie ab und knüpft nicht an spezifische philosophische Traditionen an, sondern mehr an Grundentscheidungen des Grundgesetzes.[68] Die Schwachstellen dieser Theorie beginnen aber bei der Handlungs- oder Willensunfähigkeit oder auch dort, wo der Einzelne zu einer Leistung der Identitätsbildung oder des Konsenses gar nicht fähig ist. Wie ist Würde dann leistbar? Die Leistungstheorie knüpft damit zwangsläufig am potentiellen Vernunftvermögen an, den Fähigkeiten der Gattung Mensch, also an einer eher anti-individualistischen Orientierung zu den Grundrechten, die

---

[62] Dreier (Hrsg.) (2004), Art. 1 Rd. 128.
[63] Will (2006), S. 33.
[64] Kargl (1991), S. 453.
[65] Kargl (1991), S. 453.
[66] Vgl. auch Habermas (1992), S. 109 ff.
[67] Luhmann (1986), S. 53 ff.
[68] Will (2006), S. 34; Pieroth / Schlink (2005), Rn. 355.

mit der Abwehrfunktion zugunsten jedes Individuums nur schwer in Einklang zu bringen ist.[69]

(3) Anstelle religiöser oder metaphysischer Selbstdeutungen oder problematischer Leistungsanforderungen sind in der Diskurstheorie von Habermas „praktische Orientierungen letztlich nur noch aus Argumentationen, d.h. aus den Reflektionsformen kommunikativen Handelns selber zu gewinnen“[70]. Menschenwürde erwächst danach aus gegenseitiger Achtung des Menschen in seinen kommunikativen Beziehungen und in seinem sozialen Geltungsanspruch. Menschenwürde beruht nicht auf der Subjektqualität des Individuums, ist danach keine Eigenschaft, auch keine Leistung, sondern Würde ist aus dieser Sicht ausschließlich ein Relations- oder Kommunikationsbegriff.[71] Kargl weist in Ablehnung eines formalen Positivismus darauf hin, dass „die Legitimität des Rechts im materialen Gesichtspunkt des ‚Konsenses' aufgesucht werden“ müsse. ‚Konsens' aber nicht als psychischer Zwang einer konformistischen Ordnung, sondern der herzustellende Konsens müsse Bezug nehmen auf „gemeinsame Ziele und Werte, die im affektlogischen Bezugssystem der Menschen verankert sind“.[72] Der Würdebegriff ist in der Diskurstheorie weitgehend frei von metaphysischen Voraussetzungen. Er ist „gleichwohl abhängig vom Stand gesellschaftlicher Verhältnisse ..., die ein mehr oder weniger an wechselseitiger Anerkennung zulassen und die Frage nach dem Maß der unverzichtbaren wechselseitigen Anerkennung beantworten müssen.“[73]

Das Problem des kommunikativen Ansatzes in der Würdediskussion liegt darin, dass Menschen, die einem individuellen Prozess der Identitätsbildung nicht entsprechen oder für Prozesse der Kommunikation keine Bereitschaft, Fähigkeiten oder Fertigkeiten mitbringen, damit vom Schutzbereich der Menschenwürde faktisch ausgeschlossen sind. Vom Bundesverfassungsgericht werden Ansätze der Leistungs- und Diskurslehre deshalb auch stets zurück gewiesen.[74]

Der hohe Abstraktionsgehalt dieser vorgestellten Inhaltstheorien zur Menschenwürde ruft - worauf Will hinweist - nach präziser Konkretisierung bei der Anwendung im Einzelfall: „Insoweit ist fraglich, ob sie überhaupt hinlänglich

---

[69] So auch Hofmann (1993), S. 362 ff.

[70] Habermas (1992), S. 127. - Die Systemtheorie versteht unter Kommunikation das „gegenseitige Auslösen von koordinierten Verhaltensweisen unter den Mitgliedern einer sozialen Einheit“ (Kargl, 1991, S. 582.)

[71] Hofmann (1993), S. 364.

[72] Kargl (1991), S. 576.

[73] Will (2006), S. 35; Allgemein zur Entwicklung des Rechts in Abhängigkeit von gesellschaftlichen Entwicklungsstadien Kargl (1991), S. 381 ff.

[74] Z.B. BVerfGE 87, 209 (228); Ekardt/Kornack (2006); zum Problem von Lebens- und Würdeschutz bezüglich des vor-geburtlichen Lebens, dass weder Identitätsleistung noch Kommunikationen bieten kann, vgl. Sacksofsky (2003), S. 274 f.

bestimmt sind, um konkrete Inhalte feststellen zu können, die den Schutzbereich der Menschenwürde ausreichend konturieren".[75] Der Ruf nach Konkretisierung kommt nicht von ungefähr: Dieser entsteht durch den Absolutheitscharakter von Artikel 1 Abs. 1 GG, nämlich der aus der Unantastbarkeit folgenden Unabwägbarkeit, die keinerlei Rechtfertigung eines Eingriffes erlaubt, verstärkt noch durch die Ewigkeitsgarantie in Art. 79 Abs. 3 GG.

b) Versuch über Menschenbilder

Die Menschenwürde bringt den obersten Achtungs- und Wertanspruch zum Ausdruck, der dem Menschen aufgrund seines Menschseins zukommen soll. Es geht um den Schutz und die Achtung des Wesens bzw. der Natur des Menschen an sich, um die „Substanz" des Menschen. In der Menschenwürde spiegelt sich der Mensch selbst, sie steht für das, was ihn ausmacht. Bei der Frage, was den Menschen ausmacht, gehen andere davon aus, dieses von einem bestimmten Menschenbild her ableiten zu können.[76] Dieser anthropologische Ansatz ist zwar auch den Inhaltstheorien nicht fremd, allerdings macht der „Versuch über die Menschenbilder" offensiv die Offenheit des Menschenbildes zum Programm.

Die Entstehung des Menschenbildes in der deutschen Verfassung wurzelt tief im europäischen Kulturkreis, der den Menschen als zur Selbsttätigkeit und Selbstbestimmung begabtes Wesen begreift. Aufgrund seiner Fähigkeit zur eigenen, freien Willensbildung ist der Mensch Subjekt und darf nicht zur Sache oder zum Objekt herabgewürdigt werden.[77] Der Grundrechtsstatus soll unabhängig vom Status, den man über Geburt, Stand, Leistung oder Darstellung erworben hat, gelten. Die Würde ist eine mit dem Menschenstatus verbundene Würde, sie zeichnet den Menschen gegenüber der unbelebten Natur und dem Tier aus. Folgende Merkmale gelten hier als charakteristisch: die Sprach- und Argumentationsfähigkeit, die Möglichkeit der Orientierung des Handelns an Vorstellungen von gut und böse, gerecht und ungerecht, die Möglichkeit und Notwendigkeit der Identitätsfindung und Persönlichkeitsformung; zusammengenommen: des Menschen Freiheit zur Persönlichkeitsentfaltung im faktischen oder auch normativ qualifizierten Sinne als vernünftige, verantwortliche Persönlichkeitsentfaltung.[78]

---

[75] Will (2006), S. 35.

[76] Stix-Hackl (2004), S. 236. Wie schwierig die „Bestimmung" eines Menschenbildes jedoch ist, zeigen die unterschiedlichen Menschenrechts-Interpretationen im internationalen Kontext (vgl. oben Abschnitt B).

[77] Stix-Hackl (2004), S. 237; in dieser Allgemeinheit dürfte dieses Gebot gleichwohl fragwürdig sein, denn „Sache" ist der Mensch gerade im staatlichen oder auch gesellschaftlichen Kontext häufig.

[78] Brugger (1997), S. 31 ff; dieses Menschenbild ist nicht weit von der Leistungstheorie entfernt.

Die Offenheit des Menschenbildes erhebt Ahrens sogar zum Programm des Grundgesetzes: „'Menschenwürde' bleibt ein symbolisches Kapital, im Fluss der kulturellen Entwicklung, das immer neu investiert und verhandelt werden muss."[79] Erklärt man die Würdekategorie in diesem Sinne prinzipiell als ‚offen', d.h. stets wandelbar und interpretierbar, ergeben sich für das Unantastbarkeitsgebot allerdings nur Fragezeichen.

Erklärungsansätze der Menschenwürde, die an einem Menschenbild, also an der Anthropologie anknüpfen, bewirken ohne weiteres also noch keinen unmittelbaren Schutz für den Bürger gegenüber dem Staat. Hierfür bedarf es eines effektiven Instrumentes, welches die Umsetzung des Menschenbildes in der gesellschaftlichen Wirklichkeit und damit auch in der Praxis der Rechtsanwendung garantieren kann. Wie soll dieses angesichts der Pluralität – gar noch der internationalen[80] – von Menschenbildern greifen?

c) Versuch über Richtlinie und Maßstab

Wegen der interpretativen Offenheit des Würdebegriffs soll aus anderer Sicht die Menschenwürde Richtlinienfunktion, aber auch Maßstabsfunktion haben, sozusagen Normanwendungsregel sein. Die Grundrechte seien nicht nur Abwehrrechte, sie haben Staatshandeln zu dirigieren und am objektiven Qualitätsmaßstab der Menschenwürde sich auszurichten[81]. Insofern wird die Menschenwürde als objektiver Maßstab einer materialen Verfassung für die Rechts- und Güterordnung angesehen[82].

Gleichwohl sieht die herrschende Meinung im juristischen Schrifttum Deutschlands dieses anders. Menschenwürde sei nicht nur Grundsatz, sondern höchste Norm des aktuellen Rechts[83]. Mit dem Bundesverfassungsgericht gilt Artikel 1 als oberstes und erstes Grundrecht, das innerstaatlich umsetzbar und durchsetzbar sein soll. Fraglich ist nur, wie das Spannungsverhältnis vom obersten Interpretationsprinzip bis hin zur ersten umsetzbaren Grundnorm der Verfassung die reale Durchsetzung von Menschenrechten zu gewährleisten in der Lage ist.

d) Versuch über internationale Positivierungen

Sowohl die Allgemeine Erklärung der Menschenrechte vom 10. Dezember 1948 als auch die beiden Pakte der Vereinten Nationen über bürgerliche und politische Rechte bzw. über wirtschaftliche, soziale und kulturelle Rechte enthalten

---

[79] Ahrens (2006), S. 382.
[80] Vgl. hierzu oben Abschnitt B III.
[81] Enders (1997), S. 316.
[82] Enders (1997), S. 335.
[83] Siehe bei Enders (1997), S. 426 mit weitern Nachweisen.

in ihren Präambeln jeweils Bekenntnisse zur allen Menschen innewohnenden Würde als Grundlage der Menschenrechte, ohne allerdings die Menschenwürde ihrerseits als gesondertes Menschenrecht zu verankern. In der Europäischen Menschenrechtskonvention (EMRK) - welche allerdings in ihrer Präambel auf die Allgemeine Erklärung der Menschenrechte verweist - findet die Menschenwürde überhaupt keine ausdrückliche Erwähnung. Die Rechtsprechung des Europäischen Gerichtshofes für Menschenrechte (EGMR) legt den Begriff der menschlichen Würde jedoch als Grundlage und durchgehendes Motiv der Konvention aus[84]. Die Generalanwältin des Gerichtshofs der Europäischen Gemeinschaft (EuGH) in Luxemburg, Christine Stix-Hackl, beschreibt die Menschenwürde als Substrat und Ausgangspunkt aller Menschenrechte und sieht sie als Fluchtpunkt der einzelnen Menschenrechte, auf den hin diese zu verstehen und zu deuten sind.[85] In einem Urteil vom 30. April 1996 erklärte der EuGH im Hinblick auf die Menschenwürde: „Würde eine solche Diskriminierung toleriert, so liefe dies darauf hinaus, dass gegenüber einer solchen Person gegen die Achtung der Würde und der Freiheit verstoßen würde, auf die sie Anspruch hat und die der Gerichtshof schützen muss“[86].

So wird also weitgehend vorausgesetzt, dass alle Menschenrechtsverträge und Pakte von der gleichen Würde aller Menschen ausgehen[87]: Der Apriori-Grundkategorie der Philosophie der europäischen Aufklärung seit Kant – und über diese hinaus. Demnach sollen innerstaatliche und zwischenstaatliche Verhältnisse so geregelt werden, dass „Würde und Wert der menschlichen Persönlichkeit“ (Präambel der VN-Charta) gesichert sind und dass „die Anerkennung der allen Mitgliedern der menschlichen Familie innewohnenden Würde (Präambel der Allgemeinen Erklärung für Menschenrechte) Grundlage des Status aller Menschen in den Staaten wird“.[88] Aber ist die Würde auch gleich verteilt, weiß man immer noch nicht, was sie konkret ist.

e) Versuch ex negativo: Objektformel

Aus allem wird deutlich, dass die Begrifflichkeit der menschlichen Würde in der Wissenschaft keine einheitliche und präzise Ableitung erfährt. Es besteht nur Einigkeit darüber, dass sich der Fundamentalwert Menschenwürde einer eindeutigen begrifflichen Festlegung entzieht; ihm wohne mehr eine philosophische, historische und aufklärerische Tradition inne[89]. Was den Grundsatz der Unantastbarkeit der Menschenwürde angeht, so hängt alles von der Festlegung ab, unter welchen Umständen sie verletzt sein kann. Dies könne nicht generell

[84] Stix-Hackl (2004), S. 237.
[85] Stix-Hackl (2004), S. 236.
[86] Wetter (1998), S. 130.
[87] Brugger (1997), S. 31.
[88] Brugger (1997), S. 31.
[89] So im Ergebnis jedenfalls Geddert-Steinacher (1990), S. 25; Aawani (2003), S. 5; Höfling (1995), S. 857; Stix-Hackl (2004), S. 236.

unter welchen Umständen sie verletzt sein kann. Dies könne nicht generell festgestellt werden, sondern immer nur in Ansehung des konkreten Falles.[90]

Einfacher erscheint die Wertung in einer Negativbetrachtung des Be-griffs: „Die Menschenwürde ist getroffen, wenn der konkrete Mensch zum Objekt herabgewürdigt wird. Ganz offenkundig missachten jene Verletzungsvorgänge die Menschenwürde, die den Menschen auf die Ebene der Sache oder des Tieres herabwürdigen".[91] Herabwürdigungen – oder technisch: Eingriffsfeststellungen – werden vom Bundesverfassungsgericht traditionell mit der so genannten Objektformel zu erfassen versucht. Danach ist die Menschenwürde verletzt, „wenn der konkrete Mensch zum Objekt, zu einem bloßen Mittel, zur vertretbaren Größe herabgewürdigt wird."[92] Aber geschieht das nicht ständig mit fast jedem Menschen im Arbeitsprozess, Ausbildung, Krankenhaus und Sozialämtern oder im Zuge polizeilicher Gefahrenabwehr?

Der Leistungskraft der Objektformel sind selbst aus der Sicht des Bundesverfassungsgerichts Grenzen gesetzt. Deshalb ist später die Eingrenzung insoweit präzisiert worden, dass die Menschenwürde erst dann verletzt ist, wenn die Subjektqualität des Menschen prinzipiell in Frage gestellt wird. Daher bedarf es gemäß ständiger Rechtsprechung des Bundesverfassungsgerichts jeweils im Einzelfall im Hinblick auf die konkrete Situation der Prüfung, ob eine Behandlung vorliegt, die die Achtung des Wertes vermissen lässt, der dem Menschen um seiner selbst willen kraft seines Personseins zukommt.[93] Die hier notwenigen Feststellungen und Bewertungen werden zum Beispiel von Höfling in konkreten Fallgruppen, sozusagen als negative Interpretationsmethode, abgesteckt. Er nennt an dieser Stelle vier zentrale Problemdimensionen:[94]

- Schutz der körperlichen Integrität;
- Sicherung menschengerechter Lebensgrundlagen;
- Gewährleistung elementarer Rechtsgleichheit;
- Wahrung der personalen Identität.

Damit sind Präzisionen für Fallgruppen geschaffen worden, aber eben Fallgruppen, die auch wieder der Konkretisierung im Einzelfall bedürfen, also ihrerseits Abwägungen erforderlich machen. Es besteht also noch weiterhin Klärungsbedarf.

---

[90] Höfling (1995), S. 859.
[91] Brugger (1997), S. 30.
[92] Dürig, AöR 81 (1956), S. 127; vgl. auch BVerfGE 5, 85, 204; 6, 32, 41; 7, 198, 205.
[93] Hecker (2006), S. 186.
[94] Höfling (1995), S. 861.

f) Versuch über absolute Schranken

Deutlich wurde bislang, dass eine Positivierung der Menschenwürde innerhalb der Rechtsordnung sehr schwierig, wenn nicht gar unmöglich ist. Aber wie will man sich verbindlich auf eine externe vor- oder außerrechtliche Begründung der Menschenwürde einigen? Möglicherweise hilft nur das Errichten von unüberwindlichen Schranken im Sinne staats- und gesellschaftskritischer Absolutheitsregeln, die dem Individuum einen unverfügbaren und unantastbaren Kernbereich autonomer Lebensgestaltung belassen.[95]

Gibt es hierfür valide Instrumente der Umsetzung? Hält die Verfassungsrechtsprechung absolut verbindliche Maßstäbe für einen so verstandenen Würdeschutz bereit? Vielleicht kann der Blick auf den historischen und sozialen Kontext weiterführen.

2. Die historische und soziale Kontextgebundenheit der Menschenwürde: Individualismus, Kollektivismus, Personalismus

Die Geschichte des Würdebegriffs im Rahmen des Verfassungsrechts hängt mit der jeweiligen staatlichen Gesamtsituation Deutschlands zusammen. Der liberalistische Individualismus, der sich in der Entwicklung des Grundgesetzes seit 1949 deutlich niederschlägt, war eine Antwort auf den Kollektivismus des Nationalsozialismus, in dem der Mensch nichts galt, der Staat alles. Dem wollten sich die Mütter und Väter des Grundgesetzes strikt widersetzen, so dass ein Liberalismus entstand, der Grundrechte insbesondere als Abwehrrechte des Einzelnen gegen den Staat verstand.[96]

Im Zuge der letzten 50 Jahre der Bundesrepublik hat sich dieser liberalistische Ansatz mehr und mehr zu einem materialen Rechtsstaatsansatz (Personalismus) gewandelt. Nicht mehr der Individualismus, also das Recht des Einzelnen, sondern der vom Staat anerkannte Individualismus, der sich somit als Personalismus versteht, sollte sich zwar immer noch vom Kollektivismus absetzen, hatte aber nunmehr eine neue Qualität. In diesem Personalismusbegriff wird der status negativus, den noch das liberalistische Modell entfaltete, in einen status positivus des Bürgers gewandelt, d.h., der Bürger muss seine individualistischen Abwehransprüche mit einer Gemeinschaftsrechtsordnung kompatibel gestalten.

---

[95] In diesem Sinne Naucke (2006) aus rechtsphilosophischer Perspektive und Teubner (2006) aus systemtheoretischer Sicht, zwar aus unterschiedlicher Perspektive und Argumentation, aber im Ergebnis identisch.

[96] Vgl. Lepsius (2006), S. 63. Diese Position wird durch das Urteil zum Luftsicherheitsgesetz wieder gestärkt. So auch Lepsius a.a.O., S. 73, wonach das Ziel des kollektiven Schutzes individuelle Freiheitsrechte nicht übertrumpfen dürfe.

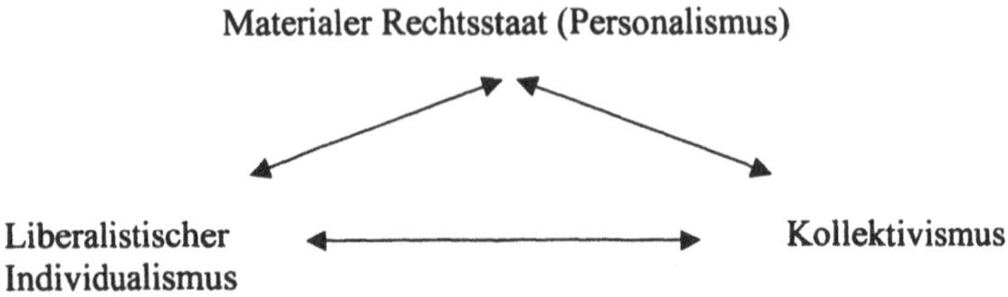

Auch vor diesem Hintergrund stellt sich der Begriff „Würde" ambivalent dar. Aus der Sicht eines liberalistischen Individualismus ist verständlich, dass Artikel 1 des Grundgesetzes, der die Menschenwürde zum obersten Prinzip staatlicher Organisation aufruft, als rechtlich vollziehbare Norm ausgestaltet ist. Andererseits ist es aus der Sicht des Personalismus zumindest nachvollziehbar, dass Würde eher als ein heuristisches Prinzip im Sinne eines richtungsweisenden Postulates gesehen wird.[97] Insofern verwundert es nicht, wenn Artikel 1 des Grundgesetzes nicht als unmittelbar vollziehbare Norm angesehen wird, sondern Grundrechtsschutz lediglich über Art. 2 Abs. 1 in Verbindung mit Art. 19 Abs. 2 des Grundgesetzes Realisierungschancen hat, d.h., lediglich der Katalog der Grundrechte ab Art. 2 bis einschließlich Art. 19 wird von manchem als rechtlich vollziehbar angesehen, Artikel 1 hingegen sei lediglich eine Leitidee. Enders beschreibt das mit den Worten: „Das genaue Ausmaß des jeweiligen Geltungsumfanges eines Grundrechts ist Resultat eines Abwägungsprozesses, als dessen Leitidee das Prinzip der Menschenwürde fungiert".[98] Das Bundesverfassungsgericht hat hingegen einen gänzlich anderen Ansatz. Danach ist die Menschenwürde „mit keinem Einzelgrundrecht abwägungsfähig"[99]. Sind also die folgenden Grundrechte „Einzelgrundrechte", ist Artikel 1 GG höchstes, oberstes, erstes Grundrecht.

Diese Nachzeichnung des rechtshistorischen Hintergrundes des Würdebegriffes macht deutlich, dass die Menschenwürde weitgehend als eine interpretierbare Begrifflichkeit verstanden wird. Der deklaratorisch geforderte absolute Ach-

[97] Teubner differenziert aus systemtheoretischer Sicht scharf zwischen „Person" und „Individuum". Das traditionelle Grundrechtsdenken, das Grundrechte als personale Autonomieräume verstehe, vollziehe eine „fatale Gleichsetzung von ‚Bewusstsein/Körper' einerseits und ‚Person' andererseits." ‚Person' sei bloßes internes Konstrukt gesellschaftlicher Kommunikation: Adresse und Erwartungsbündel. Individuen hingegen seien „lebende und pulsierende Einheiten in der Umwelt der Kommunikation". (2006, S. 170.) Für Teubner ist es unerbittliche Konsequenz, dass Menschen nicht Teil der Gesellschaft sind, sondern ihr in nicht überwindbarer Trennung gegenüber stehen: „Gesellschaft und Bewusstsein/Körper sind füreinander nicht kommunikativ erreichbar." (a.a.O.). Damit koppelt die Systemtheorie an die frühe Position des deutschen Verfassungsrechts an, wonach Grundrechte prinzipiell Abwehrrechte des Individuums gegenüber dem Staat sind: „Grundrechte definieren sich ... als soziale und rechtliche Gegeninstitutionen zu Expansionstendenzen von Sozialsystemen (a.a.O., S. 178).

[98] Enders (1997), S. 371.

[99] BVerfGE 93, 266 (293). Vgl. auch oben Fn. 60 und Will (2006), S. 33.

tungsanspruch relativiert sich zudem schnell, wenn man mit der im Vordringen befindlichen rechtlichen Meinung die Menschenwürde lediglich als „obersten Wert und Konstitutionsprinzip“ der Verfassung betrachtet. Zwar soll auch das rechtlich herleitbar und verwendbar sein, deutlich wird aber, dass die Menschenwürde von vielen immer noch als „nicht interpretierte These“ (Heuss)[100] angesehen wird, die nur schwer justiziabel und prinzipiell offen sei. Der Begriff der Menschenwürde wird somit von einem Teil der Literatur nur als leitender Topos des Grundgesetzes der Bundesrepublik Deutschland angesehen. Nach dieser Auffassung soll er lediglich ein verfassungsrechtliches Leitbild im Sinne der Grundnorm des Artikels 1 GG sein, wobei neben dem Grundgesetz auch die Rechtsprechung des Bundesverfassungsgerichts als gemeinsame Verfassungsquelle angesehen wird.

In der neueren Debatte der verfassungsrechtlichen Interpretation des Begriffs Menschenwürde ist dieser alte Streit über die absolute oder relative Geltung dieses Begriffes keineswegs entschieden. Im Gegenteil: Vor dem Hintergrund elementarer Krisen der Globalisierung sieht sich der Begriff der Menschenwürde steter Rechtfertigung ausgesetzt: Ist staatliche Folter in Ausnahmefällen legitim? Lassen sich zivile Flugzeuge mit Menschen, die von Terroristen als Waffen eingesetzt werden, abschießen zugunsten der Lebensabwägung anderer? Erfordert die so genannte innere Sicherheit beim Kampf gegen den Terrorismus Freiheitseinschränkungen erheblicher Art, die die Menschenwürde tangieren? Das sind aktuelle Bezüge, die die Frage nach der universalen Geltung der Menschenrechte und mit ihr der Menschenwürde stets erneut stellen. Die jüngste Rechtsprechung des Bundesverfassungsgerichts gibt hierauf Antworten, auf die im weiteren Verlauf der Untersuchung noch im Einzelnen einzugehen sein wird.

3. Menschenwürde und die relative ‚Logik der Abwägung'

Menschenwürde sei symbolisches Kapital im Fluss der kulturellen Entwicklung, das immer neu investiert und verhandelt werden muss, so fasst Ahrens die Position der Abwägung zusammen.[101] Ist etwas im Fluss und stets neu zu „investieren“ und zu „verhandeln“, wird diese Interpretationsleistung durch mehrere Ebenen gesteuert: rechtlich, politisch, philosophisch und anthropologisch wirken eine Fülle von Interpretationsimpulsen auf den Begriff der Menschenwürde ein, dass sie gar nicht allein auf Abwehr des Individuums zugunsten von Freiheit und Autonomie beschränkt werden könne. Vom Schutz des Individuums führt diese Interpretation freilich zu einem Schutz der Gattung Mensch, dem sich die Interessen des Individuums zu beugen haben. Es scheint sich um einen steten Kreislauf zu handeln: vom individualistischen Liberalismus zum Kollektivismus und

[100] Parlamentarischer Rat V, S. 72 zitiert nach Enders (1997), S. 410, Fn. 199.
[101] Ahrens (2006), S. 382.

– wenn der kollabiert – letztlich über ein Aufflackern des Individualismus zurück zum Personalismus des materialen Rechtsstaats.

Verfassungsinterpreten wie Herdegen sehen Individuum und Gattung gleichermaßen vom Grundsatz der Menschenwürde berührt[102]. Herdegen hebelt den „katechontischen Umgang mit dem Begriff der Menschenwürde"[103] radikal auf, indem er die Menschenwürde interpretativ allen möglichen Entwicklungen erschließt. Dieser Auffassungswandel im führenden Kommentar zum deutschen Grundgesetz war der Frankfurter Allgemeinen Zeitung sogar eine Meldung auf der Titelseite wert.[104] Herdegen geht den Schritt, den Menschenwürdeartikel von einem ihm „vorgelagerten geistig-ethischen Inhalt" (Böckenförde)[105] abzulösen. Eine normative Richtliniensetzung des Artikel 1 Abs. 1 GG lehnt Herdegen ab, er eröffne sich einer weiten Deutungsarbeit. Herdegen misstraut einem metaphysischen Gehalt der Rechtsnorm, wodurch sich im Ergebnis ein „offenes Menschenbild" durchsetzt, das – so steht aber zu befürchten - Beliebigkeit und Willkür Tor und Tür öffnet. Der Verfassungsinterpret Herdegen will im Ergebnis zwischen einem evidenten "Würdekern" und einem „peripheren abwägungsoffenen Schutzbereich" differenzieren.[106] Denn was ist nun Kern und was ist Peripherie? Die Nichtbeantwortbarkeit dieser Frage führt erst recht zur Gefahr von Willkür und Beliebigkeit, nunmehr eingekleidet in abwägenden Positivismus beliebiger parlamentarischer Mehrheiten.[107]

Der Position der Abwägbarkeit von Menschenwürde ist einzuräumen, dass das Grundgesetz zwar postuliert, dass die Würde des Menschen unantastbar ist, was Würde genau heißt, erfährt man allerdings aus dem Grundgesetz unmittelbar nicht. Insofern ist der Interpretationsstreit programmiert, wie schon gezeigt werden konnte. Theodor Heuss hat – wenn möglicherweise so auch nicht intendiert - die Tür für Interpretationen aufgeschlossen: Die Menschenwürde war aus seiner Sicht eine „nicht interpretierte These"[108]. Er meinte also, sie ist möglicherweise interpretierbar, aber nicht interpretiert. Das scheint den Begriff aber für Interpretationen vielfältiger Art zu öffnen. Modernere Ansichten (Habermas, Luhmann) leisten diese Interpretationsarbeit nachträglich: Sie sehen die Würde

---

[102] Herdegen (2005), S. 30.
[103] Ahrens (2006), S. 382.
[104] FAZ vom 29.4. 2005, S. 1.
[105] E.-W. Böckenförde ist Verfasser des Aufsatzes. „Die Würde des Menschen war unantastbar", der in der FAZ vom 3. September 2003 (S. 33/35) veröffentlicht wurde.
[106] Herdegen (2005), Rn. 41 ff. Petersen (2004, S. 316 ff.) sieht die Entwicklung „Auf dem Weg zu einer zweckrationalen Relativierung des Menschenwürdeschutzes". Dem widerspricht Hecker deutlich, der für die Interpretation von Petersen in dem von diesem in Bezug genommenen Urteil des Bundesverfassungsgerichts keine Anhaltspunkte findet. (Hecker, 2006, S. 187).
[107] Hierzu grundlegend Naucke (2006).
[108] Parlamentarischer Rat V, S. 72 zitiert nach Enders (1997), S. 410, Fn. 199.

nicht als von Anfang an dem Grundgesetz vorgegeben an, sondern verlangen einen individuellen Prozess der Identitätsbildung zur Erlangung von Würde. Hierbei werden allerdings Menschen, die der Identitätsbildung noch nicht – vgl. z.B. die Embryonenthematik[109] - oder nicht mehr fähig sind – vgl. z.B. die ‚Sterbehilfe'-Debatte[110] - vom Schutzbereich ausgenommen. Das Bundesverfassungsgericht weist deshalb diese Art von Deutungsmöglichkeit (zurzeit noch) strikt zurück.[111]

4. Menschenwürde und die absolute ‚Logik des Tabus'

In einer am absoluten Menschenwürde-Begriff ausgerichteten Position findet sich die nach wie vor herrschende „naturrechtliche Verankerung des Menschenwürdegedankens"[112], der in aller Regel als anthropologische Substanz, nicht etwa als kulturelles Artefakt, formuliert ist. Das Stadium einer bloßen Existenz in Natur wird erst durch die Integration in einen rechtlichen Kontext beendet. Es ist durchaus fraglich, ob mit der Etablierung des positiven Rechts auch der vorrechtliche Anteil überwunden wird. Das bejaht Habermas, wenn er das nachmetaphysische Recht als Anerkennung kooperierender Rechtsubjekte bezeichnet, die die vollständige Aufkündigung vorrechtlicher Anteile am Recht vollzogen haben[113]. Rechtssubjekte erlangen Autonomie erst dadurch, dass sie sich als Autoren von Rechten verstehen und sich diesen dann unterwerfen. Die Idee der Selbstgesetzgebung müsse sich im Medium des Rechts selbst Geltung verschaffen[114]. In dieser Art und Weise knüpft Habermas an Kant an, dessen „Objektformel"[115] Dürig in der bekannten Grundgesetzkommentierung bis zur Neuinterpretation von Herdegen als geltend eingebracht hatte.

Die Position von Günter Dürig ist die des unverfügbaren Anteils von Recht, der sich gegen politische Willkür als Abwehrschranke durchsetzen muss. Nach Dürig gilt die Prämisse für die Achtung der Menschenwürde uneingeschränkt, deren sittlicher Anspruch gegenüber politischen und rechtlichen Eingriffen des Staates als eigenständig anerkannt wird, gleichzeitig aber auch im bisherigen individual- und sozialethischen Bereich verrechtlicht worden sei.[116] Die Menschenwürde stelle einen absoluten, d.h. gegen alle möglichen Angreifer gerichteten Achtungsanspruch dar. Artikel 1 Abs. 1 GG sei daher „Basis für ein ganzes Wertesystem". Hierin liegt zugleich ein zum Ausdruck kommender Einfluss der

---

[109] Ahrens (2006); Ekardt/Kornack (2006); Sacksofsky (2003), S. 274 ff.
[110] Neumann / Saliger (2006), S. 280 ff.
[111] vgl. BVerfGE 87, 209 (228); Starck 2005, in Mangold / Klein / Starck, Kommentar zum GG Artikel 1 Abs. 1 Rd. 8.
[112] Ahrens (2006), S. 370.
[113] Habermas (1992), S. 160; siehe auch oben II 1 a (3).
[114] Habermas (1992), S. 160.
[115] Vgl. oben Abschnitt II 1 e.
[116] Dürig (2002), S.118.

Rechtsphilosophie Kants auf die bundesdeutsche Rechtstheorie und Praxis – insbesondere eine durch ihn ermöglichte Verknüpfung von Recht und Ethik. Der zentrale kritische Einwand, die Frage nach der Stiftungsinstanz einer scheinbar „nach-metaphysischen Gesellschaft“ (Habermas), die eine demokratische Gesellschaft nicht ohne weiteres übernehmen könne, knüpft sogleich an der Kritik an, woran sich der Wert der Würde überhaupt messen lässt.[117] Indes spricht das Grundgesetz vom Menschen, der Würde besitzt, nicht vom menschlichen Leben, das erst sekundär kontextualisiert wird[118]. Der Terminus „menschliche Würde“ meint damit nicht nur ein ethisches Prinzip, das ideengeschichtlich und kulturell diese oder jene Gründe für sich geltend machen könne.[119] Es handele sich vielmehr um ein „ethisches a priori im Verfassungsrang“[120].

Unter dem Eindruck jüngster Debatten um die Legitimität der Folter im Rechtstaat hat Ralf Poscher in diesem Sinne von der „Menschenwürde als Tabu“ gesprochen. Die Menschenwürde sei von jeglicher Verhältnismäßigkeits- und Abwägungsdogmatik des Verfassungsrechts prinzipiell freigestellt. Dies leite sich daraus ab, dass die „Menschenwürdegarantie des Grundgesetzes nicht die Struktur eines einfachen Verbotes, sondern die eines Tabus aufweist“[121]. Mit der Tabuisierung der Menschenwürde greife auch die moderne Gesellschaft zur rechtlichen Stärkung ihres Fundamentalwertes zwar auf eine „archaische Reglungsform“ zurück, und entziehe sie damit der Notwendigkeit einer rationalen Begründung. Das sei aber insofern hinnehmbar, als dieses Tabu eine „Prophylaxe gegen eine Verrohung der Gesellschaft, besonders der Exekutive, bilde“[122]. Zwar ist – insofern muss man Brunkhorst[123] zustimmen – das Tabu keineswegs „immun gegen Transformationen“, diese bedürfen aber nicht allein des Wettstreits der Argumente, sonder – wie Ahrens ergänzt – insbesondere „der Person des ein Opfer darbringenden Tabubrechers, womit eine ungleich wirksamere Hürde gegen die Verletzung substantieller ethischer Codizes bereit gestellt sei, als kommunikatives Handelns allein sie jemals aufbieten könnte“[124].

Alle übrigen Relativierungen – wie rechtstheoretische Einsichten von Habermas[125] und Luhmann[126] nahe legen – führen auch nicht weiter. Bezogen auf die

---

[117] Hierzu kritisch Ekardt (2006).
[118] Ahrens (2006), S. 373, und auch nicht absolut geschützt ist (vgl. Art. 2 Abs. 2 Satz 3 GG.).
[119] Ekardt (2006), S.64 ff.
[120] Ahrens (2006), S. 373.
[121] Poscher (2004) S. 758; vgl. auch ders. FAZ vom 2.6.2004.
[122] Poscher (2004), S. 760f.
[123] Brunkhorst (2005), S. 80.
[124] Ahrens (2006), S. 372 Fußnote 17; Kritisch zum Begriff ‚Tabu‘ Bung (2006) S. 321: Der Autor meint, Tabus verlören ihren spezifischen Status der Unantastbarkeit, wenn man sie zum Gegenstand der Theoriebildung mache. Bung schlägt deshalb vor, Aussagen dieser Art „ohne Umschweife als *Axiome* eines universellen Rechtssystems zu betrachten“.
[125] Habermas (2001), S. 62.

so genannte Leistungslehre, wonach Würde als nicht von Anfang an existent angenommen wird, sondern einem individuellen Prozess der Identitätsbildung zur Erlangung von Würde fordert, wird vom Bundesverfassungsgericht erwidert: Durch diese Interpretation der Relativität werden Menschen, die der Identitätsbildung noch nicht – was gerade für die Embryonenthematik relevant wäre – oder nicht mehr fähig sind („lebensunwertes Leben"![127]), vom Würde-Schutzbereich ausgenommen.

Vorerst hält also die herrschende Meinung im juristischen Diskurs an der Unabwägbarkeit des Begriffs der Menschenwürde fest. Würde ist demnach vorgegeben, katechontisch, tabuisiert, unabwägbar, mit der menschlichen Natur normativ unbedingt verknüpft und auch nicht diskursrational zu relativieren.[128]

Mit der Entscheidung zum Luftsicherheitsgesetz[129] hat das Bundesverfassungsgericht vor kurzem judiziert, dass das Grundgesetz die im ehemaligen Luftsicherheitsgesetz vorgesehene Abwägung von Leben gegen Leben nicht zulässt. Hierin liegt der klassische Fall eines Verstoßes gegen die Menschenwürde seitens des Staates. Das Bundesverfassungsgericht ist dabei nicht den modernen Interpretationen gefolgt, die zwar keine Abwägung von Leben gegen Leben, aber „eine verantwortliche staatliche Entscheidung zum Ziel des effektiven Lebensschutzes in einer Extremsituation sehen, bei der die Passagiere ohnehin das Leben verlieren"[130]. Auf derartige Interpretationsansätze, die Artikel 1 Abs.1 GG unter Bezugnahme auf eine Schutzpflicht des Staates stärker für eine Abwägung zwecks Ermöglichung der Rettungsfolter oder eines Rettungsabschusses öffnen wollen, lässt sich das Bundesverfassungsgericht auch nicht ansatzweise ein. Nach dessen Rechtsprechung liegt eine Verletzung der Menschenwürde immer dann vor, wenn die Subjektqualität des Menschen prinzipiell in Frage gestellt wird. Dies soll dann der Fall sein, wenn die Behandlung durch die öffentliche Gewalt die Achtung des Wertes vermissen lässt, der jedem Menschen um seiner selbst willen zukommt. Hier wird eine absolute Grenze markiert, die keinerlei Abwägung mit anderen Grundrechten oder sonstigen Rechtsgütern zugänglich ist. Diese Grenze kann nach der Rechtsprechung des Bundesverfassungsgerichts auch nicht unter Bezugnahme auf eine staatliche Schutzpflicht in Frage gestellt werden. Die Menschenwürde ist mit „keinem Einzelgrundrecht abwägungsfähig"[131]. Dem Staat ist eine qualitative oder quantitative Gewichtung von Leben strikt untersagt[132].

---

126 Luhmann (1993).
127 Vgl. hierzu Naucke (2006).
128 Vgl. hierzu Ekardt (2006).
129 BVerfGE, Urteil vom 15.2.2006 1 BvR 351/05, in: NJW 2006 (Heft 11), S. 751 ff.
130 Hecker (2006), S.18.
131 BVerfGE 93, 266 (293).
132 So schon BVerfGE 39,1 (59).

Die Entscheidung zum Luftsicherheitsgesetz ist ein ermutigender und begrüßenswerter Schritt auf dem Weg zur langsamen Verabschiedung der objektiv-rechtlichen Schutzpflichten.[133] Die Entscheidung ist durchgehend von einer subjektiv-rechtlichen Sicht geprägt, d.h. sie gibt den unschuldigen Insassen eines von terroristisch motivierten Straftätern gekaperten Flugzeuges einen über die Würde legitimierten und deshalb vom Staat absolut zu achtenden Lebensschutz[134]: „Eine Saldierung oder Aufrechnung von Leben ist ausgeschlossen, sofern diejenigen, deren Lebensopfer die Rechtsordnung verlangte, ihrer Subjektstellung beraubt würden“[135]. Andernfalls würden die Flugzeuginsassen „verdinglicht“ und „entrechtlicht“, womit dem Kernbereich von Artikel 1 Abs. 1 GG eine deutliche Limitierungsfunktion zugewiesen wird.

Artikel 1 des GG ist mit dieser Entscheidung zu einem eindeutigen Abwehrrecht verfassungsgerichtlich aufgewertet worden. Dem Bemühen zahlreicher Verfassungsrechtler[136], diese Fundamentalnorm zu einer staatlichen Eingriffsrechtfertigung im Sinne staatlicher Schutzpflichten umzumodellieren, ist durch das Bundesverfassungsgericht – vorerst – ein Verfassungs-Riegel vorgeschoben worden. Die deutsche Rechtsordnung darf also in Zukunft von Verfassungs wegen keine Norm enthalten, „die einem Unbeteiligten das Opfer des Lebens auferlegt“[137]. Das zumindest ist eine absolut verbindliche Grenze für den Schutz menschlicher Würde, die der Staat nicht übertreten darf.

5. Conclusio: Alles ist im Fluss

Es konnte gezeigt werden, dass die dichotome Diskussion über absolute oder relative Geltung des Begriffs der Menschenwürde heftiger denn je verläuft. Hier ist kein Ende abzusehen, im Gegenteil, mahnende Stimmen zur Entwicklung der Rechtsprechung des Bundesverfassungsgerichts weisen darauf hin, dass auch in der Rechtsprechung selbst Einbruchstellen für interpretative Relativierungen bereits angelegt sind.[138] Der Eindeutigkeit aktueller Entscheidungen stehen scharfsinnige Angriffe rechtsphilosophischer, rechtstheoretischer, anthropologischer und politischer Art gegenüber. Wieweit sich die bisherige Linie der Rechtsprechung wird durchsetzen können, wird die Zukunft erweisen. Was ge-

---

[133] Lepsius (2006), S. 64.

[134] Es hätte des „normativen Bezuges auf Artikel 2 Abs. 2 GG nicht bedurft. Der Senat entscheidet die Frage de facto nicht am Maßstab des Grundrechts auf Leben, sondern als Verletzung der Menschenwürde am Maßstab der verlorenen Subjektstellung, auch wenn er beide Vorschriften gemeinsam zitiert“ (Lepsius, 2006, S. 61). D.h. im Ergebnis, dass der absolute Schutz der Menschenwürde vom Lebensschutz entkoppelt ist. Diese Interpretation ist die naheliegenste.

[135] Lepsius (2006), S. 68.

[136] Vgl. z.B. Isensee (1983); Robbers (1987); Dietlein (1992); Unruh (1996).

[137] Lepsius (2006), S. 59.

[138] Hecker (2006), S. 186.

zeigt werden konnte, ist die prinzipielle Offenheit des Begriffs der Menschenwürde im Rahmen eines herrschenden Positivismus. Sie ist damit auch offen für Relativierungen der Menschenrechte, die jeweils über einen Gattungsbegriff vom Menschen im Personalismus des materialen Rechtsstaates Pflichten und Unterordnungen verlangen, die jedweder Kollektivismus stets wie selbstverständlich fordert. Offenbar ist immer nur nach den Erfahrungen kriegerischer Katastrophen ein breiter Konsens darüber möglich, dass Menschenwürde und Menschenrechte primär Abwehrrechte gegen (staatliche) Allmacht, Übermacht und Willkür sind. Der Mensch lernt offenbar immer nur aus Erfahrungen, das aber auch nur sehr eingeschränkt und ist diesbezüglich höchst vergesslich.

2. Teil: Erosionen der Menschenrechte im Rahmen gesellschaftlicher und rechtlicher Entwicklung

A. Von der Prävention zur Sicherheitsgesellschaft

Die Verknüpfungen der Überschriften zu diesem Kapitel sind auf den ersten Blick provozierend. Wie kann Prävention, d.h. Vorbeugung, zur Erosion von Menschenrechten beitragen? Vorbeugung wird im Bereich des Sozialen und auch der Medizin als schadenverhindernde Strategie schlechthin verstanden. Wie kann ein derartiger Ansatz also Menschenrechte erodieren lassen? Man muss in der Geschichte sozialer Kontrolle ein wenig ausholen, um diesen Zusammenhang zu verdeutlichen.

I. Vor-präventive Zeiten

Prävention ist im Bereich der sozialen Kontrolle ein spezifisch strafrechtlicher Begriff.[139] Das Strafrecht bildet diesen Begriff indes nicht statisch, sondern im Zuge historischer Entwicklung zeigt sich Prävention als eine spezifische strafrechtliche Steuerungsstrategie. Das ursprüngliche archaische, auf körperliche Vergeltung abzielende Herrscherrecht der Voraufklärung galt ausschließlich der Absicherung von Herrschaft des absoluten Souveräns.[140] Aber auch mit der Europäischen Aufklärung beginnt noch nicht der Siegeszug des Präventionsbegriffs. Das so genannte klassische Strafrecht aus der Zeit der Aufklärung, geleitet von dem Prinzip einer von der Vernunft gesteuerten Legalität (Kant), sollte – vom gedanklichen Ansatz her – der Stabilisierung und Wiederherstellung des Rechts gelten, das durch Rechtsbruch in Frage gestellt wurde. Die Macht des Rechts herzustellen, war Ziel des klassischen Strafrechts und fand daher in dieser einzigen Zielsetzung den Begriff des absoluten Strafrechts.[141] Bedarf für präventive Intentionen kannte dieses Strafrecht nicht.

Erst die Staatstheorie des liberalen Rechtsstaates lässt die Zweckorientierung des Strafrechts auf den Plan kommen: Strafrecht soll nunmehr bessern, sichern und der Gesellschaft nützlich sein. Ein Gedanke, der weder dem archaischen noch dem absoluten Strafrecht auch nur ansatzweise in den Sinn kam. Mit den Nützlichkeitserwägungen befasste sich der Strafrechtstheoretiker Franz von Liszt.[142] Seine Forderung nach präventiver Rationalisierung des Strafrechts in Bezug auf empirisch zu bestimmende externe Zwecke ließ von der - theoretisch vorausgesetzten - Freiheit des Menschen nur noch wenig übrig. Prävention wur-

---

[139] Naucke (2002), S. 41 ff.; zu kriminologischen Zusammenhängen vgl. Eisenberg (2005), S. 587 ff (Generalprävention) und S. 594 ff. (Spezialprävention).
[140] Vgl. hierzu insgesamt Foucault (1976).
[141] Naucke (2002), S. 32, 41 ff.
[142] Von Liszt (1905).

de als umfassende, offensive sozialtechnologische Kontrollstrategie entwickelt, die alsbald auch weit über das traditionelle strafrechtliche Entscheidungsprogramm hinausgriff. Prävention war schließlich ein zentraler Bezugspunkt für ganz unterschiedliche Maßnahmen - von der klassischen Sozialpolitik bis zur klassischen Kriminalpolitik. Mit der Abkehr von der strikten Formalorientierung im Strafrecht konnte von Liszt in seinem Marburger Programm mit Vehemenz die Forderung vertreten, es sei zu differenzieren: Abschreckung und Geldstrafe für die Gelegenheitstäter, Einsperrung, schlimmsten Falls Todesstrafe für die Unverbesserlichen, Besserung für die Besserungsbedürftigen[143]. Diese Differenzierung zieht sich seither durch die Kriminalpolitik – bis in unsere Tage. Schon das kriminalpolitische Programm der Arbeitsgemeinschaft sozialdemokratischer Juristen (AsJ) fordert (1976), dass für die Verhängung strafrechtlicher Maßnahmen „nur die in der Tat sichtbar gewordene Gefährlichkeit des Täters... maßgeblich“ sein soll.[144]

II. Präventionsstaat und Präventionsgesellschaft

1. Die Entwicklung von der begrenzenden Repression zur präventiven Gestaltung

Der rechtliche Wandlungsprozess zum relativen, d.h. präventionsorientierten Strafrecht lässt sich beschreiben als ein Wandel vom repressiv-limitierenden zum präventiv-gestaltenden Strafrecht.[145] Diese Präventionsorientierung entwickelte sich im Zuge des 19. zum 20. Jahrhunderts als Gebot des Sozialstaates, dem das Bundesverfassungsgericht auch heute noch folgt.[146] Strafe ist aus dieser Sicht kein Selbstzweck, sondern sie wird in den Dienst gesellschaftlicher Nützlichkeit gestellt: Zur Abschreckung potentieller und zur Behandlung aktueller Delinquenten, zur Stärkung des Normvertrauens oder auch zur Sicherung der Gesellschaft vor dem Täter. Der zentrale Begriff ist im Strafvollzug die so genannte „Resozialisierung“. Paragraph 2 des Strafvollzugsgesetzes stellt als alleiniges Ziel der Freiheitsentziehung die Befähigung heraus, in sozialer Verantwortung ein Leben ohne Straftaten zu führen. Das ist das Ziel der Freiheitsentziehung, der Schutz der Gesellschaft nur eine (untergeordnete) Aufgabe des Strafvollzuges. Grundlage dieses gestaltenden Sozialstaatsmodells war der allgemeine Fortschrittsglaube, nachdem die materiellen Errungenschaften der Gesellschaft stetig wachsen und durch eine entsprechende Verteilung zum Wohl aller eingesetzt werden können.[147] Auf Schwache reagiert der Sozialstaat mit

---

[143] Von Liszt (1905), S. 175.
[144] Recht und Politik: Kriminalpolitisches Programm der Arbeitsgemeinschaft sozialdemokratischer Juristen 1976, S. 252 f.
[145] Arnold (2005), S. 186; Albrecht, P.-A. (1986), S. 55 ff.
[146] Vgl. z.B. BVerfGE 35, 202 ff. (236).
[147] Singelnstein / Stolle (2006), S.25.

Fürsorge. Diese moderne Sozialstaatsperspektive ist in der offiziellen Sozialpolitik der Bundesrepublik Deutschland nach wie vor herrschend, insbesondere die Rechtsprechung des Bundesverfassungsgerichts sieht in der sozialstaatlichen Leistungsverwaltung nach wie vor eine Leitmaxime des Grundgesetzes. Rechtswissenschaftler plädieren sogar für das Modell eines globalen Sozialstaates.[148]

2. Von der sozialen zur inneren Sicherheit

Die geschilderte Perspektive eines präventiv-gestaltenen Strafrechts sozialer Kontrolle in dieser Form ist bereits historisch überkommen. Die beiden letzten Jahrzehnte des 20. Jahrhunderts waren geprägt von – scheinbar unabhängigen – Entwicklungen des Abbaus des Sozialstaates einerseits und dem Ausbau eines Staates der so genannten inneren Sicherheit, der auch als Präventionsstaat bezeichnet wird. So beobachtet Arnold seit Jahrzehnten eine – auch international – weit ausgreifende Entwicklungslinie „von einem klassischen liberal-rechtstaatlichen Strafrecht zu einem Steuerungsmittel der Globalisierung sowie von Risiko- und Informationsgesellschaften ... Dieses Strafrecht erscheint insbesondere auf der Ebene der Gesetzgebung in den Facetten eines Sicherheitsstrafrechts, eines Interventionsstrafrechts und neuerdings eines Feindstrafrechts und geht einher mit einem zunächst schleichenden und jetzt immer rasanteren Abbau von Menschenrechten, der nicht selten im Namen der Menschenrechte erfolgt".[149]

Die Gründe für diese Entwicklung werden in manifesten Veränderungen der Sozialstruktur, also in gesellschaftlichen Transformationsprozessen, gesehen. Der deutsche Sozialstaat ist – so schreibt Schieder[150] – auf Grund demographischer Entwicklungen und einer von der Globalisierung geprägten Wirtschaftslage an die Grenzen seiner Kapazität gestoßen, wobei Politik und Gesellschaft laut nach einer Reform seiner Sicherungssysteme rufen. Seit den Terroranschlägen des 11. September 2001 auf das World Trade Center in New York entwickelt sich der Staat in Sachen innerer Sicherheit zu einem Präventionsstaat, wobei der Begriff Sicherheitsstaat oder besser noch Sicherheitsgesellschaft zutreffender erscheint, wie im nächsten Abschnitt (III) näher erörtert wird.

Insgesamt kann man anhand der sozialwissenschaftlichen Literatur diese paradigmatische Ablösung des Sozialstaats durch den Präventionsstaat in einem Perspektivwechsel von der sozialen zur inneren Sicherheit nachzeichnen. Das ist indes keine terminologische Formel aus theoretischer Perspektive, sondern diese

[148] Dux, (2003), S. 189, 195.
[149] Arnold (2005), S. 186.
[150] Schieder (2005), S. 264.

Entwicklung hängt ab von Transformationsprozessen der vergangenen Jahrzehnte, die zu enormen gesellschaftlichen Veränderungen geführt haben:

- Globalisierung und Internationalisierung der Marktbeziehungen,[151]
- Flexibilisierung der Arbeits- und Sozialverhältnisse,[152]
- Privatisierung staatlicher Aufgaben,[153]
- der Umbau des Wohlfahrtstaates und[154]
- die Umgestaltung zentraler gesellschaftlicher Bereiche auf ökonomisch-politischer Ebene[155]haben zu stärkeren Ausdifferenzierungen der sozialen Lage der Bürger bis hin zu den verschiedenen Stufen des sozialen Ausschlusses und einer zunehmenden Desintegration und Verunsicherung geführt[156]. Dieser Umbau des sozialen Staates führt fort von der materiellen individualisierenden hin zur kollektivierten Fürsorge von immer neuen Lebensbereichen und intendiert zugleich die umfassende Vorsorge vor Risiken[157] des krisengeschüttelten Sozialstaates.

Die Akzentverschiebung in der Sicherheitspolitik ist eindeutig: von der sozialen zur inneren Sicherheit. Der Präventionsstaat wird somit als Staat verstanden, der die innere Sicherheit in einer von komplexen Problemlagen und wachsendem Steuerungsbedarf geprägten Gesellschaft dadurch aufrechterhalten will, „dass er Gefahren und Risiken im weitesten Sinne vorbeugend begegnet, indem er zu massiven, möglichst umfassenden Überwachungsmaßnahmen greift".[158] Staatsrechtslehrer warnen schon: „Letzte Sicherheit kann kein rechtliches Ziel sein. Da Risiken nur zugerechnet, aber nicht beseitigt werden können, bleibt immer ein Bereich ungewisser Gefährdungen bestehen. Risiken sind eben die Kehrseite der Freiheit".[159]

---

[151] Teubner (2006), S. 161 ff.

[152] Habermas (1973): Das administrative System muss zunehmend für die Steigerung der Produktivkraft menschlicher Arbeit mittels Ausbildung, Umschulung etc. Verantwortung übernehmen. Es muss darüber hinaus für die Ablösung sozialer und sachlicher Folgekosten privater Produktion aufkommen: Arbeitslosenunterstützung, Wohlfahrt, Umweltschäden etc.

[153] Teubner (1998), S. 8 ff.; Hamm (2003), S. 121 ff.

[154] Ludwig-Mayerhofer (1998), S. 244: Die Krise des Wohlfahrtstaates ist nicht nur eine Fiskalkrise, sondern eine wohlfahrtsstaatliche Legitimationskrise, die sich auszeichnet durch einen Verlust des Glaubens an das wohlfahrtstaatliche Projekt, die Gestaltbarkeit und Steuerbarkeit der Gesellschaft. Auch am kontinuierlichen Rückgang der Staatsquoten sieht Ludwig-Mayerhofer das Ende der Ära des wohlfahrtsstaatlichen Wachstums (a.a.O., S. 62 ff. mwN.); Kreissl (1987), S. 89 ff.

[155] Hirsch, F. (1980); Hardt / Negri (2002).

[156] Singelnstein / Stolle (2006), S. 22.

[157] Vgl. hierzu aus staats- und verwaltungsrechtlicher Sicht Lepsius (2004), S. 264 ff.

[158] Schieder (2005), S. 267.

[159] Lepsius (2004), S. 308.

3. Polaritäten (Pro & Contra)

Die Debatte um den Begriff Präventionsstaat zeigt sich in der Literatur in positiver und negativer Ausprägung.

a) Die Pro-Debatte

In der positiven Betrachtungsweise wird das Verhältnis von Präventionsstaat zu Sozialstaat positiv zu ersterem gewendet. Es wird behauptet, dass der „Bevölkerung im Rahmen des Vollzugs der Staatsaufgabe Sicherheit deren innere Ausformung mehr wert ist und sein kann als deren soziale“[160]. Sicherheit wird zum einen als Versorgungsgut und als Garantie beschrieben, wobei im Falle der sozialen Sicherheit dies die Absicherung des Existenzminimums durch Sozialversicherung und Sozialhilfe betrifft, bei der inneren Sicherheit die Durchsetzung des staatlichen Gewaltmonopols zum Schutze der von der öffentlichen Sicherheit im Sinne des Polizeirechts umfassenden Rechtsgüter.[161]

In der Polizeizeitschrift ‚Kriminalistik' wird die Forderung nach einem „mehrmonatigen Sicherheitsgewahrsam“ mit einem paradigmatischen Wandel des Rechts legitimiert: „Der Wandel des Polizeirechts von einer Quelle rechtsstaatlicher Gefahrenabwehr hin zu einem „Recht der Risikosteuerung' im Rahmen eines präventiven Schutzes neuer Art ist nicht länger zu bestreiten.“[162]

Ein weiteres Wesensmerkmal des positiv aufgeladenen Präventionsstaates ist die beschwichtigende Definition von Sicherheit als Garantie von rechtsstaatlichen Mindeststandards.[163] Auf jeden Fall kann der Präventionsstaat mit seinem Garantieversprechen für Sicherheit zu immer tiefgreifenderen Maßnahmen berechtigen und immer weiter und zu immer neuen Sicherheitsfeldern treiben[164]. Gleichwohl: Mit der Verpflichtung auf rechtstaatliche Regeln soll – so attestiert eine geschickte Rechtspolitik – dem Präventionsstaat sein Absolutheitsanspruch genommen werden und damit im Vordergrund stehen, dass er im Prinzip Gefahr und Verantwortung vergesellschaftet im Sinne einer kollektiven Versicherung gegen Risiken entfesselter struktureller, wirtschaftlicher, ökologischer und politischer Entwicklungen.

---

[160] Schieder (2005), S. 273.

[161] Schieder (2005), S. 274 / Zum Recht auf Sicherung des Existenzminimums einerseits siehe auch Martinez (2005), S. 644 ff., zur Durchsetzung des staatlichen Gewaltmonopols andererseits siehe Möstel (2002), S. 127 f. und eben diesem folgend Horn (2003), S. 435, 443.

[162] Denkowski (2006), S. 11.

[163] Hassemer (2006), S. 332.

[164] Schieder (2005), S. 277.

b) Die Contra-Debatte

In der wissenschaftlichen Literatur dominiert die Kritik am Begriff des Präventionsstaates. Denninger, als einer der profiliertesten Kritiker, stellt heraus, dass der Präventionsstaat Gefahr laufe, sich in seiner „pro-aktiven Funktionslogik" vom Grundsatz der Verhältnismäßigkeit abzusetzen und in der Maßlosigkeit zu verirren, da er sich nicht vom Prinzip der Rechtsgüterabwägung leiten lasse, sondern sich am Erfolg des Rechtsgüterschutzes orientiere[165]. Man ist sich einig, dass die versprochene Sicherheitsgarantie durch den Präventionsstaat ohnehin nicht erfüllt werden kann. Die potentielle Maßlosigkeit des Präventionsstaates ist zudem in seiner Gesetzgebung angelegt: Es kommt zunehmend zu „symbolischer Rechtsetzung", d.h. es werden Ziele versprochen, die von vornherein nicht erreichbar sind und daher auch nur symbolisch Gesetzgebung erfordern. Diese muss sich auch empirisch nicht als richtig erweisen, sie bedarf geradezu keinerlei Wirkungsforschung, denn Falsifizierung würde sie als symbolisch entlarven. Ohnehin gibt es kaum valide Kriterien und Verfahren für eine sicherheitsspezifische Evaluation[166]. So warnt denn der ehemalige Verfassungsrichter Dieter Grimm folgerichtig vor Nachteilen bezüglich der Selbstbestimmung des Einzelnen und der Freiheitlichkeit des Gesamtsystems. Mit der präventiven Staatstätigkeit sieht er die Freiheitlichkeit der Sozialordnung bedroht und geschmälert: sie „höhlt gleichzeitig die demokratischen und rechtsstaatlichen Kautelen, die zur Begrenzung der Staatsmacht im Interesse individueller Freiheit entwickelt worden sind, partiell aus."[167]

Die Kritik am Präventionsstaat ist also primär eine wissenschaftliche, weniger eine demokratische. Im Gegenteil: Die Bevölkerung räumt der Orientierung an innerer Sicherheit eine eindeutige Präferenz ein. Dass damit der Bürger seinen Anspruch auf die Abwehr staatlicher Maßnahmen aufgibt und im Fordern von Sicherheit und Schutz sich selbst zum Grundpflichtadressaten macht, zeigt den Abschied von einem Verfassungsrechtsverständnis an, das hauptsächlich auf Freiheitsverbürgungen – jedenfalls seitens der Mütter und Väter des Grundgesetzes – ausgelegt wurde. Und überhaupt: Der Präventionsstaat muss vor dem Hintergrund der Sicherheitsgarantie auch eine ständige Drohkulisse unterhalten, die ihm argumentativ als Legitimation für die Unmöglichkeit der Abgabe von Garantien dient.

---

[165] Denninger (2002), S. 467, 472.

[166] Brugger / Gusy (2004), S. 151, 183.

[167] Grimm (1991), S. 200. Verfassungsrechtliche Anmerkungen zum Thema Prävention in: ders. Die Zukunft der Verfassung; konsequent auch Lepsius (2004), S. 307 ff.

4. Die Logik des Risikos

Das Bild vom Gegenstand sozialer Kontrolle hat sich im Übergang vom 20. zum 21. Jahrhundert erheblich gewandelt. Es geht – wie Singelnstein und Stolle hervorheben – nicht mehr um Problembearbeitung und Konfliktlösung, um die Verhinderung von sozial schädlicher Abweichung oder konkreten Gefahren: „Vielmehr prägt eine Logik des Risikos die gegenwärtige Formation von Sozialkontrolle“[168]. Vor dem Hintergrund der eingangs geschilderten gesellschaftlichen Transformationsprozesse kommt der Definition, Verteilung und Bekämpfung von und der Abschirmung vor Risiken und damit der Schaffung von Sicherheit eine erheblich gesteigerte Bedeutung zu[169]. Von dieser Risikologik wird auch der Bereich sozialer Kontrolle erfasst. Damit korrespondiert die Zunahme von gesellschaftlicher Verunsicherung. Beides zusammen führt zu einem stark steigenden Sicherheitsbedürfnis und gerade hierin liegt der qualitative Unterschied zwischen der Begrifflichkeit des Präventions-Staates und der besseren Begrifflichkeit (weil mit der Zustimmung viel weiterfassend) der Präventions-Gesellschaft. Die gesellschaftliche Vereinzelung lässt den einzelnen gefährdeter und besorgter werden[170], wobei der Wunsch nach Sicherheit häufig schon die Befriedigung materieller Bedürfnisse hinter sich lässt[171].

Nicht der Abbau von Freiheit für mehr Sicherheit wird also aus der Sicht einer risikoverängstigten Bevölkerung gesehen, sondern es finde ein „Bedeutungswandel dieser Grundwerte“ statt; es werden Ängste und Befürchtungen zu einer sozialen und politischen Realität und führen zu einem Wandel des gesellschaftlichen Klimas, indem die einen das Bedürfnis haben, sich gegen die anderen abzusichern[172]. Es entsteht eine neue Rationalität der Sicherheit. Diese ist gekennzeichnet von einem gesteigerten Bedürfnis nach Sicherheit gegenüber Risiken, die immer weniger hingenommen werden, bei einem gleichzeitigen Anstieg des Bedrohungsgefühls. Weichert hat diese Entwicklung der Ausweitung als Übergang vom Rechtsstaat zum Sicherheits- oder Schutzstaat beschrieben.[173]

Gleichwohl – und das ist die Tragik der Entwicklung – erweist sich dieses Verständnis von Sicherheit als Trugbild. Eine umfassende Sicherheit vor Risiken – das ist evident – ist in einer demokratischen, offenen Gesellschaft überhaupt nicht möglich, zumal es das Wesen des Risikos ist, dass es in der Zukunft liegt und sein Eintritt nicht vorherzusagen ist. Und ohnehin ist selbst den Befürwortern eines präventionsstaatlichen Modells eines gewiss: „Wer alles schützen

---

168 Singelnstein / Stolle (2006), S. 33.
169 Singelnstein / Stolle (2006), S. 34; Beck (1986), S. 25; Castel (2005), S. 82ff.
170 Schmidt-Semisch (2004), S. 226.
171 Beck (1986), S. 25.
172 Singelnstein / Stolle (2006), S. 36.
173 Weichert (2004).

will, schützt nichts“[174]. Der hohe Preis der Risikovorsorge ist der Abbau an Rechtsstaatlichkeit. Die Unsicherheit entsteht in der Differenz zwischen gesellschaftlich hergestellter Sicherheitserwartung und dem begrenzten Vermögen von Gesellschaft und Politik, diese in die Praxis umzusetzen[175].

Die Risikologik und die gesellschaftlichen Verunsicherungen dienen so der Legitimation und Sinnstiftung für Institutionen sozialer Kontrolle und sind ein wesentliches Element des Regierens. Da die Bürger jegliche Einschränkung von Freiheit als Zugewinn an Sicherheit betrachten, ist der Politik ein Tätigkeitsfeld eröffnet, das unbegrenzte Wählbarkeitschancen beinhaltet: Der starke Staat und dessen Reaktion auf moderne Risiken nationaler und internationaler Art (insbesondere das Phänomen des so genannten internationalen Terrorismus) erfordern stetes Agieren auf dem Feld des Überwaches und Strafens. Ein Wettlauf aller Parteien findet statt, weil damit Wählbarkeit gesichert ist. Es ist hinreichend bekannt: Kein amerikanischer Präsident wird gewählt, der sich nicht im Wahlkampf ausdrücklich für die Todesstrafe ausspricht. Analog sind die Forderungen und Strategien des „starken Staates“ Realität jeglicher demokratischer Wahlkämpfe in heutiger Zeit.

5. Die Stunde der Exekutive

In der Risikogesellschaft schlägt bei der scheinbaren Durchsetzung des Sicherheitsversprechens die Stunde der Exekutive. Strafverfolgung, Gefahrenabwehr und neue Prävention werden zu einem Konzept operativer Polizeitätigkeit vermischt, das rechtlich nicht mehr eingrenzbar ist. Die neue Präventionslogik des Gesetzgebers kommt einem Paradigmenwechsel gleich. Der Staatsrechtler Schoch[176] nennt drei Merkmale hierfür:

- Informationsvorsorge im Sinne intensivster Datenerhebung, Informationssammlung und Datenaustausch,
- Absenken der Gefahrenschwelle (von der konkreten Gefahr zum Risiko),
- Betroffenheit Nicht-Verantwortlicher, nachdem traditionell der ‚Störer' polizeiliche Eingriffbefugnis legitimierte.

Singelnstein und Stolle fassen diese Entwicklungen wie folgt zusammen: Zur Früherkennung von potentiellen Gefährdungslagen und zur Steuerung der Eintrittswahrscheinlichkeit von Risiken ist das Durchdringen sämtlicher Lebensbereiche erforderlich. Polizeiliche Tätigkeit gewinnt damit einen umfassenden sozialen Gestaltungsanspruch. Die Bedeutung von Politik, Justiz und Recht nimmt demgegenüber ab und überlässt das Feld der Exekutive.[177]

---

[174] Schieder (2005), S. 282.
[175] Castel (2005), S. 9 ff.
[176] Schoch (2004), S. 353 ff.
[177] Singelnstein / Stolle (2006), S. 39.

Die Rechtsdurchsetzung geschieht dabei nicht mehr durch klassische Rechtsanwendung, sondern durch informelle Reaktionen: Polizei und Staatsanwaltschaft können das Recht anwenden, je nach eigener Einschätzung und Risikobeurteilung.[178] Die zuständige Judikative erfährt häufig nicht einmal mehr, was Gegenstand sozialer Kontrolle von Polizei und Staatsanwaltschaften ist. Hierin liegen Verstöße gegen das Prinzip der Gewaltenteilung im demokratischen Rechtsstaat und gegen Justizgrundrechte[179], womit der Verletzung von Menschenrechten Tür und Tor geöffnet ist.

Mit Extrembeispielen und Szenarien werden neue gesetzliche Reaktionen begründet und eingeführt, die bald nicht mehr nur für das Extrem gelten, sondern für die Alltagskriminalität Anwendung finden. Kleiner und großer Lauschangriff, Telefon- und Videoüberwachung und der Einsatz verdeckter Ermittler sind nicht mehr nur zur Strafverfolgung, sondern zur Gefahrenabwehr und zur Vorfeldprävention einsetzbar. Der Zugriff auf grundrechtlich geschützte Bereiche wird umfassender und zunehmend verdachtsunabhängiger: Vorratsspeicherung von Telekommunikationsverbindungsdaten, automatischer Kennzeichenabgleich im Straßenverkehr, heimlicher Zugriff auf Bestandsdatenbanken der Telekommunikationsanbieter, Anstieg der Telefonüberwachung und Leerlaufen entsprechender rechtlicher Schutzmechanismen, Zugriff auf sämtliche Kontendaten, die nicht nur für Polizei und Staatsanwaltschaft, sondern auch für Finanz-, Sozial- und andere Ämter jederzeit möglich ist[180]. Singelnstein und Stolle resümieren: „So ist ein System exekutiver Eingriffsbefugnisse zur Bekämpfung von Risiken entstanden, für das verfassungsrechtliche Vorgaben und Grenzen oft nur noch ärgerliche Hindernisse darstellen“[181].

a) Das Beispiel Lauschangriff

(1) Das Urteil des Bundesverfassungsgerichts

Am so genannten Lauschangriff, den die Bundesregierung und das Parlament als legitimen Eingriff in die Rechte der Bürger angesehen haben, hat das Bundesverfassungsgericht verfassungsrechtliche Kritik höchsten Grades geübt und Teile dieses Gesetzes als verfassungswidrig verworfen.[182]

Die Änderung des Art. 13 des Grundgesetzes in Deutschland im Jahre 1998, mit der die so genannte akustische Wohnraumüberwachung zu Zwecken der Strafverfolgung ermöglicht wurde, war und ist stark umstritten, da sie eine Ein-

---

178 Naucke (1985).
179 Art. 92 GG.
180 Vgl. Gesetz zur Steuerehrlichkeit vom 23. Dezember 2003.
181 Singelnstein / Stolle (2006), S. 40.
182 Dokumentation bei Vormbaum (2005).

schränkung des Grundrechts auf Unverletzlichkeit der Wohnung zum Inhalt hat. Im Rahmen des großen Lauschangriffs waren Polizei und Staatsanwaltschaft befugt, auch die Wohnung als intimsten Bereich des Menschen zu überwachen. Der kleine Lauschangriff bezieht sich grundlegend auf Gespräche außerhalb von Wohnungen, also an öffentlichen Örtlichkeiten sowie auch in allgemein zugänglichen Büro- und Geschäftsräumen. Wohnungen in diesem Sinne sind die Bereiche, die der Berechtigte der allgemeinen Zugänglichkeit entzogen und zur Stätte seines Lebens und Wirkens gemacht hat.

Die Änderungen ermöglichten den Einsatz der akustischen Wohnraumüberwachung für den Bereich der Strafverfolgung. Weiterhin wird die bereits in der alten Fassung des Art. 13 GG enthaltene Möglichkeit der Wohnraumüberwachung zu Zwecken der Gefahrenabwehr modifiziert.[183] Die Ausführungsbestimmungen finden sich im Gesetz zur Verbesserung der Bekämpfung der Organisierten Kriminalität, durch das die maßgeblichen §§ 100 c, d, f und 101 der Strafprozessordnung (StPO) eingefügt bzw. geändert wurden.[184]

Abgehört werden darf prinzipiell jeder. Ausnahmen gelten für Personen, die traditionell unter besonderem Vertrauensschutz stehen oder sogar einem Schweigegebot unterliegen, u.a. Geistliche, Strafverteidiger, Abgeordnete, Rechtsanwälte, Ärzte und Journalisten. Doch auch diese Grenzen werden seitens ihrer Kritiker nicht als unabänderbar aufgefasst.[185]

Im Jahr 2004 entschied das Bundesverfassungsgericht[186], dass große Teile des Gesetzes zur Bekämpfung der organisierten Kriminalität gegen die Menschenwürde verstoßen und deshalb verfassungswidrig sind[187]. Während die Änderung von Art. 13 GG durch das Gericht nicht beanstandet wurde, erklärten die Richter zahlreiche Ausführungsbestimmungen der Strafprozessordnung für nicht verfassungskonform.

---

[183] Meyer-Wieck (2005), S. 9.

[184] Meyer-Wieck (2005), S. 9.

[185] Gusy (2004), S. 11. Der im Juli 2004 vom Justizministerium vorgelegter Referentenentwurf zur Änderung des Gesetzes sah vor, dass diese Ausnahmeregelungen auf Strafverteidiger und Rechtsanwälte beschränkt werden sollten. Daneben sollte der Große Lauschangriff, den Maßgaben des Bundesverfassungsgerichts folgend, nur noch bei schweren Straftaten wie Mord und Totschlag Anwendung finden. Gegen diesen Entwurf wurde von Interessenvertretern der vom Schutzentzug bedrohten Berufsgruppen, von nahezu allen deutschen Datenschutzbeauftragten, der liberalen Presse und nicht zuletzt von Sozialdemokraten massive Kritik geäußert, da der Entwurf wesentliche Aspekte des Urteils des Bundesverfassungsgerichts ignorierte oder gar ins Gegenteil verkehrte. Der Entwurf wurde daraufhin nach wenigen Tagen bereits wieder zurückgezogen.

[186] Nach einer Verfassungsbeschwerde unter anderem von Sabine Leutheusser-Schnarrenberger, Gerhart Baum und Burkhard Hirsch; vgl. hierzu umfassend die Dokumentation bei Vormbaum (2005).

[187] BVerfGE 109, 279, Az. 1 BvR 2378/98, 1 BvR 1084/99.

Insbesondere dürfe die Überwachung nur noch bei dem Verdacht auf besonders schwere Straftaten angeordnet werden.[188]

Gespräche zwischen engen Angehörigen dürfen nur noch abgehört werden, wenn alle Beteiligten verdächtig sind und das Gespräch strafrechtlich relevanten Inhalt hat. Sind diese Voraussetzungen nicht erfüllt, sind entsprechende Aufzeichnungen nicht nur als Beweismittel wertlos, sondern dürfen gar nicht erst vorgenommen werden. Durch diese Norm wird die bisherige Praxis automatisierter Mitschnitte als nicht verfassungsgemäß verworfen. Um Verfassungsmäßigkeit im Vollzug der Überwachung herzustellen, muss nunmehr die Überwachung aktiv durch einen Beamten verfolgt werden, der erforderlichenfalls die Überwachung abbricht, sobald die vom Gericht genannten Voraussetzungen nicht mehr vorliegen.[189]

Die Beibehaltung des geänderten Art. 13 GG impliziert, dass der große Lauschangriff als äußerstes Mittel der Strafverfolgung als verfassungskonform anzusehen ist. Insofern billigt das Gericht entgegen der historischen Intention des Art. 13 GG dem Bürger keinen prinzipiell vor dem Staat geschützten Raum zu.[190] Stattdessen begrenzt das Urteil das Zugriffsrecht des Staates auf die Privatsphäre auf solche Situationen, aus denen für die Gemeinschaft erhebliche Gefahren erwachsen können. Die absolute Norm der geschützten Privatsphäre wird somit durch einen relativierenden Schutz persönlicher Gesprächsinhalte ersetzt. Hieraus resultiert die latente Gefährdung der Menschenwürde wie auch der absolut geschützten Privatsphäre.[191]

(2) Die Reaktion von Politik und Exekutive

Politik und Exekutive diffamieren selbst moderate und auf Abwägung zwischen Sicherheit und Freiheit basierende Urteile, wie das zum Lauschangriff, als „Hürden im Kampf gegen den Terror“[192]. Entsprechend respektlos fällt die Kritik am Verfassungsgericht aus. So äußert sich der rechtspolitische Sprecher der CDU/CSU-Bundestagsfraktion: „Ich habe den Eindruck, dass einige Richter ihren Elfenbeinturm nicht mehr verlassen haben.“ Und der brandenburgische Innenminister Schönbom äußert sich ähnlich: „Das Gericht muss umdenken... Auch in Karlsruhe muss man zur Kenntnis nehmen, dass wir eine neue Gefährdungslage haben, die sich von der betulichen Kriminalitätslage des kalten Krieges grundlegend unterscheidet.“

[188] Im Überblick auch Meyer-Wieck (2005), S. 9.
[189] Gusy (2004), S. 3 f.
[190] Meyer-Wieck (2005), S. 10.
[191] Näher hierzu Gusy / Ziegler (1996), S. 193.
[192] Spiegel 35/2006, S. 24.

Der Chef des Bundeskriminalamtes wird sogar mit den Worten zitiert: „Im Polizeialltag sei die Wohnraumüberwachung durch den Beschluss aus Karlsruhe praktisch unbrauchbar geworden.“[193]

Die Bestätigungen zentraler Grundrechtspositionen und Verfassungsprinzipien sind indes die genuine Aufgabe des Verfassungsgerichts. Die Abwehransprüche des Bürgers gegen den Zugriff eines machtvollen Staates zeigen die Kultur einer demokratischen Rechtsordnung an und sind die historischen, rechtlichen und politischen Konsequenzen einer verfassungsgemäßen Gewaltenteilung. Es ist im demokratischen Rechtsstaat die Pflicht der Exekutive, den Urteilen des Bundesverfassungsgerichts Rechtsgehorsam entgegenzubringen und die Politik an den verfassungsrechtlichen Maßgaben auszurichten.

Im Sicherheitsstaat moderner Prägung scheint das Gegenteil angesagt zu sein. Die Presse berichtet: „Die Politiker sinnen nun auf Abhilfe. Sie können das Grundgesetz ändern, und damit eine völlig neue Ausgangslage schaffen, oder sie können sich die Urteile ein bisschen zurechtbiegen, auf die Gefahr hin, dass es dann eben zu einem weiteren Verfahren kommt.“ Ferner werde - so die Zeitschrift *Der Spiegel* - derzeit im Bundesjustizministerium überlegt, ob man bezüglich der Rasterfahndung, die ebenfalls verfassungsrechtlich auf „konkrete Gefahr“ eingegrenzt wurde, „nicht ein neues Gesetz vorbereiten solle, das die Vorgaben so großzügig wie möglich auslegt.

Die Presse erinnert noch an eine dritte Möglichkeit der Politik: Die Personalpolitik: „Verfassungsrichter machen zwar Politik, aber Politiker machen Verfassungsrichter.“[194] Traditionell einigen sich die Parteien wechselseitig auf Kandidaten, die von parlamentarischen Gremien anschließend bestätigt werden. Bezüglich des im September 2006 anstehenden Richterwechsels im Ersten Senat des Gerichts hatte die Mehrheitskoalition bereits eine personalpolitische Ausrichtung getroffen, mit der sie eine Stärkung der Orientierung auf Sicherheit des Bundesverfassungsgerichts verbindet. *Der Spiegel* zitiert einen Unionspolitiker: „Es tut dem Senat vielleicht ganz gut, wenn dort demnächst jemand sitzt, der den Kollegen sagt, wie es im realen Ermittlungsleben aussieht.“[195]

Das sind die Verfahren, mittels derer im Sicherheitsstaat die Exekutive ihre Interessen wahrnimmt. Dass es das Recht des Bürgers ist, sich mit dem Mittel der Verfassungsbeschwerde gegen staatlichen Zugriff auf elementare Grundrechte zur Wehr zu setzen, geht in dieser Perspektive völlig unter.

---

[193] Alle Zitate Spiegel 35/2006, S. 25.
[194] Spiegel 35/2006, S. 25.
[195] Spiegel 35/2006, S. 25.

b) Die Informalisierung des Rechts

Als Stunde der Exekutive wurde die Verschiebung der Gewaltenbalance zugunsten polizeilicher Eingriffbefugnisse in Freiheitsrechte am Beispiel des so genannten Lauschangriffs exemplifiziert. Hierzu gehört zudem ein Funktionswandel der Staatsanwaltschaft durch Informalisierung und exekutivisches Recht, d.h. die Staatsanwaltschaft hat sich – als weiterer Beleg für diese Stunde der Exekutive – von einer Anklage- zu einer Rechtsprechungsbehörde entwickelt. Damit geht zugleich ein Kontrollverlust der Judikative durch Informalisierung und exekutivisches Recht einher. Die Ressourcen, die der Judikative entzogen und der staatsanwaltschaftlichen Exekutive zugewiesen werden, führen zu einer Minderung der Qualität der Rechtsprechung: Sozialwissenschaftler sprechen von einer administrativen Rationalisierung des Strafrechts[196]. Diese Entwicklung schlägt sich auch im Strafverfahren nieder, indem es aus dieser Sicht weniger um Wahrheit oder Gerechtigkeit geht, sondern vorrangig um die Verwaltung und bürokratische Abwicklung von Fällen, letzteres mittels so genannter Absprachen (Deal)[197], Diversion[198] und sonstiger Entformalisierungen.[199]

Im Unterschied zum Legalitätsprinzip genehmigt sich der Staat mit Hilfe der Opportunität erhebliche Erleichterungen. Das Opportunitätsprinzip ist das Gegenteil der Legalität. Der Staat kann entscheiden, in welcher Form er Straftaten verfolgt. Will der Staat nicht, z.B. weil es sich nicht lohnt, erlaubt das Opportunitätsprinzip, die Strafverfolgung gar nicht erst aufzunehmen oder sie vorzeitig abzubrechen. Das Opportunitätsprinzip bestimmt die politische Wirklichkeit des Strafverfahrens. Jedes zweite anklagefähige Verfahren wird seitens der Staatsanwaltschaft bereits eingestellt, im Jugendstrafrecht ist die Anklage schon die Ausnahme[200].

Die Informalisierung des Rechts, also die Beliebigkeit seiner Anwendung, wird mit der Überlastung des Kriminaljustizsystems begründet. Aber nicht nur die Anzahl der Fälle, gerade die vom Gesetzgeber vorgenommene normative Belastung des Strafrechts mit Steuerungsansprüchen gesellschaftlicher Art hat die Kriminaljustiz an den Rand des Konkurses getrieben: Wirtschafts-, Umwelt- und Sozialsysteme sollen mittels des Strafrechts und entsprechender Normen und ständiger Normverschärfung geschützt werden, was aber nicht geht. Das Strafrecht kann die gesellschaftlichen Reparaturen, die in Folge verfehlter Strukturpolitiken eintreten, nicht bewältigen. Die präventiven Anforderungen zerbrechen das rechtsstaatliche Strafrecht, die symbolischen Strafrechtsanforderungen

---

[196] Ludwig-Mayerhofer (1998).
[197] Zum Deal siehe Eisenberg (2005), S. 397, 577.
[198] Zur Diversion siehe Kunz (2004), S. 67, 75; Eisenberg (2005), S. 619.
[199] Hamm, R. (2006).
[200] Empirische Nachweise bei Albrecht, P.-A. (2005), S. 115ff.;188 ff.

missbrauchen das rechtstaatliche Strafrecht und schließlich zerstören all jene Überforderungen das rechtstaatliche Kriminaljustizsystem, so jedenfalls befürchtet P.-A. Albrecht.[201] Eines aber ist eindeutig: Das Strafrecht kann nicht alles schützen, es ist lediglich die ultima ratio staatlicher Sozialkontrolle. Es kann nur auf wesentliche Beeinträchtigungen sozialen Zusammenlebens reagieren, indem es fundamentale Normen öffentlich behauptet und sichert. Die Forderung von Lepsius, präventiver Risikosteuerung vorzubeugen, ist deshalb mehr als konsequent: „Falschen Regelungserwartungen und einer übertriebenen Expansion des Präventionsgedankens auf utopische Regelungsziele ist entgegenzutreten".[202]

Gleichwohl: Der Gesetzgeber hat kein Einsehen. Im Interesse der Effizienzsteigerung des Strafrechts kommt es zu einem Abbau schützender Formen, zu einer Entformalisierung zugunsten einer vermuteten Effizienzsteigerung. Hiervon erwartet man sich einen Entlastungseffekt, der den Strafverfolgungsorganen durch die Lockerung gesetzlicher Bindungen eine größere Handlungsfreiheit und Flexibilität einräumen soll. Das wirkt sich allerdings zulasten einer freiheitlichen Grundrechtsorientierung aus. Durch die Abkehr von zeitintensiver Förmlichkeit sollen Ermittlungen erleichtert, der Fallumsatz gesteigert und auf diese Weise gerichtliche Ressourcen eingespart werden. Dieser gesamte Abbau an Rechtstaatlichkeit führt zu einer Informalisierung des Rechts, d.h. zu einer Entwertung der Geltungsgrundlagen gleicher und gerechter Anwendungen des Rechts. Insofern opfert der Präventionsstaat die bisher geltenden Legitimationsgrundlagen des Rechtsstaates.

Die Informalisierung des Rechts ist gleichbedeutend mit einem Abschied vom Legalitätsprinzip. Dieses wirkt sich in zwei Richtungen aus: Zum einen innerhalb des Strafverfahrens, zum anderen in dessen Vorfeld[203]. Innerhalb des Strafverfahrens ist der Verfolgungs- und Anklagezwang durchlöchert. Folge ist ein Abschied von Rechtsicherheit und Vorhersehbarkeit staatlicher Macht, die sich der sozialen Kontrolle willkürlicher und unkontrollierter bedienen kann. Der Zwang zur Legalität existiert noch dem gesetzlichen Anspruch nach, man kann ihm aber jederzeit ausweichen.[204] Was das Vorfeld anbelangt, so gilt die Trennung von Prävention und Repression so gut wie nicht mehr. Die Polizei ist längst in das Strafverfahren eingedrungen und nutzt es zur Repression. Umgekehrt dient das Strafverfahren auch der Gefahrenabwehr. Man spricht insofern von einer „Verpolizeilichung des Strafverfahrens".[205]

---

[201] So Albrecht, P.-A. (2003), S. 167 ff.
[202] Lepsius (2004), S. 307.
[203] Weßlau (1989).
[204] Naucke (1985).
[205] Paeffgen (1995), 13 ff.

6. Conclusio: Vom Präventionsstaat zur Präventionsgesellschaft

Die Entwicklungen im Präventionsstaat, die ohne die Zustimmung der Gesellschaft gar nicht möglich wären, zeigen den schleichenden oder direkten Abbau von zentralen Verfassungsprinzipien und Grundrechten, was insgesamt eine Erosion des Schutzes der Menschenwürde und der Menschenrechte darstellt. Es zeigt sich, dass es nicht um einzelne Reaktionen rechtswidriger Art der sozialen Kontrollinstanzen geht, sondern sich bereits eine generelle Veränderung der verfassungsrechtlichen und grundrechtlichen Koordinaten der Gesellschaft vollzieht. Hierbei handelt es sich nicht um einzelne Missstände, vielmehr wird dieser komplexe Prozess auf gesellschaftliche Transformationsprozesse und gesteigerte Bedürfnisse nach Sicherheit gegenüber Risiken zurückgeführt. Sämtliche Freiheitsbeschränkungen werden durchweg freiwillig auf der Basis einer demokratischen Meinungsfindung hingenommen. Dieser Konsens der Mehrheitsdemokratie ist das Kennzeichen der modernen Präventionsgesellschaft. Der Staat und die Gesellschaft gehen eine unheimliche Allianz ein, zum scheinbaren Zugewinn an Sicherheit, zum sicheren Nachteil der Menschenrechte.

III. Sicherheitsstaat und Sicherheitsgesellschaft

1. Prävention vs. Sicherheit: Bestandsaufnahme

a) Die Rationalität des Sicherheitsstaates: Rechtsabbau

Der Übergang von der Präventionsgesellschaft zur Sicherheitsgesellschaft ist in manchen Bereichen fließend, in anderen Bereichen aber prinzipieller und menschenrechtsverzehrender. Das soll nun aufgezeigt werden.

(1) Die Variante behutsamer sozialstaatlicher Prävention sah das Moment der Wiedereingliederung in die Gesellschaft und die Behandlung von Abweichern als richtungweisende präventive Strategie sozialer Kontrolle an. Gesetzliche Eingriffsschwelle polizeilichen Zugriffs war das Kriterium ‚konkrete Gefahr', ermittelt werden durfte nur bei Vorliegen ‚konkreten Verdachts'. Verletzungsdelikte bildeten weitgehend die strafrechtlichen Normenkataloge ab. Die Strafe unterliegt dem Konzept der Strafgesetzlichkeit, d.h. sie muss berechenbar und gesetzlich bestimmt sein und darf nicht rückwirkend anwendbar sein – so eindeutig lautet der Verfassungsbefehl des Art. 103 Abs. 2 des GG: „Eine Tat kann nur bestraft werden, wenn die Strafbarkeit gesetzlich bestimmt war, bevor die Tat begangen wurde": so jedenfalls die Idealposition des Grundgesetzes.[206]

Allerdings begann bereits mit der Informalisierung der Rechtsanwendung schon

---

[206] Naucke bezeichnet in einer Geburtstagsschrift für den Verfassungsrechtler Hassemer Artikel 103 Abs. 2 GG allerdings als eine „leblose Vorschrift" (2000), S. 132 ff.

bald der Siegeszug einer ungezügelten Prävention. Das Kriminaljustizsystem war am Ende seiner Bearbeitungskapazität angelangt und suchte nach gesetzlicher Entlastung. Das Anwachsen von Opportunitätsvorschriften in der Strafprozessordnung ermöglichte es den Staatsanwaltschaften, auch bei Vorliegen konkreten Tatverdachts nicht mehr anzuklagen, sondern nunmehr die Verfahren mit Auflagen zu beenden und dann einzustellen. Dieser Siegeszug der Opportunität[207] im Strafrecht war bereits das Anzeichen für die schleichende, alsbald aber systematische Aufgabe rechtsstaatlicher Grundprinzipien. Der Präventionsstaat in seiner Ausprägung zum Ende des 20. Jahrhunderts hatte zwar auch schon Sicherheitswünsche der Bürger zu berücksichtigen. Der Schutz vor den Auswirkungen so genannter organisierter Kriminalität[208] war für die Sicherheitsbehörden Anlass genug, Ermittlungskompetenzen und Eingriffsbefugnisse in ein Vorfeld des Strafrechts zu verlagern, allerdings immer noch begleitet und konzeptionell getragen von rechtsstaatlichen Sicherungen.[209]

(2) Der Übergang zum Sicherheitsstaat und zur Sicherheitsgesellschaft lässt indes eine andere Rationalität sozialer Kontrolle erkennen. Prävention wird nicht mehr als angemessene sozialstaatliche Reaktion und als separate Strategie einer überlasteten Strafjustiz verstanden. Das kriminalpolitische Programm knüpft nunmehr bei der Verlagerung der exekutiven Eingriffsschwelle nicht mehr am Kriterium des Gefahr, sondern an dem des Risikos an, „also von der konkreten Bedrohung hin zu einer abstrakten statistischen Annahme, die mit einer Ausweitung staatlicher Eingriffsbefugnisse verbunden ist. Die Rationalität der Sicherheit favorisiert ein pro-aktives statt ein reaktives Vorgehen".[210]

Strafverfolgung, Gefahrenabwehr und „neue Prävention" werden nunmehr zu einem Konzept operativer Polizeitätigkeit vermischt, das rechtlich nicht mehr eingrenzbar ist. Polizeiliche Tätigkeit gewinnt damit einen umfassenden sozialen Gestaltungsanspruch[211]. Die Polizei beherrscht die innere Sicherheit. Die Bedeutung von Politik, Justiz und Recht nimmt dem gegenüber ab und überlässt das Feld der Exekutive.[212] Die Merkmale des Sicherheitsstaates sind also die Entgrenzung polizeilicher Aufgaben im Sinne eines operativen Vorfeldeinsatzes, verdachts- unabhängige Ermittlungen, die Zunahme so genannter Gefährdungsdelikte, die keinerlei Verletzung mehr erfordern und selbst die rückwirkende Anordnung von Sicherungsverwahrung nach Verbüßung von Strafen, weil Gefährlichkeit zu befürchten steht.[213]

---

[207] Vgl. zur rechtstechnischen Ausgestaltung der Opportunitätsvorschriften in der Strafprozessordnung Roxin (1998), §14.
[208] v. Lampe (1999).
[209] Vgl. hierzu Kutscha / Roggan (2006).
[210] Singelnstein / Stolle (2006) S. 38; vgl. oben 2. Teil A II 5.
[211] Vgl. die Beiträge in Schwind/Berckhauer/Steinhilper (1980), insbes. Berckhauer, S. 559 ff.
[212] Beste (1996), S. 315.
[213] BVerfGE 109, 133 ff, (190 ff).

(3) In letzter Konsequenz – so die Befürchtung verschiedener Autoren – läuft die Entwicklung auf ein Abschaffen der Strafgesetzlichkeit hinaus, die im Grundgesetz in Art. 103 Abs. 2 als Verfassungsprinzip verankert ist. Angestrebt wird das staatliche Agieren in rechtsfreien Räumen, was sich beispielsweise für die USA an der Verbringung von Tatverdächtigen in nationaler Politik nicht zugänglicher Bereiche (wie z.B. Guantanamo) abzeichnet. Ferner zeigen die Nachweise polizeilicher Folterpraxis in Drittstaaten, die der nationalen Jurisprudenz nicht unterworfen sind, dass eine derartige Strategie des Sicherheitsstaates auf einen Rechtsabbau abstellt, der nichts mehr mit Informalisierung und Präventionsorientierung zu tun hat, sondern schlichtweg ein Rückzug in den Naturzustand und einen Abschied vom Rechtszustand bedeutet.[214]

Ein Beispiel dafür, dass die Realität den Philosophen zugleich überholt und bestätigt, ist die jüngste Aufdeckung der Überlagerung der offiziellen Politik durch geheimdienstliche Tätigkeiten zahlreicher Staaten. So hat der vom Europarat offiziell beauftragte Ermittler, Dick Marty, die ursprünglich „mutmaßlichen" illegalen Aktivitäten des US-Geheimdienstes CIA untersucht und massive Vorwürfe auch gegen Deutschland und andere Länder erhoben: „Auf Initiative der CIA seien in Europa im Zuge der Terrorbekämpfung vermutlich mehr als 100 Menschen illegal verschleppt und in Länder gebracht worden, die für ihre Folterpraktiken bekannt seien."[215] Harsche Kritik übte der Marty an der Haltung mancher europäischer Länder, insbesondere an der Deutschlands, welches auf zahlreiche Fragen des zuständigen Europaratsausschusses noch nicht einmal geantwortet habe.[216] Vor dem Hintergrund des späteren Eingeständnisses des amerikanischen Präsidenten Bush, außerhalb des Territoriums der Vereinigten Staaten geheime Gefängnisse zu unterhalten[217], erklärt sich die „Sprachlosigkeit" der Deutschen Bundesregierung bei offiziellen Anfragen des Europarates.

Insofern ist das Kriterium des Rechtsabbaus ein Abgrenzungskriterium gegenüber bisherigen Entwicklungen und kennzeichnet den neuen Sicherheitsstaat als Novum in der Geschichte westlicher Demokratien. Diese Entwicklung knüpft an die Attentate an, die seit dem 11. September 2001 in vielen Staaten von politi-

---

[214] Kants frühe Unterscheidung zuwischen Natur- und Rechtszustand findet hierin eine herbe Aktualisierung.

[215] DIE WELT vom 25. Januar 2006, S. 3; deutlicher noch die Süddeutsche Zeitung vom 8. Juni 2006, S. 8: „Illegale Festnahmen, Entführungen, Verhöre: Der Europart macht auch Deutschland verantwortlich; Sonderermittler Dick Marty geißelt die Praktiken der CIA."

[216] DIE WELT vom 25. Januar 2006.

[217] Süddeutsche Zeitung Nr. 207 vom 8. September 2006, S. 2. Vgl. auch Süddeutsche Zeitung vom 13. September, S. 7 (Leyendecker / Richter): „Washingtons verstörte Freunde; Enthüllungen zu CIA Geheimgefängnissen bringen enge US-Verbündete wie Polen in Bedrängnis." Die Süddeutsche Zeitung berichtete in diesem Artikel über die Bestätigung von US-Präsident George W. Bush, dass der US-Geheimdienst jahrelang Terrorverdächtige an geheimen Verhörplätzen gefangen hält.

schen Gewalttätern begangen wurden, und die den eigenen Tod der Ausführenden als festen Bestandteil des Tatgeschehens einplanen. Derartige Gewalttaten, denen die Menschen in zahlreichen Staaten seitdem ausgesetzt sind, entstehen allerdings nicht kontextlos. In der politischen Debatte wird der Begriff des „internationalen Terrorismus" hierfür verwandt, der den zugrunde liegenden Problemlagen durch diese spezifische und martialische Semantik allerdings ihre Entstehungsgeschichte nimmt, ihre Bedingungszusammenhänge verschweigt und auch strukturpolitische Interventionen nicht angezeigt sein lässt. „Terrorismus" dient als kriminalpolitisches Totschlagsargument.

Im Anschluss an massive Gewalttaten sind in den westlichen Staaten allseits Fragen betreffend den Bestand an Handlungsermächtigungen der Sicherheitsbehörden, deren Organisationsstruktur, die Leitkonzepte des Sicherheitsrechts sowie das Verhältnis von Sicherheit und Freiheit umfassend in den politischen Zugriff geraten.[218] Alsbald wurden auch im politischen Diskurs der Bundesrepublik Deutschland das traditionelle Sicherheitsrecht, das auf den systemtragenden Leitkategorien der Gefahr sowie des Straftatverdachts fußt, zugunsten eines Sicherheitsvorsorge- und Präventionsrechts reformuliert, das noch weiter als bisher in die Vorstadien einer Gefahr oder eines Tatverdachts hinausgreift. Und zwar wie Baldus mutmaßt, „weil die abschreckende Wirkung des repressiven Strafrechts den zur Selbsttötung bereiten Attentäter verfehlt und es zudem viel zu riskant ist, solange zu warten, bis sich angesichts zu allem entschlossener Täter eine Gefährdungslage zu einer schadensnahen Gefahr verdichtet hat"[219].

b) Die Mittel des Rechtsabbaus: Sicherheitsgesetze

Mit einer Fülle von Gesetzen, die dem einzelnen Bürger nicht transparent sein dürften, hat der Sicherheitsstaat auf eine ihm als aktuell und relevant erscheinende Sicherheitsgefährdung wie folgt reagiert: Es wurden neue Verbots- und Straftatbestände geschaffen, es wurden europaweit geltende und harmonisierte Bestrafungs-, Verfolgungs- und Kooperationspflichten eingeführt, die Aufgabenkreise der Polizei des Bundes, der Nachrichtendienste von Bund und Ländern sowie der Streitkräfte wurden erweitert, die Sicherheitsbehörden wurden mit einer Vielzahl neuer Eingriffsbefugnisse ausgestattet. All diese normativen Schritte stellen in zahlreichen Fällen erhebliche Grundrechtseinschränkungen dar, die auch prompt vor dem Bundesverfassungsgericht – soweit sich ein Kläger fand – landeten. Die gesetzlichen Veränderungen seien der besseren Übersicht wegen vorgestellt:

- Erstes Gesetz zur Änderung des Vereinsgesetzes (BGBl. I 2001, S. 3319),
- Gesetz zur Finanzierung der Terrorbekämpfung (BGBl. I 2001, S. 3436),
- Gesetz zur Bekämpfung des internationalen Terrorismus (Terrorismusbe-

---

[218] Baldus (2005), S. 365.
[219] Baldus (2005), S. 365.

kämpfungsgesetz) (BGBl. I 2002, S. 361 ff), damit verbunden die Gesetze der Länder zur Änderung ihrer Verfassungsgesetze,

- Gesetz zur Änderung der Strafprozessordnung (§ 100i StPO) (BGBl. I 2002, S. 3018),
- Geldwäschebekämpfungsgesetz (BGBl. I 2002, S. 3105),
- vierunddreißigstes Strafrechtsänderungsgesetz (§ 129b - Kriminelle und terroristische Vereinigung im Ausland) (BGBl. I 2002, S. 3390),
- Gesetz über die Errichtung des Bundesamtes für Bevölkerungsschutz und Katastrophenhilfe (BGBl. I 2004, S. 630),
- Gesetz zur Neuregelung von Luftsicherheitsaufgaben (BGBl. I 2005, S. 78).

Zu diesen nationalen Gesetzen traten europäische Normierungen hinzu, die ebenfalls zu berücksichtigen sind aufgrund der inzwischen auch im Bereich der Sicherheitsverwaltung erfolgten Verschränkungen von europäischem und nationalem Recht. An dieser Stelle zu nennen sind insbesondere:

- Verordnung des Rates über spezifische Maßnahmen zur Terrorismusbekämpfung (ABIEG 2001, Nr. L 344, S. 70),
- Rahmenbeschluss zum Einfrieren von Straftaterträgnissen (ABIEG 2001, Nr. L 182, S. 1),
- Rahmenbeschluss über die von Eurojust zur Verstärkung der Bekämpfung der schweren Kriminalität (ABIEG 2002, Nr. L 63, S. 1),
- Rahmenbeschluss zur Terrorismusbekämpfung (ABIEG 2002, Nr. L 164, S. 3),
- Rahmenbeschluss über den Europäischen Haftbefehl und die Übergabeverfahren zwischen den Mitgliedstaaten (ABIEG 2002, Nr. L 190, S. 1).

Durch das aktuellste Gesetz, das „Terrorismusbekämpfungsergänzungsgesetz“ (TBEG), das das Bundeskabinett am 12.7.2006 verabschiedet hat, wurde die ausnahmslose Verlängerung aller durch das Terrorismusbekämpfungsgesetz von 2002 befristet eingeführten Regelungen um weitere 5 Jahre eingeführt. Hierbei geht es insbesondere um Kompetenzen der Geheimdienste und um die Vereinfachung der Datenerhebung durch das Bundeskriminalamt als Zentralstelle für Informationsbeschaffung. Zudem wurden durch das TBEG eine Ausweitung der Kompetenzen der Geheimdienste – insbesondere durch die Einführung des § 8a in das Bundesverfassungsschutzgesetz – ermöglicht.

2. Die paradoxe Folge des Sicherheitsstaates: Produziertes erhöhtes Sicherheitsbedürfnis

a) Abschaffung des rechtsstaatlichen Strafrechts

Die schon in der Präventionsgesellschaft angesprochene Risikologik, die auch eine Antwort auf die Pluralisierung und Verunsicherung der Lebenswelten ist, diese also unübersichtlicher und damit auch risikoträchtiger macht, hat vor dem Hintergrund der zunehmenden politischen Gewalttaten erheblich zugenommen. Von dieser Risikologik wird auch der Bereich sozialer Kontrolle erfasst. Statt der präventiv wirkenden Integration oder der ebenso integrierenden Behandlung soll soziale Kontrolle nunmehr zu einem möglichst frühen Zeitpunkt umfassend und präzise entstehende Risiken erkennen und abwehren[220]. Diese Zunahme führt zu einem stark steigenden Sicherheitsbedürfnis der Bevölkerung. Die gesellschaftliche Individualisierung und die Furcht vor Risiken lassen die Bürger gefährdeter und besorgter werden[221] , wobei auch die bedingte Furcht vor ökonomischer Ausschließung zu einer allgemeinen Verunsicherung beiträgt. Das lässt Bedürfnisse nach stärkerer materieller Absicherung hervorrufen, die im Zuge der Krisen des Wohlfahrtstaates allerdings nicht erfüllt werden können. Als Kompensation hierfür steigt die gesellschaftliche Deutung persönlicher Sicherheit und sozialer Kontrolle, der einzelne soll zumindest vor abweichendem Verhalten sicher sein können oder jedenfalls ein entsprechendes Gefühl haben. An die Stelle des Versprechens staatlicher Strukturverbesserungen tritt das „integrierende Versprechen der Sicherheit"[222].

Der hierdurch eingetretene Bedeutungsverlust ehemals gesellschaftsintegrierender gemeinsamer Wertzusammenhänge führt zu „Ängsten und Befürchtungen bei dem einzelnen und zu einem Wandel des gesellschaftlichen Klimas, indem die einen das Bedürfnis haben, sich gegen die anderen abzusichern (...). Die Reduktion der sozialen auf die persönliche Sicherheit produziert eine existenzielle Angst, die andere gesellschaftliche Prinzipien und Wertvorstellungen in den Hintergrund treten lässt, integrierend wirkt und zu einem zentralen Selbstantrieb wird."[223] Dieses machtvolle Bild einer Risikowirklichkeit führt zu einer breiten Zustimmung bei allseitiger Forderung nach neuen Sicherheitsmaßnahmen innerhalb der Gesellschaft. Damit entsteht eine neue Rationalität der Sicherheit, die gekennzeichnet wird von einem „gesteigerten Bedürfnis nach Sicherheit gegenüber Risiken, die immer weniger hingenommen werden, bei einem gleichzeitigen Anstieg des Bedrohungsgefühls"[224].

---

220 Singelnstein / Stolle (2006), S. 35.
221 Schmidt-Semisch (2004), S. 226.
222 Castel (2005), S. 9 ff.
223 Legnaro (2000), S. 207; Lindenberg / Schmidt-Semisch (2000), S. 308 f.
224 Singelnstein / Stolle (2006), S. 37; Weichert (2004).

b) Produziertes Sicherheitsbedürfnis

Gleichwohl: Das alles ist ein Trugbild. Es wird ein Verständnis von Sicherheit hergestellt, das durch niemanden und nichts erfüllbar ist, mithin ein Trugbild[225] ist. Es gibt keine umfassende Sicherheit vor den Risiken moderner Industriegesellschaften und schon gar vor den Risiken sozioökonomischer, kultureller, religiöser oder politischer Konfliktlagen. Es gibt auch keine Sicherheit vor den Folgen weltgesellschaftlicher Wohlstandsdiskrepanzen oder vor den Risiken einer ökonomisch angetriebenen Wissenschaft- und Technikentwicklung. Insofern ist die Produktion von Verunsicherung gleichermaßen angelegt. Diese Unsicherheit besteht in der „Differenz zwischen gesellschaftlich hergestellter Sicherheitserwartung und dem begrenzten Vermögen der Gesellschaft, diese in die Praxis umzusetzen"[226]. Für die Sicherheitspolitik ergibt sich indes, dass aus der produzierten Unsicherheit die Möglichkeit erwächst, dass sich der Einzelne in seiner Freiheit freiwillig beschränken lässt, was von der Politik auch aufgegriffen und in Handlungen umgesetzt wird.

c) Politik des Sicherheitsversprechens und Entindividualisierung

Die Sorge des Einzelnen vor den Unsicherheiten einer nicht durchschaubaren Welt wird zugleich zur „Prämisse des Regierens"[227]. Die Politik sieht in dem Bemühen um Herstellung von Sicherheit ein Kommunikationsmedium, welches ihr zur Wählbarkeit verhilft. Vor diesem Hintergrund wird von einer Trias der gesellschaftlichen Regulation aus Freiheit, Strafe und Furcht gesprochen.[228] Zudem wird das Streben nach mehr Sicherheit nicht nur als Aufgabenfeld des Staates angesehen, sondern erscheint zunehmend in staatlich-privater Aufteilung, was in der Gesellschaftspolitik als Strategie der „Privatisierung" und „Deregulierung" thematisiert wird[229]. Sicherheitsproduktion ist damit eine Aufgabe aller Gesellschaftsmitglieder, als „permanente gesellschaftliche Anstrengung, ein Regime des täglichen sozialen Lebens"[230]. Die Politik des Sicherheitsversprechens, die für sich den Vorteil verbucht, Ergebnisse gar nicht vorweisen zu müssen, hat sich in einem System exekutiver Eingriffsbefugnisse zur Bekämpfung von Risiken eingerichtet. Für diese Politik sind „verfassungsrechtliche Vorgaben und Grenzen oft nur noch ärgerliche Hindernisse"[231]. Dem Bürger werden Aufopferungen abverlangt, wie sie z.B. das Luftsicherheitsgesetz postuliert hat: Im

[225] Lepsius vermittelt die Einsicht, „dass objektiv sichere Zustände nicht nur unerreichbar, sondern auch nicht wünschenswert sind". An dieser auch politisch zu vermittelnden Einsicht führe kein Weg vorbei, (2006), S. 73.
[226] Castel (2005), S. 9 ff.
[227] Holert (2004), S. 246.
[228] Legnaro (2000): so der Titel des Aufsatzes.
[229] Vgl. unten Abschnitt B: Vom Sozialstaat zur Privatisierung.
[230] Legnaro (1997), S. 271.
[231] Singelnstein / Stolle (2006), S. 40.

Falle gewalttätiger Eingriffe in den Luftverkehr muss der Bürger gegebenenfalls – so jedenfalls die Bundesregierung vor dem Urteil des Bundesverfassungsgerichts – sein Leben im Interesse höherrangiger Interessen hergeben. Die Einführung eines Grundrechts auf Sicherheit[232] oder die Einschränkung des Grundrechts auf informationelle Selbstbestimmung[233] im Hinblick auf sozial offenbarte Daten gehört hier ebenso hin.[234]

Die Politik des Sicherheitsversprechens findet ihre Entsprechung in der Entwicklung zur generellen Entindividualisierung in der Gesetzgebung, besonders im Sicherheitsbereich: „Der Bürger ist nicht mehr als Individuum Adressat von Rechtsnormen, sondern als Teil der Gesellschaft"[235], er ist damit – wie Teubner skizziert - nicht mehr Individuum, also Mensch aus Fleisch und Blut, sondern nur mehr „ ‚Person' als bloßes internes Konstrukt gesellschaftlicher Kommunikation (Adresse und Erwartungsbündel)"[236]. Nur so ist es zu verstehen, dass die Gesetzgebung der Sicherheitsgesellschaft die Personen zu Adressaten von Rechtsnormen macht, ohne dass es auf ihr Verhalten überhaupt noch ankommt. Der Normbefehl des – vom Bundesverfassungsgericht zwar später verworfenen – Luftsicherheitsgesetzes forderte von völlig Unbeteiligten das Opfer ihrer Würde und ihres Lebens, ohne dass sie in irgendeiner Form „Störer" waren. Das Luftsicherheitsgesetz machte - unter dem Beifall eines großen Teils des juristischen Schrifttums[237] - aus diesem bislang gesetzlich nicht anzusprechenden „Nichtstörer" einen normativen Regelfall und hat mit dieser Regelungstechnik den Trend aktueller Sicherheitsgesetze fortgesetzt, der zum „Verlust juristischer Kontrollmaßstäbe führt"[238] und damit die Entindividualisierung von Menschen und die Vernichtung von Menschenrechten zur Folge hat.

3. Gründe für die Entwicklung zur Sicherheitsgesellschaft (Protagonisten des Wandels)

Die Ereignisse am 11. September 2001 in den Vereinigten Staaten von Amerika und die im Anschluss hieran weltweit statt gefundenen Attentate[239] sind indes nicht der Grund für die Entwicklung einer Sicherheitsgesellschaft, sie sind bestenfalls Anlass hierfür. Würde eine Politik des Ausgleichs, die zudem auf kultu-

---

[232] Vgl. z.B. Isensee (1983); Robbers (1987); Dietlein (1992); Unruh (1996); Jarass (2001); Appel (2005).

[233] Zum Beispiel des grundrechtsvernichtenden Abhörskandals des privaten Telecomkonzerns in Italien vgl. unten B II 3.

[234] Hansen (1999), S. 240 f; Waechter (2005).

[235] Lepsius (2006), S. 71 – Hervorhebungen durch Verf.; ders. bereits VVDStRL 63 (2004), S. 283 ff.

[236] Teubner (2006), S. 170.

[237] Vgl. Fn. 232.

[238] Lepsius (2006), S. 72; vgl. schon Hoffmann-Riem (2002), S. 497.

[239] Vgl. hierzu im Überblick Baldus (2005), S. 364.

relle Kränkungen, Demütigungen und Erzeugung regionalweiter Ohnmachtsgefühle verzichtet, zu einem Abschwellen politischer Gewalttaten weltweit führen, wären die strukturellen Voraussetzungen für das Entstehen der Sicherheitsgesellschaft nicht obsolet: Das Thema „Terrorismus" verdeckt und verschleiert nur die realen veränderten gesellschaftlichen Bedingungen infolge der expansiven Globalisierung.

a) Abbau des Sozial- und Wohlfahrtstaates

Der Abbau einer ökonomischen und gesellschaftlichen Stabilität umfasst Bereiche medizinischer Versorgung, den Niedergang von Bildungssystemen, den Abbau öffentlicher Beschäftigungssektoren, die ursprünglich insgesamt weitreichende Arbeits- und Aufstiegsmöglichkeiten bereithielten.[240] Derartige ökonomische, soziale und kulturelle Transformationsprozesse lassen die Gesellschaften des Westens in so genannte Zwei-Drittel-Gesellschaften aufspalten. Ein Drittel dieser Gesellschaft lebt am äußersten Ende, zumeist in Armut, Nichtbeschäftigung und struktureller Erniedrigung[241].

Zugleich führt das auf der Seite der Erfolgreichen zu einer Etablierung von Feindkonstruktionen und Abschottungsbedürfnissen. Eine derartige Gesellschaft erfordert völlig neue Formen sozialer Kontrolle. Mit dem Abbau des Sozialstaates ist ein Wandel der Formen herkömmlicher sozialer Kontrolle verbunden, zu denen die Sicherheitsgesellschaft eine nützliche Alternative bereithält.

Sack komplettiert diese im Grunde ökonomische Perspektive mit der Feststellung „zunehmender Punitivität der Gesellschaft".[242] Aber aus der Sicht dieses Autors ist nicht das Strafrecht und seine vielfältige „Entgrenzung" das Problem, sondern die „Überlagerung" des Rechtscodes (Recht vs. Unrecht) durch den Code der Ökonomie (Kosten vs. Nutzen).

b) Neoliberalismus: Die Ökonomisierung des Sozialen und die Fixierung auf Marktfreiheit in einer globalisierten Welt

Neoliberale Tendenzen innerhalb der Gesellschaften des Westens fördern ein Gesellschaftsbild, das die Gestaltung des Sozialen der Ökonomie überlässt (Ökonomisierung des Sozialen)[243]. Eine absolute Marktfreiheit drängt den Staat aus seiner Verantwortung, woraus er sich gern drängen lässt, weil die Ressour-

---

[240] Singelnstein / Stolle (2006), S. 42; vgl. auch Ludwig-Mayerhofer (1998), S. 62 ff.

[241] Siehe zur aktuellen Diskussion einer „neuen" Unterschicht z.B. unter www.zeit.de/unterschicht basierend auf der von der Friedrich Ebert-Stiftung angefertigten Studie „Gesellschaft im Reformprozess" (2006, Berlin).

[242] Sack (2005), S. 24.

[243] Lemke (1997), S. 253.

cen für eine Stabilisierung sozialer Systeme nicht mehr verfügbar sind. Deshalb sind sozialstaatliche oder resozialisierend-repressive Zielsetzungen mit diesem Ansatz neoliberaler Ideologie nicht mehr vereinbar. Es entspricht nicht der Marktlogik, dem „Schwachen" zu helfen und sozialstrukturelle Ungleichheiten zu reduzieren, der Markt muss Schwächen (und damit auch Schwache) beseitigen.[244] Insofern ist Devianz und Kriminalität auch nicht mehr Merkmal persönlicher Eigenschaft[245] oder sozial produzierter Gegebenheiten. Kriminalität wird als normales Risiko definiert, welches es zu kontrollieren gilt. Diese Kontrolle muss, da sie nicht mehr moralisierend und individualisierend greift, in ihrem Wirkungsbereich grundsätzlich „unbegrenzt und umfassend sein"[246]. Politik ändert nicht mehr den Menschen, sondern nur noch Strukturen und Situationen, die zur Abweichung Anlass gaben. Damit wird indes nicht dem Menschen geholfen, der Abweichende wird beseitigt, oder wie der Strafrechtler Jakobs es ausdrückt durch so genanntes Feindstrafrecht „exkludiert"[247]. Moderne Überwachungsformen der Telekommunikation, der Überwachung öffentlicher Räume, der Bereithaltung biometrischer Daten in Ausweisen und Pässen, die keineswegs mehr an einen Verdacht anknüpfen, sollen nur noch Lagebilder kennzeichnen können. Das ist Beleg genug für diese Entwicklung.

Die Auffassung, bei einem Nachlassen von Attentaten würde derartige Überwachungsmaßnahmen wieder zurückgenommen, dürfte als naiv zu bezeichnen sein. Jedenfalls richtet sich ein großer Teil der westlichen Welt auf die benannten Parameter einer Sicherheitsgesellschaft ein.

c) Die Ideologie des Unilateralismus: Moralisch-religiöser Konservatismus

Insbesondere ausgehend von den Vereinigten Staaten von Amerika nimmt ein moralisch-religiöser Konservatismus Einfluss auf die Sozial- und Kriminalpolitik westlicher Demokratien: „Mit Werten wie Ehe, Familie, Religiosität, Patriotismus und Autorität bietet er eine reaktionäre Antwort auf die soziokulturellen Veränderungen und den ‚sittlichen Verfall' der vergangenen Jahrzehnte"[248]. Dieser moralisch-religiöse Konservatismus kann die Krisen des ökonomischen Wohlfahrtsstaates möglicherweise kompensieren, moralisch-religiöse Elemente werden zudem als Begründung für den Rückbau des Sozialstaats herangezogen, und ferner ist nicht mehr die Armut selbst das eigentliche Problem, sondern die Armen selbst: „Die Erblichkeit und damit Unveränderbarkeit von ‚Gefährlichkeit' bilden die Grundlage für die Ersetzung des ‚War against Poverty' durch

---

[244] In diesem Sinne auch Singelnstein / Stolle (2006), S. 43.
[245] Zum Problem der Entindividualisierung vgl. oben A III 2 c.
[246] Garland (2001), S. 15, 129.
[247] Jakobs (2004), S. 88 ff.
[248] Singelnstein / Stolle (2006), S. 45.

einen ‚War against the Poor'".[249] In der Moralisierung eines religiösen Konservatismus nimmt auch die Fixierung auf das Opfer als Gegenmodell einer rationalen Kriminalitätserklärung Bezug.

Diese moralisch-religiöse Bewegung ist kein neues Phänomen, was gerade am Beispiel der USA verdeutlicht werden kann. Das amerikanische Menschenrechtsverständnis ist vor allem durch die religiösen und moralischen Elemente bestimmt, welche diese Nation mitbegründeten. Das hat sich auch im Verfassungsverständnis und in der Verfassungsausgestaltung niedergeschlagen: In Europa garantiert weitgehend der Staat dem Individuum die Menschenrechte, während für das Individuum in den USA die Menschenrechte ausschließlich in der Freiheit vom Staat garantiert werden.[250]

Diese von Singelnstein und Stolle zutreffend benannten „Protagonisten des Wandels"[251] sollten nur deshalb angeführt werden, um den Trugschluss zu entgegen, die Entwicklung vom Präventions- zum Sicherheitsstaat bzw. von der Präventions- zur Sicherheitsgesellschaft wären allein eine Reaktion auf Gewalttaten im Zusammenhang mit dem 11. September 2001. Diese Gewalttaten waren für Staaten und Gesellschaften nur Anlass, neue Kontrollformen voranzutreiben, die die benannten Protagonisten des Wandels offenbar bedingen.

4. Varianten theoretischer Einsichten zur Sicherheitsgesellschaft

Wie reagieren Sozial- und Rechtswissenschaften auf die Entwicklung der Sicherheitsgesellschaft? Der Jurist Baldus sieht die Bewertungen und Aufgaben einer neuen Sicherheitspolitik im Spannungsverhältnis von „Apologie" und „Fundamentalnegation". Er moniert, Bekenntnisse würden dominieren, notwendige Sachkritik würden meistens fehlen. Es schlägt im juristischen Schrifttum also die Stunde der Abwiegler und Abwägungstechniker. Das ist der moderne „Mittelweg" im rechtswissenschaftlichen Schrifttum, aber auch in der aktuellen Rechts- und Sicherheitspolitik. Die Positionen lassen sich wie folgt skizzieren:

a) Die Fixierung auf die Produktion von Sicherheit (Bekenntnis Pro)

Eine immer stärker werdende Literaturrichtung reklamiert stringent und sicherheitsorientiert, der Staat dürfe nicht tatenlos zusehen, wenn das „Wüten terroristischer Gewalt die Grundfeste einer freiheitlichen Ordnung wanken lässt"[252]. Die meisten Ermittlungsinstrumente, die Polizisten und Staatsanwälte anwenden könnten, lägen bereit: Videoüberwachung, Lauschangriff, Rasterfahndung, ver-

[249] Nogala (2000), S. 55 f.
[250] Arnold (2005), S. 186 unter Bezug auf Haller (2003), S. 7.
[251] Singelnstein / Stolle (2006), S. 41.
[252] Baldus (2005), S. 368.

dachtsunabhängiges Ermitteln, etc. Das Problem für die Anwender läge allerdings darin, dass sie nicht alles, was ihnen in den letzten Jahren vom Gesetzgeber zugestanden wurde, auch einsetzen dürften, und das wiederum läge am Bundesverfassungsgericht – wie es Sicherheitskreise zunehmend beklagen.[253]

Die Apologeten dieser Position beziehen sich unter anderem auf die Diskussion zu „verfassungsrechtlichen Schutzpflichten". Diese werden schon auf das erste Abtreibungsurteil von 1975 zurückgeführt und sind durch den Bezug des Lebensschutzes (Art 2 Abs. 2 GG) auf die Menschenwürde (Artikel 1 Abs. 1 GG) entstanden: „Artikel 1 Abs.1 Satz 2 GG legt der öffentlichen Gewalt die Pflicht auf, die Würde des Menschen zu schützen. Die Verbindung mit Art. 2 Abs. 2 GG im Schwangerschaftsurteil[254] machte daraus 1975 eine Schutzpflicht für das Leben des Einzelnen und stattete diesen Schutz über Art. 2 Abs. 2 GG mit einer subjektiven Rechtsposition aus, die aus Artikel 1 Abs. 1 Satz 2 GG allein nicht folgen würde."[255] Kann man daraus folgern, dass der Staat gehalten ist, abzuwägen, zum Schutz des einen Lebens ein anderes Leben zu vernichten, weil es dafür plausible Rationalitäten gibt?[256]

Die Befürwortung absoluter Produktion von Sicherheit wird noch differenzierter erwogen: Nicht die Abwägung „Leben gegen Leben" stehe im Vordergrund, „sondern eine verantwortliche staatliche Entscheidung zum Ziel des effektiven Lebensschutzes in einer Extremsituation".[257] Die Diskussion innerhalb der Polizei, die sich der Position maximaler Produktion von Sicherheit verbunden weiß, zieht hieraus praktische Schlüsse: Im Zusammenhang mit der Forderung eines rein präventiven, mehrmonatigen Sicherheitsgewahrsams wird ein Wandel des Polizeirechts von einer Quelle rechtsstaatlicher Gefahrenabwehr hin zu einem „Recht der Risikosteuerung" bereits als vollzogen konstatiert – das Ganze als Rahmen eines „präventiven Schutzes neuer Art" bezeichnet.[258]

b) Fundamentale Verneinung rechtsstaatlichen Abbaus (Bekenntnis Contra)

Die Gegenmeinung wird als „Verharren im Zustand fundamentaler Verneinung" beschrieben: „Durch die Gesetze werde der Rechtsstaat attackiert, ja verraten;

---

[253] Vgl. *Der Spiegel* 35/2006, S. 24 f.

[254] BVerfGE 39, 1 ff.

[255] Lepsius (2006), S. 62.

[256] In diesem Sinne etwa Isensee (1983); Robbers (1987); Dietlein (1992); Unruh (1996); Jarass (2001); Appel (2005).

[257] Hecker (2006), S. 185, referiert dieses Position, ohne sich ihr anzuschließen. Dafür sprechen sich aus: Baldus (2004), NVwZ, S. 1278 (1285); Epping, BT-Innenausschuss-Prot. 15/35, S. 57 f.; Robbers, BT-Innenausschuss-Prot. 15/35, S. 23.

[258] Kritisch gegen diese Sicht auch Arnold (2006), S. 314 unter Bezug auf v. Denkowski (2006), S. 11-22.

der Gesetzgeber stelle eine Sicherheit in Aussicht, die nur als totale Sicherheit möglich sei, die Folge sei damit – ein wohl kaum mehr steigerbarer Vorwurf – Staatsterrorismus".[259] Baldus kritisiert an dieser Haltung den „Hang zum Prinzipiellen" und spricht dieser Ausfassung einen „Gewissheitsverlust im moralischen Denken" zu.[260]

Dem hat das Bundesverfassungsgericht mit seinem Urteil zum Luftsicherheitsgesetz[261] allerdings eine klare Botschaft entgegengesetzt: Abwägungs- und Differenzierungsentscheidungen über die Wertigkeit und Quantifizierbarkeit von Menschen kann es in einer von der Menschenwürde getragenen Verfassungsordnung nicht geben. Das Urteil versteht sich als eine harsche Kritik am zeitgenössischen Gesetzgeber, dem „offenbar die Vorstellung für den Rang der individuellen Freiheitsrechte abhanden gekommen" ist.[262] In der Entwicklung der Sicherheitsgesetze jüngster Zeit übertrumpft das Ziel des kollektiven Schutzes die individuellen Freiheitsrechte. Es darf aber nicht sein, dass sich der Grundrechtschutz auf eine „objektivierte Gesellschaft" bezieht und die individualisierten Menschen außer Acht lässt. In dieser Perspektive treffen sich so unterschiedliche Positionen eines subjektivrechtlichen Grundrechtsverständnisses (Lepsius)[263], eines systemtheoretischen Ansatzes (Teubner)[264] und eines weltlich-metaphysischen Philosophie-Ansatzes, der sich staatskritischer Absolutheitsregeln verpflichtet weiß (Naucke)[265].

Das Urteil zum Luftsicherheitsgesetz wird aus dieser Sicht als ein wichtiger und begrüßenswerter Schritt auf dem „Weg zur langsamen Verabschiedung der objektivrechtlichen Schutzpflichten"[266] interpretiert, was die Sicherheitsapologeten postwendend als Schwäche des Urteils bewerten.[267] Die Argumente[268] gegen die

259 Baldus (2005), S. 368.
260 Baldus (2005), S. 368. Aber was vermag aus der Sicht der Abwägungs-Jurisprudenz zu helfen? Baldus fordert eine - selten zu findende - „Detail- und Tiefenanalysen insbesondere verfassungs- und verwaltungsrechtsdogmatischer Art".
261 BVerfGE, Urteil vom 15.2.2006 – 1 BvR 351/05, in: NJW 2006 (Heft 11), S. 751 ff.
262 Lepsius (2006), S. 73.
263 Lepsius (2006).
264 Teubner (2006).
265 Naucke (2006).
266 Lepsius (2006), S. 64.
267 Baldus, NVwZ 2006, S. 534. Diese Abkehr von der bisherigen Linie einer objektivrechtlichen Ausrichtung macht deutlich, weshalb die Enttäuschung der Befürworter dieser Verfassungsinterpretation groß ist: Vom einzelnen Grundrechtsträger, nämlich dem *nasciturus*, für dessen Schutz die erste (BVerfGE 39, 1 ff.) und zweite (BVerfGE 88, 203 ff.) Abtreibungsentscheidung einst geschaffen worden war, entfernte sich der Schutzpflichtengedanke immer mehr zu einem objektivrechtlichen Belang, der subjektiv-rechtliche Positionen immer mehr konterkarierte (Lepsius, 2006, S. 64). Dieser Entwicklung hat das Urteil zum Luftsicherheitsgesetz ein Ende bereitet.
268 Zum Überblick vgl. Lepsius (2006), S. 62 ff.

Schutzpflichten sind indes überzeugend: Erstens verändern sie den Status der Grundrechte als Abwehrrechte für das Individuum, das sich anders gegen staatliche Eingriffsbefugnisse nicht wehren kann. Nicht mehr der Individualschutz, sondern der Schutz der Gesellschaft oder ihrer Subsysteme wird Aufgabe der Schutzpflichten. Diese modellieren also Abwehrrechte zu Eingriffsrechtfertigungen des Staates, oder kräftiger ausgedrückt: Abwehrrechte „mutieren zu objektiven Zustandssicherungen“.[269] Zweitens verpflichten Schutzpflichten zur Gründung neuer Politikbereiche. Die Politik wird mit Regelungserwartungen überfordert und diese Schutzpflicht-Überforderungen führen zu den paradoxen Sicherheitserwartungen, die die Sicherheitsgesellschaft auszeichnen.[270] Schließlich und drittens verlagern Schutzpflichten Entscheidungskompetenzen auf das Bundesverfassungsgericht, dem dieses nicht gewachsen und wofür es auch nicht bestimmt ist.[271] Schutzpflichten würden durch Grundrechtsklagen gesetzgeberische Funktionen in der Gestaltung der Sozialordnung zwangsläufig auf die Dritte Gewalt verlagern, da die Legislative einem komplexen Schutzpflichtengebot niemals entsprechen könnte. Ein treffendes Beispiel für die Überforderung des Gesetzgebers, der den nicht zu stillenden Sicherheitsbedürfnissen einer stets erschreckten Gesellschaft nachzukommen sich genötigt sieht, ist die Hektik um die Entstehung des Luftsicherheitsgesetzes, das an dem falschen Verfassungsverständnis zur Menschenwürde scheitern musste.

Das Urteil zum Luftsicherheitsgesetz hat damit einem Streben nach absoluter staatlicher Produktion von Sicherheit einen Riegel vorgeschoben, indem es einen Schlusspunkt beim Abbau rechtsstaatlicher Individualrechte setzt. Es bleibt zwar noch eine Fülle von Interpretationsspielräumen und Einbruchstellen für objektivrechtliche Betrachtungsweisen der Grundrechte. Ohnehin ist die Kontinuität inhaltlicher aber auch personeller Erwartungen an das Bundesverfassungsgericht nicht prognostizierbar, aber die Erkenntnis im Minderheitsvotum des ersten Abtreibungsurteils der Verfassungsrichterin Rupp-v. Brünneck und des Verfassungsrichters Simon wird dauerhaften Bestand haben[272]: Über objektivierte Schutzpflichten können Grundrechte unter der Hand aus einem Hort der Freiheitssicherung zur Grundlage einer Fülle von freiheitsbeschränkenden Reglementierungen werden.

---

[269] Lepsius (2006), S. 63. Vgl. auch schon Rupp-v. Brünneck / Simon: BVerfGE 39, 1, 73.
[270] Vgl. hierzu im zweiten Teil Abschnitt A III (Sicherheitsstaat und Sicherheitsgesellschaft).
[271] Vgl. hierzu auch das Sondervotum Rupp-v. Brünneck/Simon in BVerfGE 39, 1, 69.
[272] BVerfGE 39, 1, 73.

c) Abwägungs-Neutralismus und Sachkritik (Baldus/Hassemer)

(1) Die Balance zwischen Freiheit und Sicherheit soll - im Sinne eines abwägenden „Mittelweges[273]“ - neu zu justieren sein. Akute Gefährdungslagen, insbesondere Grenzfälle und Ausnahmesituationen, sollen das erfordern: „Die aktuelle Aufgabe besteht darin, dass gegenstrebige und spannungsgeladene Verhältnis von individueller Freiheit und sicherheitsgewährender hoheitlicher Macht neu zu bestimmen“[274].

Diese von Baldus präsentierten Reaktionslinien sind charakteristisch für juristische Auseinandersetzungen im modernen Verfassungsrecht. Alles beruht auf Abwägung. Eine Fixierung an Gewissheiten wird mangels des Nachweises derselben nicht akzeptiert. Der Positivismus zwingt zur Mitte. In der Abwägung sei alles zum Besten zu richten. Ein „krudes Entweder-Oder“ wird abgelehnt. Differenziert wird sogar auf die Problemlagen der Rechtsvernichtung und Rechtsgefährdung verwiesen. So stimmt Baldus der Kritik durchaus zu, dass das klassische Polizeirecht längst einem Präventionsrecht Platz gemacht hat, „das Freiheitsbeschränkungen weit im Vorfeld von Gefahr und Verdacht erlaubt und Maßnahmen auch gegen zahlreiche unverdächtige Dritte ermöglicht“[275]. Im Anschluss an das Aufwerfen dieser Frage wird aber zugleich der Hoffnung Ausdruck verliehen, dass „dieses Vorsorge- und Vorbeugungsrecht nicht doch rechtstaatlich diszipliniert und freiheitsverträglich ausgestaltet werden kann.“[276] Die Begriffe Menschenwürde und unantastbarer Kernbereich eigener Lebensgestaltung werden vom Autor zwar einbezogen[277], dennoch ruht seine Sympathie auf einem „erweiterten Sicherheitsbegriff“, „der nicht an eine Gefahr anknüpft und sich auch nicht auf Gefahrenvorsorge beschränkt, der vielmehr schon plausible Erwartungen aufgrund von Gefahrenanalysen oder Gefährdungsschätzungen mit einbezieht, die auch auf wirtschaftlichen, finanziellen, sozialen und sonstigen Faktoren beruhen können“[278].

Die geforderte und als Mittelweg beschriebene akribische „Detail- und Tiefenanalyse“ dürfte der absolut zu schützenden Menschenwürde und dem unantastbaren Kernbereich persönlicher Lebensgestaltung aber auch nicht weiterhelfen. Das zeigt schon die gegenüber seiner Detailanforderung erstaunlich unpräzise Sprache des Autors, wenn er prognostiziert, dass all diese Fragen „in unwegsame und schluchtendurchzogene Grenzregionen des Rechts“ führen, „die nicht in der Erwartung betreten werden sollten, dort bündige, klare und restlos befrie-

---

[273] Der Begriff stammt von Arnold (2005b) aus ‚Karl Marx und das Holzdiebstahlsgesetz’, S. 45, Fn. 93.

[274] Baldus (2005), S. 369.

[275] Baldus (2005), S. 370.

[276] Baldus (2005), S. 370.

[277] Baldus (2005), S. 371.

[278] Baldus (2005), S. 366.

digende Antworten zu finden"[279]. Baldus will indes die Hoffnung nicht aufgeben, „mit rechtsstaatlicher Vernunft das spannungsträchtige Gegenüber von hoheitlichem Sicherheitsversprechen und individuellem Freiheitsverlangen auch in diesen bedrückenden Grenzbereichen in einer halbwegs erträglichen Balance zu halten"[280].

(2) Der Abwägungsneutralismus wird vom Vize-Präsidenten des Bundesverfassungsgerichts geteilt. Auch der Strafrechtler Hassemer will weder ‚Apologet' noch ‚Fundamentalnegierer' sein. Hassemer fordert die Quadratur des Kreises: Ein „rechtsstaatliches Sicherheitsstrafrecht" soll auf die „normative Desorientierung, Verbrechensfurcht und Kontrollbedürfnisse einer Risikogesellschaft" antworten. Nicht mehr der Schutz des Bürgers vor dem machtvollen Zugriff des Staates wird als Aufgabe der Grundrechte gesehen, sondern „die ‚gefühlte Bedrohung', die Verbrechensfurcht der Wählerinnen und Wähler, wird am Ende über die reale Kriminalpolitik entscheiden – und das, im demokratischen Staat, mit Recht" – so der Richter Hassemer.[281] Aus der Feder eines Hüters der Verfassung ist die Position – wie sein Frankfurter Kollege P.A. Albrecht anmerkt – „indes schon selbst Beleg für die fortschreitende Erosion des Rechtsstaates".[282] Der Vorschlag eines verrechtlichten Umgangs mit Ausnahmesituationen, wie sie von dem Sicherheitsstrafrecht primär in den Blick genommen werden, ist nicht neu. Er basiert auf Luhmanns[283] systemtheoretisch geleiteten Erwägungen zur Folter. Diese ist aus Luhmanns Sicht nicht aufhaltbar, wenn ein System zu kollabieren droht. Rechtsprinzipien ließen sich dann nicht mehr halten: „Man könnte deshalb auch hier an eine ähnliche juristische Lösung denken – ungeachtet aller legalistischen Bedenken auf Grund von Artikel 1 GG. Etwa: Zulassung von Folter durch international beaufsichtigte Gerichte, Fernsehüberwachung der Szene in Genf oder Luxemburg, telekommunikative Fernsteuerung, Verschiebung der Unterscheidung Recht/Unrecht in die Option des Opfers, Held oder Verräter zu sein. Insgesamt keine sehr befriedigende Lösung. Aber es befriedigt ja auch nicht, wenn man gar nichts tut und Unschuldige dem Fanatismus der Terroristen opfert."[284]

(3) Gerade der Aktivierung der Folter im Rahmen eines „rechtstaatlichen Sicherheitsstrafrechts" hat Hassemer mit aller Schärfe widersprochen.[285] Hier sieht er die Grenze zum Unrechtsstaat überschritten. Dieser Dissens zu Luhmann zeigt aber zugleich, dass die Position ambivalenter Abwägung für ihre graduel-

[279] Baldus (2005), S. 371.
[280] Baldus (2005), S. 371.
[281] Hassemer (2006), S. 329. (Hervorhebung durch A.A.).
[282] Albrecht, P.-A. (2006a), S. 6.
[283] Luhmann (1993), S. 27.
[284] Luhmann (1993), S. 27; vgl. hierzu auch Braum, der karikierend bereits den Vorschlag einer „Bundesfolterordnung / BFO" macht (2005), S. 283 ff.
[285] Vgl. das Interview mit W. Hassemer, in: Süddeutsche Zeitung vom 27. Februar 2003.

len Differenzierungen keine tauglichen Abgrenzungskriterien bereithält. Warum darf man - zum guten Zweck - nicht foltern (= Unrecht), aber „mehrmonatigen Sicherheitsgewahrsam[286]" fordern bzw. „rückwirkende Sicherungsverwahrung" (= Sicherheitsstrafrecht) verhängen? Das Beispiel zeigt also, dass die Position des Abwägungs-Neutralismus eines rechtsstaatlichen Sicherheitsstrafrechts keine trennscharfen Kriterien aufweist, um Menschenrechte schützen zu können. Ohne Anbindung an staatskritische Absolutheitsregeln lässt sich die Menschenwürde eben nicht schützen - diese Regeln bedürfen sogar ihrerseits des Schutzes: durch Aufklärung und durch strenge und unnachgiebige Verfassungsauslegung.

(4) Prävention und Sicherheit als Zauberworte sind vor dem Hintergrund des Verzehrs von Menschenwürde und Menschenrechten deutlich zu entzaubern. Gefragt ist breite Aufklärung über Wandlungsprozesse der sozialen Kontrolle und deren Ursachen, die den Souverän - die Bürgerinnen und Bürger - nur durch Wissensvermittlung und Bildung erreichen können. Kriminalität ist nicht zuletzt auch „für produktive Lernprozesse der Gesellschaft und ihre normativen Funktionen aufzuarbeiten".[287] Den in die Irre geleiteten „Gefühlen" einer medial verwirrten Öffentlichkeit muss deshalb zu allererst eine sachgerechte Aufklärung und Information über die Realität von Kriminalitätslagen, ihre Vorraussetzungen und politischen und sozialen Bedingungen entgegengestellt werden. Wer die Erosionen der Menschenrechte in der Präventions- und Sicherheitsgesellschaft angehen will, der muss erst einmal die „Vorstellungen über Abweichung und Strafe als das entlarven, was sie sind: als kontingente, produzierte soziale Kategorien, die in ihrer derzeitigen Form den Raum für eine Lösung sozialer Konflikte verstellen".[288]

(5) Die Entwicklung vom Präventions- zum Sicherheitsstaat lässt die Befürchtung aufkommen, dass das Grundgesetz, seine rechtsstaatlichen Garantien und insbesondere die Wesensgehaltsgarantie der Grundrechte „vor diesem Hintergrund nicht mehr als tatsächlich dauerhaft wirksame Begrenzungen staatlichen Zugriffs betrachtet werden, sondern teilweise gar als Feigenblatt, wenn es um den Abbau bürgerlicher Freiheiten geht. Der überkommene Rechtsstaat erscheint angesichts dessen im Wandel hin zu einer bzw. als Durchgangsstadium für eine Regulationsstruktur, die nach umfassender, allgemeiner, präventiver Sicherheit strebt"[289]. Flankiert wird die gesamte Entwicklung durch die Relativierung der Menschenwürdegarantie in Artikel 1 Abs. 1 des GG, die auf dem Weg zum Sicherheitsstaat Menschenrechte mehr und mehr erodieren lässt.

---

[286] v. Denkowski (2006), S 11 ff.; Zur (kritischen) Analyse vgl. Müller (2006).
[287] Kargl (1991), S. 576 Fn. 80.
[288] Singelnstein / Stolle (2006), S. 143.
[289] Singelnstein / Stolle (2006), S. 86; Buckel / Kannankulam (2002), S. 35.

Das zeigt sich gegenwärtig nicht zuletzt an der verfassungsgerichtlichen Legalisierung staatlicher Eingriffsbefugnisse, die den freiheitlichen Rechtsstaat des Grundgesetzes zugunsten fraglicher Sicherheitsgewähr aufs Spiel setzt. Die Mehrheit des ersten Senats des Bundesverfassungsgerichts ist in der Entscheidung zum „großen Lauschangriff", also des Einsatzes technischer Mittel für polizeiliche Ermittlungszwecke in Wohnungen, den „Mittelweg des rechtsstaatlichen Sicherheitsstrafrechts" gegangen: Die akustische Überwachung von Wohnraum zum Zwecke der Strafverfolgung ist nach Ansicht der Senatsmehrheit weder prinzipiell verfassungswidrig im Hinblick auf Art. 13 Abs. 3 GG noch unvereinbar mit Art. 79 Abs. 3 GG, sondern unter bestimmten Voraussetzungen von Verfassungs wegen nicht zu beanstanden. Die Verfassungsrichterinnen Jaeger und Hohmann-Dennhardt haben dem gegenüber in ihrem bemerkenswerten, abweichenden Votum eine absolute Politik-Sperre angemahnt und in Zeiten der Erosionen von Menschenrechten eine strenge und unnachgiebige Auslegung zentraler Grundrechte gefordert: „Inzwischen scheint man sich an den Gedanken gewöhnt zu haben, dass mit den mittlerweile entwickelten technischen Möglichkeiten auch deren grenzenloser Einsatz hinzunehmen ist. Wenn aber selbst die persönliche Intimsphäre, manifestiert in den eigenen vier Wänden, kein Tabu mehr ist, vor dem das Sicherheitsbedürfnis Halt zu machen hat, stellt sich auch verfassungsrechtlich die Frage, ob das Menschenbild, dass eine solche Vorgehensweise erzeugt, noch einer freiheitlich-rechtsstaatlichen Demokratie entspricht. Umso mehr ist Art. 79 Abs. 3 GG streng und unnachgiebig auszulegen, um heute nicht mehr den Anfängen, sondern einem bitteren Ende zu wehren."[290]

B. Vom Sozialstaat zur Privatisierung

Im Abschnitt über Prävention wurde eingangs die Frage gestellt, weshalb positiv intendierte Vorbeugungsstrategien von Staat und Gesellschaft zur Erosion von Menschenrechten beitragen können. Es wurde indes schnell deutlich, dass sich durch Intensivierung staatlicher und gesellschaftlicher Sicherheitsstrategien die Autonomie des Bürgers zusehends auflöst. Es konnte gezeigt werden, dass Menschenrechte unaufhaltsam auf dem Wege der Entwicklung zur Sicherheitsgesellschaft erodieren und insgesamt ein Abbau von Rechtsstaatlichkeit vollzogen wird.

Und wie sieht es nun mit modernen Entwicklungen innerhalb gewandelter Staatlichkeit insgesamt aus? Die globalisierte Welt setzt allerorts auf „Privatisierung" und staatliche „Deregulierung". Kann nun auch die Rückverlagerung staatlicher Aufgaben auf Private, also die Vergesellschaftung staatlicher Aufgaben und die Entbürokratisierung, Menschenrechte tangieren? Ist es nicht eher eine Stärkung der Autonomie des Individuums, wenn dieses „privatisierte Individuum" den Staat mehr und mehr ersetzt?

---

[290] NJW 2004, S. 1022 = BVerfGE 109, 279, 391. Hervorhebung durch A.A.

I. Staatlichkeit im Wandel

1. Dimensionen der Staatlichkeit

Das Leistungsspektrum moderner Staatlichkeit ist schwer einzufassen: Der Staat „regelt den Arbeitsmarkt, steuert die Wirtschaft, bekämpft die Kriminalität, sorgt für Bildung, regelt den Straßenverkehr, gibt der Demokratie einen Rahmen, besitzt Unternehmen, führt Krieg, schafft Rechtsicherheit, unterstützt die soziale Wohlfahrt, erhebt Steuern und verteilt bis zu 50 Prozent des Bruttosozialproduktes, verpflichtet zum Militärdienst, unterhält das Gesundheitswesen, vertritt nationale Interessen und regelt weite Bereiche des täglichen Lebens bis ins Detail“: Mit diesen Worten leitet der Sonderforschungsbereich 597 der Universität Bremen sein Forschungsdesign „Staatlichkeit im Wandel“[291] ein. In 15 Teilprojekten wird seit 2003 untersucht, ob moderne Staatlichkeit einem allgemein beobachtbaren oder gar uniformen Veränderungstrend unterliegt. Politikwissenschaftler, Rechtswissenschaftler, Soziologen und Wirtschaftswissenschaftler untersuchen in 15 Teilprojekten den Wandel moderner Staatlichkeit.

Insbesondere stehen bestimmte Ambivalenzen auf dem Prüfstand der Forschung. Nach dem Rückgang der Leistungsstärke des Sozialstaats zeigen sich mehr und mehr Ambivalenzen der Staatlichkeit. Diese werden in Folgendem gesehen:

- Der moderne Staat sei gleichzeitig die primäre Gefahr für und der zentrale Garant der allgemeinen Menschenrechte,
- der moderne Staat sei zugleich die primäre Bedrohung und der zentrale Garant für die territoriale Integrität einer Nationalgesellschaft und
- er ist zugleich Förderer und Hindernis des wirtschaftlichen Wachstums.[292]

Die Ambivalenzen im Konzept moderner Staatlichkeit erfordern für eine empirische Erforschung das Abstecken zentraler Dimensionen der Staatlichkeit. Diese lassen sich wie folgt beschreiben: Der moderne Territorialstaat gründet sich auf die Monopolisierung der Gewaltmittel; der souveräne Rechtstaat ist nach innen an sein Recht gebunden und darf nach außen nicht in das Recht anderer Staaten eingreifen; der demokratische Nationalstaat führt zu gemeinsamer nationaler Identität und beansprucht politische Selbstbestimmung, und der soziale Interventionsstaat hat das Ziel, den gesellschaftlichen Wohlstand zu mehren und gerecht zu verteilen.[293]

---

[291] www.staatlichkeit.uni-bremen.de

[292] Problemstellung, Forschungsziele und Struktur des Forschungsverbundes: www.staatlichkeit.uni- bremen.de

[293] SFB 597 Forschungsprogramm, S. 4. Unter www.staatlichkeit.uni-bremen.de.

Das Abstecken der Dimensionen moderner Staatlichkeit zeigt, wie vielfältig Ziele und Aufgaben der Staatstätigkeit sind. Wie lässt sich vor diesem Hintergrund der Wandel von Staatlichkeit angemessen beschreiben? Und falls ein Wandel aufgezeigt werden kann, was sind dann die Ursachen? Vor allem: Wie wirkt sich der Wandel von Staatlichkeit auf die Menschenrechte aus?

2. Privatisierung von Staatsaufgaben

Hinter der Frage nach den Staatsaufgaben taucht die Frage politischer Zielsetzungen auf. Der Staat kann nicht mehr im traditionellen Sinne als Leistungsstaat für alles zuständig sein, in vielen Fällen reicht es aus, dass er die Erbringung von Leistungen gewährleistet. Die Frage nach den Staatsaufgaben wird demnach als Frage nach der „staatlichen Leistungstiefe" angesehen.[294] Die staatlichen Aufgabentypen einer Leistungsgewährung sollen folgende Formen vorsehen: Staatliche Kernaufgaben, die von öffentlichen Einrichtungen gewährleistet und selbst vollzogen werden müssen; staatliche Gewährleistungsaufgaben, deren dauerhafte Erbringung der Staat zu gewährleisten hat, die aber prinzipiell von Privaten vollzogen werden können; staatliche Annex- und Ergänzungsaufgaben (nichtöffentliche Aufgaben), die die öffentliche Verwaltung wahrnehmen könnte, sofern sie dieses kostengünstiger als Private kann; private „Kernaufgaben", die von privaten Dienstleistungsunternehmen zu erbringen sind.

Die strategische Bedeutung einer Leistung und die spezifischen Ressourcen für die Leistungserstellung seien der Schlüssel für das Verständnis, was staatlich überhaupt noch zu leisten ist. Unspezifische, strategisch weniger bedeutsame Leistungen könnten externen Marktpartner anvertraut werden, also tendenziell eher fremdbezogen werden (z.B. Gebäudereinigung, Wäscherei, Standardsoftware). Hochspezifische und strategisch wichtige Leistungen markierten dagegen den genuinen Kernbereich staatlicher Leistungserstellung (z.B. äußere und innere Sicherheit). Weniger spezifische, aber strategisch wichtige Leistungen gehörten auf das klassische Feld der Regulierung von nicht-staatlichen Leistungen (z.B. Umweltschutz-, Entsorgungs-, Gesundheits- und Bildungsleistungen.) Schließlich könne bei hochspezifischen, strategisch aber unbedeutenden Leistungen mit nicht-staatlichen Einrichtungen kooperiert werden, denn hierin liege gerade die Reduktion staatlicher Spezifität.[295] Bei aller Differenzierung der Privatisierungsbereiche wird eine Politik staatlicher Leistungstiefe gleichwohl als unabdingbar gefordert, soll ein Gemeinwesen nicht gänzlich aufgelöst werden.

Mit der Verfassungsentscheidung für den Sozialstaat sind ohnehin zentrale gesellschaftliche Ziele verknüpft, welche - dem Anspruch nach - einen unabdingbaren Aufgabenkatalog für den Staat darstellen:

---

[294] Kißler (1998), S. 60.
[295] Kißler (1998), S. 62.

- die Organisation kollektiver Sicherheit gegenüber den Risiken und Notlagen eines industriellen Strukturwandels,
- der Schutz von Modernisierungsverlierern,
- die Vermeidung von Armut durch Gewährung eines Existenzminimums,
- die Herstellung von Chancengleichheit beim Zugang zu Bildung,
- demokratische Beteiligungen z.B. bei der Tarifautonomie, beim Mitbestimmung- und Selbstgestaltungsrecht zu ermöglichen
- und schließlich soziale Gerechtigkeit als Korrektiv zur Wettbewerbsfähigkeit zu fördern.[296]

Dem Staat werden weiterhin Sozialisationsaufgaben zugeschrieben. Demokratische Anforderungen gingen dahin, dass sich die sozialstaatlichen Aufgaben nicht in der sozialen Sicherung erschöpften. Der Sozialstaat sei auch ein sozial integrierender Staat und habe damit auf die Fragen nach der Zukunft der Demokratie zu antworten. Insgesamt habe der Staat also Infrastrukturleistungen, Gewährleistungs- und Regenerationsaufgaben zu übernehmen, ohne die eine moderne Ökonomie nicht auskomme. Kostensenkungsstrategien seien im privaten Sektor z.B. nur deshalb erfolgreich, weil der öffentliche Sektor die ausgelagerten ökologischen und sozialen Kosten übernehmen müsse.[297]

Die sozialwissenschaftliche Perspektive fordert also, dass Privatisierung keine monokausale Strategie des Rückzugs des Staates darstelle, sondern nur im Zusammenhang mit einer Analyse staatlicher Leistungstiefe sachgerechte Antworten bereithalten könne. Die Modernisierung des Staates und die Festlegung seiner Privatisierungsgrenzen dürften nicht an der Politik vorbeigeführt werden, gerade diese Frage sei nicht „zu entpolitisieren", sondern sie gehöre zu den Kernaufgaben im Staatsaufgabenkatalog schlechthin. Die öffentlichen Dienste hätten sich durchaus auf ihre Kernaufgaben zu konzentrieren, dabei aber die Rahmenbedingungen für die wirtschaftliche und soziale Entwicklung zu gewährleisten, wobei Gewährleistung nicht „eigenhändige Produktion" bedeute. Es wird also deutlich, dass Privatisierung nicht „auf den leisen Sohlen des Unpolitischen herkommt, sondern öffentlich verhandelt und in die Verfügungsgewalt der Menschen zurückgeholt werden kann. Das macht im Kern den kommunikativen Staat aus. Denn der Staat ist ein Ort der organisierten gesellschaftlichen Teilnahme an dem, was uns alle angeht: dem Öffentlichen."[298]

3. Privatisierung und Regulierung

Die Forschungsfragen zeigen, dass mit dem Begriff „Privatisierung" oder „Deregulierung" nicht schlichte Modelle des Rückzugs des Staates gemeint sind,

[296] Kißler (1998), S. 64.
[297] Kißler (1998), S. 65.
[298] Kißler (1998), S. 70.

sondern Privatisierung bedeutet in diesem gesamten Kontext weniger „materielle" Privatisierung, so dass sich der Staat nicht völlig aus seinen Aufgabenbereichen zurückzieht. Die Durchsetzung der staatlichen Leistungserwartung wird eher in staatlicher Regulierung gesehen. Im Kern bedeute Privatisierung daher keinen Rückzug des Staates, sondern einen Funktionswandel: Es vollziehe sich ein Übergang vom Leistungsstaat zum Regulierungs- bzw. Gewährleistungsstaat.[299]

Aus einer politikwissenschaftlichen Sicht ist das Problem der Privatisierung demnach kein Rückzugsproblem, sondern ein Regulierungsproblem.[300] Die Problematik ist mithin eine genuin demokratische: Öffentliche Aufgaben werden von Instanzen wahrgenommen, die in keiner Weise demokratisch legitimiert sind, bei denen die Unabhängigkeit von gewählten politischen Repräsentanten sogar zum Organisationsprinzip zählt. Diese Regulierungspolitik des Wettbewerbs, die auch auf EU-Ebene zunehmend einsetzt, führe zu einer Art „Patchwork"- Charakter, was auf der Ebene der EU sogar heißt, dass gemeinsame Standards entweder kopiert werden oder durch materielle Kompensationen ansatzweise realisiert werden. Insofern ist der Übergang vom „Leistungsstaat" zum „Regulierungsstaat" keineswegs die Lösung im Zuge globalisierter Privatisierungen und stellt keinen Königsweg zur Entlastung des „überforderten Staates"[301] dar.

Der Versuch, Menschenrechten in globalisierten Privatgesellschaften Schutz zukommen zu lassen, dürfte sich - gerade wegen der hoch differenzierten Regulierungen und der Vielzahl spezifischer Kernaufgaben - als kompliziert und vielschichtig erweisen. Staatlichkeit löst sich - jedenfalls aus der Sicht einer systemtheoretischen Perspektive - ohnehin in eine Vielzahl „kommunikativer Matrices" (Teubner) auf.[302]

---

[299] Diese Formel steht immer noch im Banne der Unterscheidung öffentlich/privat. Ausgeblendet bleibt die entscheidende multidimensionale Perspektive einer Polikontextualität: Die Vielzahl sozialer Sektoren und ihrer jeweiligen ideosynkratischen Perspektiven erscheinen darin entweder nur in ihrer ökonomischen oder in ihrer politischen Übersetzung. Teubner reklamiert dagegen eine „dezentrale Reflexionspolitik innerhalb verschiedener sozialer Welten" (Teubner, 1998, S. 19).

[300] Grande (1998).

[301] Ellwein / Hesse (2004).

[302] Dazu vgl. unten Abschnitt II 3: Menschenrechtsverletzung durch „private" transnationale Aktuere.

II. Globalisierte Privatwirtschaft und Menschenrechte

1. Globalisierung und Ausbeutung

Das neoliberale Globalisierungsmodell geht davon aus, dass Wohlfahrt und Demokratie eine nahezu automatische Folge globalen freien Wirtschaftens sind. Multinationale oder global agierende Konzerne, die wirtschaftliche Operationen in mehr als einem Land koordinieren und kontrollieren, entziehen sich damit aber national-staatlicher Kontrolle, zumal sie in Regionen ausweichen können, in denen günstige Investitionsbedingungen - z.B. in den Sonderwirtschafts- und Freihandelszonen - Arbeits- und Produktionsbedingungen vorfinden, die das Anwachsen wirtschaftlicher Macht und politischen Einflusses und vor allem ökonomischer Zuwächse enorm steigern.

Die Globalisierung führt mithin zu einem Verlust national-staatlicher Gestaltungsfähigkeit, auch weil sich immer mehr Bereiche – z.B. die Umwelt- und Agrarpolitik – immer weniger ausschließlich durch eine nationale Ausrichtung der Politik, sondern nur durch eine internationale Kooperation wirkungsvoll bearbeiten lassen.[303] Eine derartige Entwicklung reduziert den Einfluss staatlicher Kontrolle. Die Reduktion nationaler Verantwortlichkeit und die Kompetenzverlagerung auf transstaatliche Kooperationen werden ergänzt durch die Privatisierung staatlicher Leistungen, z.B. im Gesundheit- und Sozialbereich, vor allem um Kosten einzusparen.[304]

In den erwähnten Sonderwirtschafts- und Freihandelszonen[305] führt der Machtzuwachs multinational und global agierender Konzerne zu einer Gefährdung des Menschenrechtsschutzes. Die staatliche Verpflichtung zum Schutz der Menschenrechte reicht nicht mehr aus, weil staatliche Kontrolle der Privatwirtschaft nicht oder nicht umfassend stattfindet. Menschenrechte werden in den Billiglohnländern des Südens der Welt verletzt[306], indem wirtschaftliche und soziale Rechte verweigert werden oder nicht durchgesetzt[307] werden können, weil eine entsprechende soziale Infrastruktur z.B. im Gesundheits- und Bildungsbereich fehlt. Verbot und Unterdrückung von Gewerkschaften, Diskriminierung von Frauen am Arbeitsplatz, geringere Entlohnung von Frauen und Verweigerung von Mutterschaftsschutz sind entsprechende Beispiele hierfür.[308] Ob nun staatliche Ohnmacht, staatliches Interesse an Förderung des Wettbewerbs im eigenen Lande oder wegen der Unfähigkeit, in die transnationalen Aktivitäten überhaupt

---

[303] Hamm (2003), S. 123.
[304] Hamm (2003), S. 123.
[305] 1998 existierten weltweit 850 solcher Freihandelszonen (vgl. Fuchs (2000), S. 29?).
[306] Paul (1998), S. 413 ff; ders. (2006), 214 ff.
[307] Paul (2002), S. 307 ff.
[308] Hamm (2003), S. 122.

einzugreifen (grenzüberschreitende Problemlagen), insgesamt kommt es zu einem Verlust staatlicher Gestaltungsfähigkeit, der Menschenrechte verletzt. Nimmt die Regulierungs-kompetenz des Staates ab, tritt zugleich die Verantwortung wirtschaftlicher Konzerne immer deutlicher hervor und sind internationale Initiativen zur Regulierung in Folge des Zurückweichens national-staatlicher Regelungskompetenz umso dringlicher.

2. Transnationale Ansätze der Regulierung globalisierter Privatwirtschaft

Die Verantwortung der Privatwirtschaft für den Schutz der Menschenrechte wird international diskutiert. Der Schutz der Menschenrechte durch Unternehmen selbst steht im Mittelpunkt der Arbeit zwischenstaatlicher Institutionen. Allerdings erzeugt der Druck der Globalisierung - vereint mit einer neoliberalen Politik konservativer wie auch progressiver Regierungen – „international eine geradezu überwältigende Privatisierungswelle, gegen die jeder einzelstaatliche Widerstand zwecklos erscheint.“[309] Das Recht, insbesondere das transnationale Recht - z.B. der EU - sieht sich einer Herausforderung der „Pluralität von unterschiedlichen ‚privaten' Autonomien“ (Teubner) gegenüber. An die Stelle traditioneller, d.h. zumeist öffentlich-rechtlich gesteuerter Systeme treten jetzt Wirtschaftsunternehmen, die vom Gewinnprinzip gesteuert werden und dem wirtschaftlichen Wettbewerb ausgesetzt sind. Die transnationalen Steuerungssysteme, insbesondere die Konkurrenz von öffentlichen und privaten Regimes, werden ihren Steuerungsanforderungen in Bezug auf die Wahrung von Grund- und Menschenrechten kaum gerecht.

a) Die Europäische Union

1999 hat die Europäische Union „Normen für in Entwicklungsländern tätige Unternehmen im Hinblick auf die Entwicklung eines europäischen Verhaltenskodex“ im Rahmen einer Resolution erlassen. Es wurden bestimmte Kodices und eine europäische Überwachungsstelle gefordert. Zusätzlich hat die EU-Kommission im Juli 2001 ein Grünbuch zur sozialen Verantwortung von Unternehmen zur Diskussion gestellt (Cooperate Social Responsibility). In diesem Grünbuch wird das Modell eines europäischen Kapitalismus entworfen, der im Kontrast zum vorherrschenden neoliberalen Wirtschaftsmodel steht und der soziale Integrationskraft erzielen soll.[310]

---

[309] Teubner (1998), S. 9.
[310] Hamm (2003), S. 125.

b) Vereinte Nationen

Eine andere internationale Initiative ist der so genannte ‚Global Compact'. VN-Sekretär Kofi Annan hat ihn auf dem Weltwirtschaftsgipfel in Davos vorgestellt und im Jahr 2000 in New York ins Leben gerufen. Mehrere Hundert Unternehmen aus aller Welt sind Mitglied dieses Forums. Mit neuen, allgemein gehaltenen Prinzipien soll das Verhalten der beteiligten Unternehmen im Sinne von Sozial-, Umwelt- und Menschenrechtsstandards beeinflusst werden.[311]

c) Organisation für wirtschaftliche Zusammenarbeit und Entwicklung (OECD)

Die OECD hat Leitsätze für multinationale Unternehmen zur Stärkung der Verantwortung der Privatwirtschaft für Sozial-, Umwelt- und Menschenrechtsstandards formuliert. Die im Jahr 2000 verabschiedeten Leitsätze richten sich an große Konzerne mit dem Hauptsitz in den OECD-Ländern. Allerdings basiert die Beachtung der Leitsätze lediglich auf freiwilligen Selbstverpflichtungen von Unternehmen. Aufgabe der nationalen Kontaktstellen der OECD-Leitsätze ist die Informationsverbreitung eben dieser Leitsätze, der Kontakt zur Wirtschaft, Arbeitnehmerorganisationen und anderen interessierenden Parteien, um Problemfälle zu bearbeiten und zur Lösung beizutragen.

d) Draftnorms

Eine Arbeitsgruppe unabhängiger Experten hat im Auftrag der Unterkommission für die Förderung und den Schutz der Menschenrechte der Vereinten Nationen einen Anforderungskatalog vorgelegt, der sowohl die staatliche Verantwortung als auch die Verantwortung der Unternehmen international reklamiert. Auch hier ist die Basis der freiwillige Verhaltenskodex. Das Recht zur eigenen Ernährung und die Verantwortung der Privatwirtschaft hierzu stehen im Mittelpunkt der Draftnorms. Sie unterstreichen auch die Autorität der Vereinten Nationen und es wird die Hoffnung formuliert, dass viele völkerrechtlich verbindliche Menschenrechtsverträge zunächst aus unverbindlichen Erklärungen dieser Art hervorgegangen sind.[312]

---

[311] Menschenrechte: Die Wirtschaft soll den Schutz der international verkündeten Menschenrechte unterstützen, achten und sicherstellen, dass sie sich nicht an Menschenrechtsverletzungen beteiligt. Arbeitsbeziehungen: Die Wirtschaft soll Vereinigungsfreiheit und Tarifverhandlungen akzeptieren, Zwangs- und Pflichtarbeit ablehnen, Kinderarbeit und die Diskriminierung in Beschäftigung und Beruf beseitigen. Umwelt: Die Wirtschaft soll umsichtig mit ökologischen Herausforderungen umgehen, Initiativen zur Förderung eines verantwortlichen Umgangs mit der Umwelt durchführen und sich für die Entwicklung und Verbreitung umweltfreundlicher Technologien einsetzten. (Vgl. Hamm (2003), S. 126).

[312] Die Draftnorms enthalten allgemeine Verpflichtungen, das Recht auf Chancengleichheit und Gebot der Nicht-Diskriminierung, das Recht auf Sicherheit der Person, Arbeitnehmer-

e) Verhaltenskodizes verschiedener Branchen

So genannte ‚Codes of Conduct'[313] sind freiwillige Vereinbarungen, die Standards und Prinzipien für das Geschäftsverhalten von Unternehmen formulieren. Hier hat sich Amnesty International besonders engagiert. Im Völkerrecht zählen Verhaltenskodizes zum so genannten ‚Soft Law', sie sind allen Beteiligten klar und finden Zustimmung. Während über den Inhalt weitgehend Einigkeit besteht, ist die unabhängige Überwachung der Einhaltung umstritten. Auch ist die Reichweite der ‚Codes of Conduct' begrenzt. ‚Codes of Conduct' und so genannte Gütesiegel sind firmenspezifisch und produktspezifisch ausgerichtet. Sie setzen auf die Bereitschaft der Konsumenten, für Produkte, die unter den genannten Bedingungen hergestellt wurden, einen höheren Preis zu zahlen.

3. Menschenrechtsverletzungen durch „private" transnationale Akteure

Die Regulierung globalisierter Privatwirtschaften durch transnationale Ansätze befindet sich noch in den Anfängen. Mehr als ein (notwendiger) Versuch ist es zurzeit wohl nicht. In einem derartigen „Versuchsstadium" ist man besonders auf theoretische Wegweisungen angewiesen. Die Systemtheorie bietet hierzu weiterführende Erkenntnisse. Die Überschrift dieses Abschnittes ist Bestandteil eines systemtheoretischen Beitrages von Gunther Teubner[314], der sich der Geltung von Grundrechten in privaten transnationalen Ordnungen widmet.

a) „Anonyme Matrix": Verbund verselbständigter Subsysteme und die Gefährdung von Grund- und Menschenrechten

Nicht mehr Staat(en) und private Kollektivakteure (Großunternehmen) sind die Hauptgaranten eines (wenigstens mittelbaren) Grundrechts- und Menschenrechtsschutzes, sondern – wie Teubner es ausdrückt – die anonyme Matrix bzw. Matrices sind die zentralen Menschenrechtsverletzer, die außerhalb gesicherter Rechtssteuerung agieren. Beispiele werden von Teubner wie folgt genannt[315]: Menschenrechtsverletzungen von Pharma-Unternehmen in der weltweiten Aids-Epidemie, Umweltverschmutzung und unmenschliche Behandlung lokaler Bevölkerungsgruppen durch internationale Giftmüllentsorgungs-Konzerne, skanda-

---

rechte, Anerkennung von nationaler Souveränität und Menschenrechten, Verpflichtung zum Verbraucherschutz, Verpflichtung zum Umweltschutz, allgemeine Bestimmungen für die Umsetzung der Normen.

[313] Freiwillige Beschäftigung, keine Zwangsarbeit; keine Diskriminierung bei der Beschäftigung; keine Kinderarbeit; Achtung der Vertragsfreiheit; Zahlung ausreichender Löhne; keine überlangen Arbeitszeiten; Menschenwürdige Arbeitbedingungen; Festes Beschäftigungsverhältnis (Hamm (2003), S. 131).

[314] Teubner (2006), S. 161 ff.

[315] Teubner (2006), S. 161 ff.

löse Arbeitsbedingungen in Sweatshops[316] in Asien und Lateinamerika, Verschwindenlassen gewerkschaftlich organisierter Arbeitnehmer. Die Liste ließe sich verlängern.

Ein verdeutlichendes Anwendungsbeispiel einer anonymen Matrix bietet Paul zum lateinamerikanischen Phänomen der „Demokratisierung der Korruption". Gemeint ist die unter den Bedingungen freiheitlicher Demokratien „hervortretende Tendenz zur Konzentration im Korruptionswesen, zur ‚systemischen Korruption' (Carvalhosa). Auffällig geworden sind Netzwerkunternehmungen, die mit Hilfe bestochener Transaktionsagenten in der öffentlichen Verwaltung und im Regierungssystem gegen den Staat agieren. Sie betreiben Einflusshandel, manipulieren Entscheidungsprozesse, operieren vor allem zum Schaden der öffentlichen Kassen. Sie unternehmen das große Geschäft mit der Illegalität, bieten den amtlichen Entscheidungsträgern persönlichen Vorteil und private Einkommen im Austausch gegen politische Protektion, amtliche Begünstigung und förmliche Legitimationen."[317] Diese Beschreibung einer „anonymen Matrix" in Lateinamerika entspricht strukturell als auch im Detail traditionellen demokratischen Rechtsstaaten in Westeuropa: Ein aktuelles Beispiel hierfür ist das private Informationskartell ‚Telecom', das derzeit den italienischen Staat und sein Justizmonopol erschüttert.[318]

b) Der traditionelle Grundrechtschutz (state-action-doctrin)

Der traditionelle Grundrechtschutz sieht den Staat als Garanten und die Bürger als Schutzsubjekte an. Dieses Idealbild subjektivrechtlichen Grundrechtsschutzes gilt – jedenfalls dem Anspruch nach immer noch - sowohl in nationalen wie auch internationalen Bereichen. Der traditionelle Staat kann sich - seiner Programmatik nach - Grundrechtsbindungen kaum entziehen. Selbst wenn der Staat mit oder durch private Akteure agiert, der Staat also mit im Boot - zum Beispiel der Ökonomie - sitzt, gilt zumindest die mittelbare Drittwirkung von Grundrechten[319]: also eine „horizontale" Grundrechtswirkung zugunsten der Bürger als

[316] Sweatshops sind Fabriken – oft in Asien oder Südamerika -, in denen Menschen für sehr wenig Lohn (oft weniger als einen Euro pro Tag) arbeiten und Güter wie Kleidung, Spielzeug, (Turn-) Schuhe und andere Konsumgüter von multinationalen Konzernen für den Export produziert werden. Die Ausbeutung nimmt verschiedene Formen an: materielle Ausbeutung auf Grund nicht vorhandener Tarifverträge, lange Arbeitszeiten, fehlender Kündigungsschutz, Verbot von Gewerkschaftsaktivität, Kinderarbeit.

[317] Paul (1998), S. 424 f.

[318] Siehe unten e).

[319] In der Bundesrepublik Deutschland gilt seit dem Lüth-Urteil des Bundesverfassungsgerichts im 7. Bande, S. 198 ff das Prinzip der mittelbaren Grundrechtswirkung. Nach dieser State-action-Doktrin sind private Akteure von der Grundrechtsbindung prinzipiell ausgenommen, wenn sich in ihren Handlungen kein Element von State-action nachweisen lässt. Nach der ähnlichen Lehre der „strukturellen Grundrechtswirkung" strahlen zwar die Grundrechte auf die gesamte Rechtsordnung aus, aber auch hiernach unterliegen private Akteure

‚Personen', die Teubner als „bloßes internes Konstrukt gesellschaftlicher Kommunikation (Adresse und Erwartungsbündel)" bezeichnet.[320]

c) Globalisierung: Der Zerfall in und die Verselbständigung von Subsystemen (Matrices)

Im Rahmen zunehmender Globalisierung und neoliberaler Wirtschaftspolitiken agieren private Akteure vermehrt in transnationalen Räumen und entziehen sich staatlicher Einwirkungen, zumal sie häufig regional dort agieren, wo staatliche Regulierungen kaum oder nicht greifen. Dadurch entstehen Fragmentierungen der Weltgesellschaft in autonome Subsysteme (anonyme Matrix verselbstständigter kommunikativer Medien), welche prinzipiell von Grundrechtsbindungen ausgeschlossen sind. Das sind nicht nur anschauliche „Kollektivakteure" wie politische Parteien, Wirtschaftsunternehmen, Konzerne und Verbände, sondern die „anonyme Matrix" (gemeint sind Institutionen, Funktionssysteme, Netzwerke) gefährdet die Menschen durch verselbstständigte kommunikative Prozesse, die noch nicht einmal als Kollektive personifiziert sind.

d) Radikale Exklusion der Menschen (Fleisch und Blut) aus der Gesellschaft

Es entsteht eine gefährliche Abhängigkeit der Menschen (Teubner spricht von geschundenen Körpern und verletzten Seelen) von den Matrices, weil letztere einerseits produktiven Nutzen zum Überleben bieten, andererseits die Selbsterhaltung der Individuen bedrohen, „ja ihre Existenz auslöschen (...) Extrembeispiele sind: Tötung durch Befehlskette, *sweat shops* als Konsequenz anonymer Marktkräfte, Märtyrer als Resultat religiöser Kommunikation, politische oder militärische Folter als Identitätszerstörung."[321] Zum einen wird dadurch deutlich, dass Menschen gar nicht mehr Teile der Gesellschaft sind, sondern ihr in nicht überwindbarer Trennung gegenüberstehen. Zum anderen liegt in den negativen Auswirkungen dieser Kommunikationsprozesse, also „in ihrem lebens- und bewusstseinsbedrohenden Potential (...) der Kern der Problematik der Menschenrechte"[322].

---

keiner direkten Verpflichtung aus Grundrechten. (Vgl. hierzu mwN Teubner, 2006, S. 164 insb. Fn. 22,23).

[320] Teubner (2006), S. 170.

[321] Teubner (2006), S. 171 f.

[322] Teubner (2006), S. 171.

e) Konsequenz: Neujustierung der Menschenrechte gegenüber gesellschaftlichen Institutionen

Folgt man diesen Plausibilitäten der Systemtheorie, muss man mit Teubner in Zukunft die Wirkung von Grund- und Menschenrechten dort platzieren, wo die unüberbrückbaren Differenzen von gesellschaftlichen Institutionen und den konkreten Menschen deren Selbsterhaltung und Existenz bedrohen. Menschenrechte sind demnach „negative Schranken gesellschaftlicher Kommunikation, wenn die Integrität von Psyche und Körperlichkeit durch Grenzüberschreitungen der kommunikativen Matrix gefährdet ist". Anders ausgedrückt: Rechte von „Menschen aus Fleisch und Blut" müssen gegen die „strukturelle Gewalt der Matrix"[323] eingeklagt werden.

Ein aktuelles, bedrückendes und verdeutlichendes Beispiel hierfür ist der jüngste Abhörskandal der privaten Telekomgesellschaft in Italien (Telecom Italia). Die Presse berichtete[324] über das Eingeständnis der italienischen Regierung, dass zehntausende Italiener seit 1997 illegal abgehört worden seien. Eine mächtige „kriminelle Leitstelle privater Spionage" habe ihr Unwesen im Zusammenspiel mit dem größten italienischen Telefonkonzern, dem militärischen Geheimdienst und einer privaten Detektiv-Gesellschaft getrieben. Mit diesem gesellschaftsweiten Abhörsystem stand dem italienischen Markt ein riesiges Angebot illegal beschaffter Informationen zur Verfügung, aus denen Staatsanwälte, Richter, Journalisten und Private sich nach Bedarf, je nach privater oder politischer Orientierung, bedienen konnten. Nach Bekanntwerden des Skandals kam die Regierung unter Druck und sieht sich entsprechenden Misstrauensanträgen ausgesetzt. Eine Antwort der Regierung lautete: Italien befindet sich im Krieg, im Kampf gegen den internationalen Terrorismus, und eine der erfolgreichsten Waffen dabei sei das Abhören von Telefongesprächen[325]. Diese Art von Legitimation ging denn selbst der Frankfurter Allgemeinen Zeitung zu weit. Diese sprach von einem „täglichen Seifenstaat", der uns im „avantgardistischen Italien" zeige, „welche Macht die neuen Informationskartelle angehäuft und dabei das Justizmonopol des Staates erschüttert haben".[326] Wie lässt sich dieses Beispiel in der Systemtheorie verarbeiten? Hier gibt es nur eine Antwort: Quod erat demonstrandum!

4. Fazit: Auf der Suche nach neuen Wegen des Rechts

Die oben vorgestellten Regulierungsansätze[327] zur Stärkung der Verantwortung der Privatwirtschaft für Sozial-, Umwelt- und Menschenrechtsstandards sind

---

[323] Teubner (2006), S. 182.
[324] z.B. FAZ vom 26. September 2006
[325] FAZ vom 26. September 2006.
[326] FAZ vom 23. September 2006.
[327] Vgl. oben B I 3: Privatisierung und Regulierung.

freiwillige Regelwerke zur Stärkung der Menschenrechte im Zuge der Globalisierung der Privatwirtschaften. Hamm sieht die Vielzahl dieser Ansätze „als Bausteine in einem Lernprozess, der die soziale Verantwortung der Privatwirtschaft stärker ins Blickfeld rückt".[328] Das ist eine sehr optimistische Betrachtungsweise.

Die Inhalte schon dieser Regulierungswerke zeigen, dass Menschenrechte in einer globalisierten Wirtschaft stark gefährdet sind und die im ersten Abschnitt erwähnte Regulierungsfunktion im Zuge des Wandels von Staatlichkeit nur eine Hoffnung ist, die in Folge der transnationalen Aktivitäten großer Unternehmen durch nationalstaatliche Kontrollaufgaben allein nicht mehr hinreichend geschützt werden können. Teubner hält bezüglich der zentralen Menschenrechte - auf die diese Untersuchung besonders abstellt - nur wenig Hoffnung bereit: „Angesichts unmenschlicher gesellschaftlicher Praktiken ist die Gerechtigkeit der Menschenrechte ein brennendes Problem - aber ein Problem ohne jede Aussicht auf Lösung. Das sollte in aller Härte angesprochen werden."[329] Optimismus verbreiten Teubners analytische Schlussfolgerungen gleichwohl, allerdings nur als Forderung: „Innerhalb individueller Klageformen muss die eigentlich gemeinte Auseinandersetzung mit institutionellen Problemen stattfinden (...), nur geht es jetzt nicht um Rechte von apersonalen Institutionen gegen den Staat, sondern in mehrfacher Umkehrung des Verhältnisses um Rechte von Individuen außerhalb der Gesellschaft gegen gesellschaftliche Institutionen außerhalb des Staates."[330] Das wird vermutlich ein langer Weg werden.[331]

III. Privatisierung sozialer Kontrolle und Menschenrechte

Sind Menschenrechte bereits durch die Prozesse ökonomischer Globalisierung in einem Ausmaß gefährdet, dass nur noch internationale Regulierungsversuche Abhilfe auf freiwilliger Grundlage suchen, sind Menschenrechte im Rahmen der Privatisierung sozialer Kontrolle erst recht in Gefahr. Auch die Strukturen sozialer Kontrolle werden von einem Prozess der Privatisierung und Ökonomisierung erfasst. Hierdurch wandeln sich die Institutionen sozialer Kontrolle und es findet eine Entgrenzung und Verlagerung staatlicher Macht statt.[332] Das ist nicht gleichbedeutend mit einem Schwinden des staatlichen Einflusses, aber schlägt sich in einem Strukturwandel von Institutionen und Formen sozialer Kontrolle

---

328 Hamm (2003), S. 133.
329 Teubner (2006), S. 185.
330 Teubner (2006), S. 182.
331 Teubner (1998) bietet Wegweisungen normativer Reaktionen auf globalisierte Fragmentierungen gesellschaftlicher Subsysteme als „Reaktion I: Fragmentierung des Privatrechts" (S. 26 ff.) und „Reaktionen II: Hybridisierung von Privatrechtsbeziehungen" (S. 29 ff.). Der Rückweg in die staatliche Steuerungskraft traditioneller Art ist Teubner zufolge ausgeschlossen.
332 Singelnstein / Stolle (2006), S. 77.

nieder. Privatisierung ist nur eine Variante von mehr und unkontrollierbarem Strafrecht. Im Schrifttum wird sogar befürchtet, dass Privatisierung ein gerader Weg zur Zerstörung des öffentlichen Strafrechts sei.[333]

1. Private Sicherheitsproduktion

a) Überlast und gestiegene Sicherheitsnachfrage

Im Rahmen einer Staatlichkeit im Wandel, die die Privatisierung ehemaliger Staatsaufgaben als Strategie neoliberaler Umstrukturierung ansieht, ist auch eine Tendenz zur Auslagerung vormals staatlich organisierter Sicherheitsbereiche unverkennbar: Private Sicherheitsdienste[334], eine private Gefängnisindustrie[335], kommunale Kriminalprävention[336] und selbst „private Kriegsführung"[337] stellen hoch entwickelte und spezialisierte Wachstumsmärkte der inneren Sicherheit dar.

Ursachen hierfür sind zum einen ökonomisch bedingte Überlastungsstrategien sozialer Kontrolle, die in der privaten Verlagerung einen Ausgleich finden. Zum anderen liegt die Ursache in der gestiegenen Nachfrage nach Sicherheit, was einen gesteigerten Bedarf an privaten Sicherheitsagenturen nach sich zieht. Die öffentlich angebotenen Sicherheitsapparate sind nicht mehr dazu in der Lage, diese gestiegene Sicherheitsnachfrage zu bedienen. Die Risikoorientierung der Institutionen sozialer Kontrolle fordert ein Maximum an privatem Angebot und privater Nachfrage nach Risikotechnologien ungeahnten Ausmaßes.[338] In Folge der Privatisierung öffentlicher Räume schreitet die Privatisierung sozialer Kontrolle stets voran: „Deutlich wird dies an den semi-privaten oder vollprivatisierten Bahnhöfen, Einkaufs- und Vergnügungszentren, aber auch Flughäfen, an Bibliotheken und an Gatet Communities, die in ihren Hausordnungen bzw. in denen mit den Sicherheitsdiensten abgeschlossenen Verträgen Toleranzbereiche und Sanktionsgrenzen festschreiben, die sich an den jeweiligen – meist kommerziellen – Bedürfnissen des Auftraggebers orientieren".[339]

b) Die Neubestimmung der Eingriffsbefugnisse infolge Privatisierung

Die Privatisierung ehemals öffentlicher Bereiche macht eine völlige Neubestimmung öffentlicher und privater Eingriffsbefugnisse notwendig. Je mehr öf-

---

[333] Albrecht, P.-A. (2005), S. 368.
[334] Beste (1996), S. 320 ff.
[335] Braum / Varwig / Bader (1999), S. 67 ff; Laubenthal (2002), S. Rn 38 ff.
[336] Schwind (2005), S. 350 ff; Hohmeyer (1999), S. 62; Jasch (2003), S. 415; Kubink (2002), S. 652 ff.
[337] Vgl. hierzu die Beiträge in Azzellini / Kanzleiter (2003) Fn. 259.
[338] Shearing (1995), S. 266 ff.
[339] Singelnstein / Stolle (2006), S. 78.

fentliche Räume dem privaten Zugriff Platz machen müssen, desto unbestimmter wird der Rechtsschutz für Menschen, die sich in diesen Räumen aufhalten, und Grenzen zwischen Staat, Gesellschaft und privaten Akteuren verwischen zunehmend. In vielen privatisierten Öffentlichkeits-Bereichen ist durch Hausordnungen beispielsweise der „unnötige Aufenthalt" untersagt. Ab wann ein Aufenthalt „unnötig" wird, kann der Besucher indes nicht bestimmen. Es entsteht ein Entzug demokratischer Legitimation und demokratischer Kontrolle. Für die internationale Öffentlichkeit wurde dies am Beispiel der privaten Ermittler im Foltergefängnis Abu Ghoreib im Irak deutlich, die weder fassbar noch ermittelbar waren.[340]

c) Ein konkretes Beispiel der „anonymen Matrix": Drittwirkung der Grundrechte in privatisierten Zonen?

Die Grundrechtsbindung von privaten Betreibern öffentlicher Räume steht auch im Mittelpunkt der Auseinandersetzung in der obergerichtlichen Rechtsprechung. Die Grundrechtsbindung des Privatrechtsverkehrs wird seit der Lüth-Entscheidung des Bundesverfassungsgerichts unter dem Begriff „mittelbare Drittwirkung" der Grundrechte erörtert.[341] Grundrechte sind danach Abwehrrechte gegenüber dem Machtanspruch des Staates. Es geht um das Spannungsverhältnis zwischen Privatrechten und Sozialbindungen.

Der Bundesgerichtshof hatte den Fall zu entscheiden[342], dass Bürger im Rahmen von Protestaktionen gegen die deutsche Abschiebepraxis auf dem Gelände der Fraport AG, d.h. der privatrechtlich eingerichteten Betreibergesellschaft des Flughafens Frankfurt am Main, Informationsblätter verteilt und sich dabei auf ihre Grundrechte aus Art. 5 Abs. 1 und Art. 8 Abs. 1 GG berufen haben. Der Bundesgerichtshof spricht in diesem neueren Urteil der privaten Flughafenbetreiberin keine Duldungspflicht zu, die Protestaktionen innerhalb des Flughafengeländes hinzunehmen. Dabei bleibt unberücksichtigt, dass eine Verlagerung der gesellschaftlichen Kommunikationsforen von öffentlichen Marktplätzen hin zu privaten Einkaufs- und Erlebniswelten nicht zu einer Einschränkung und einem Verlust privater Freiheitsrechte und öffentlicher Diskussionsmöglichkeiten führen darf. Andere Gerichtsentscheidungen haben durchaus zuerkannt, dass der Gemeingebrauch insoweit die Eigentümerrechte und mit ihnen auch das Hausrecht verdrängen muss. Nicht so der Bundesgerichtshof in dieser Entscheidung[343].

---

[340] Beispiel bei Singelnstein / Stolle (2006), S. 78. Ein aktuelles Beispiel ist auch das Eingeständnis des Amerikanischen Präsidenten Bush außerhalb des Territoriums der Vereinigten Staaten geheime Gefängnisse zu unterhalten, Süddeutsche Zeitung Nr. 207 vom 8. September 2006, S. 2.

[341] BVerfGE 7, 198 ff.

[342] BGH, Urteil vom 20.1.2006 in NJW 2006, S. 1054.

[343] BGH, Urteil vom 20.1.2006 in NJW 2006, S. 1054.

Die Kritik an diesem Urteil geht deshalb auch in die Richtung, dass diejenigen privaten Verhaltensformen, die in ihrer Gefährdungsrichtung strukturanalog zu gefährdenden Tendenzen politischer Machtausdehnungen sind, genauso zu behandeln seien, wie es die Grundrechte als Abwehrrechte gegen staatlichen Machtzugriff ursprünglich intendiert hatten.[344] So hat das Bundesverwaltungsgericht durchaus judiziert, dass sich aus einem öffentlichen Zugang zu einem privaten Raum Duldungspflichten ergeben können, gegen die ein pauschaler Hinweis auf Betriebstörung nicht geltend gemacht werden kann. Der private Betreiber habe das Gewicht der Interessen der Träger der Grundrechte aus Art. 5 Abs. 1 und Art. 8 Abs. 1 GG gebührend zu berücksichtigen.[345]

Die grundrechtliche Durchformung auf der Privatrechtsordnung wird in der obergerichtlichen Rechtsprechung also durchaus kontrovers betrachtet und lässt erkennen, dass die Wahrung von Grund- und Menschenrechten in Folge der Privatisierung ehemals öffentlicher Räume durchaus ein fraglicher Vorgang ist. Die Entscheidung des Bundesgerichtshofs in obiger Sache ist umso unverständlicher, als die Demonstranten zu keinem Zeitpunkt zu Rechtsgüterverletzungen aufgefordert hatten, sondern es lediglich darauf anlegten, Aufmerksamkeit für gewaltsame Abschiebungen in Charter- und Linienflügen herzustellen, um diese gesellschaftliche Praxis zu kritisieren und auf die damit verbundenen Sicherheitsrisiken für Abzuschiebende und Mitreisende hinzuweisen. Die kritische Forderung aus dem wissenschaftlichen Schrifttum lautet deshalb: „Für öffentliche Räume in privater Trägerschaft ist aber eine stärkere Akzentuierung von Grundrechten geboten“.[346]

Man muss zusammenfassend feststellen, dass die Privatisierung ehemals öffentlicher Räume Grund- und Menschenrechte – selbst in höchstgerichtlicher Rechtsprechung – einschränkt und in diesen privater Nutzung zugewiesenen Räumen gegenüber öffentlichen Räumen voneinander differierende Ordnungsansprüche und Verhaltensanforderungen existieren, an die sich die betreffenden Personen anpassen müssen.[347]

2. Sicherheit als Ware und die Ökonomisierung des Rechts

Käuflichkeit von Sicherheit in den Risikolagen der Sicherheitsgesellschaft ist nur eine Seite des Aspekts ‚Sicherheit als Ware'. Die Sicherheitsaufgaben des Staates werden darüber hinaus auch marktwirtschaftlich organisiert und funktionieren zunehmend nach ökonomischen Kriterien.

---

[344] Fischer-Lescano / Maurer, NJW 2006, S. 1395.
[345] BVerfGE 91, 175 (140).
[346] Fischer-Lescano / Maurer, NJW 2006, S. 1393.
[347] So auch Singelnstein / Stolle (2006), S. 78; Eick (2006).

Die Überlastung des Kriminaljustizsystems ruft nach Opportunität der Rechtsanwendung, d.h. Staatsanwälte und Richter müssen nicht mehr anklagen oder verurteilen, sie können nach Belieben die Verfahren auch einstellen. Das Problem liegt auf dem Aspekt des „Beliebens". Wenn gleiche Sachverhalte rechtlich unterschiedlich geregelt werden können, ist das das Ende des Gleichheits- und Gerechtigkeitsprinzips. Flexibilität, weniger Hierarchien und ein informelles Vorgehen mag zwar zu höherer Effizienz des Kriminaljustizsystems führen, eine gleiche und gerechte Rechtsanwendung erfolgt aber nicht mehr. Damit wird dem Kriminaljustizsystem seine traditionelle und freiheitssichernde Legitimationsbasis entzogen. Wird der Umgang mit Kriminalität unter den Gesichtspunkten der Pragmatik, der Ökonomie und der Wettbewerbsfähigkeit organisiert[348], werden die Grundlagen eines rechtsstaatlichen Strafrechts, das der Strafrechtler Naucke als „zerbrechlich"[349] bezeichnet, ausgehöhlt und verlieren ihre verfahrens- und damit grundrechtsschützenden Wirkungen.

Die Zunahme an Geheimhaltung im Strafverfahren, die Bedeutungsverlagerung auf Polizei und Staatsanwaltschaften, die Einschränkung von Verteidigerrechten, kurz also die „Verpolizeilichung des Strafverfahrens" und die Vermischung mit nachrichtendienstlichen Strategien verkürzen die rechtstaatlichen Garantien erheblich und führen zu einer Verletzung von Grund- und Menschenrechten. Insofern führt „die interne Ausrichtung auf marktwirtschaftliche Effizienzkriterien zu einer Aufgabe der gleichförmigen Prozesse der Bürokratie und zu einer Ausrichtung auf symbolische Bereiche des Sicherheitsbedarfs".[350]

3. Bedeutungsverlust von Legislative und Judikative

Im Zuge der Privatisierung staatlicher sozialer Kontrolle ist also eine Verlagerung staatlicher Funktionen auf die Ebene der Exekutive und ein Bedeutungsverlust von politischer Auseinandersetzung und Legislative zu verzeichnen.[351] Der Judikative wird durch die informellen und opportunen Handhabungen des Rechts seitens der Staatsanwaltschaft die verfassungsrechtlich zugesicherte rechtsprechende Gewalt (Art. 92 GG) entzogen. Kritiker – aus den Reihen der Dritten Gewalt – sprechen bereits von der Judikative als „Büttel der Exekutive"[352].

Auch der Gesetzgeber verliert aufgrund der generellen Ermächtigung der Exekutive, opportune Rechtsanwendung flächendeckend durchzusetzen, an Bedeutung für die Schaffung neuer Rechtsakte. Der Staat gibt nur noch den regulatori-

---

[348] Garland (2001), S. 18 f.
[349] Naucke (1990), S. 244 ff.
[350] Garland (2001), S. 18 f.; Singelnstein / Stolle (2006), S. 80.
[351] Holert (2004), S. 247; Singelnstein / Stolle (2006), S. 82.
[352] Macke (1999), S. 481 ff.

schen Rahmen vor, innerhalb dessen private Akteure selbstständig Aufgaben des Staates wahrnehmen oder – wie bei der Verlagerung der originären Aufgaben der Justiz auf die Staatsanwaltschaften und Polizei – durch verfassungsrechtlich problematische Kompetenzzuweisungen Freiräume erhalten, die ihnen aus dem Modell der Gewaltenteilung heraus nicht erwachsen. Alle Tendenzen zusammen führen zu einer Umstrukturierung und zu einer Entgrenzung staatlicher Macht und Koordinierungskraft.

Die Delegation von Machtausübung auf Private führt zu einem Abbau an Menschen- und Grundrechten, gleichermaßen aber auch zu einem Eindringen des Staates in Lebensbereiche, die ihm vorher verschlossen waren. So ermöglicht der Einsatz Privater dem Staat das Nutzen von Kontrollmöglichkeiten, die ihm als Staat untersagt, über den Einsatz Privater - ohne dass er sichtbar als Staat auftreten muss - aber durchführbar sind. Ein beredtes Beispiel ist hier die durch die Rechtsprechung des Bundesgerichtshofes ermöglichte „Hörfalle“[353]. Der Polizei ist es möglich, durch Einschaltung privater Ermittlungsgehilfen die strafprozessualen Belehrungs- und Hinweispflichten zu umgehen, indem von Privat zu Privat gesprochen wird, der Staat aber durch Abhören dieses Gespräches sich Beweise schafft, die er anders nicht erhalten hätte. Durch die Delegation staatlicher Macht auf Private kann man insofern nicht von einem Ende des Gewaltmonopols sprechen, vielmehr ist eine „Entstehung hoch entwickelter Sicherheits- und Kontrollarrangements zu beobachten, die eine neue Form der staatlichen Durchdringung von Gesellschaft ermöglichen“.[354]

In der Privatisierung sozialer Kontrolle lässt sich ein Dualismus der erodierenden Rechtsentwicklung feststellen. Einerseits zieht sich die Politik aus dem Strafrecht zurück, indem wissenschaftliche Konzepte von Privatisierung und Deregulierung aufgegriffen und ansatzweise in Strafrechtsmodelle einbezogen werden.[355] Das erfolgt zum großen Teil aus Gründen der justizökonomischen Ressourceneinsparung. Zum anderen kehrt die Politik dem Strafrecht aber deshalb den Rücken, weil sie sich der rechtsstaatlichen Bindungen entledigen[356] kann, die scheinbar hinderlich zur Gewährung öffentlicher Sicherheit sind. Das Rechtsmodell der Legalität wird verlassen, über die anfängliche Präventionsorientierung hin zu einer sicherheitsstaatlichen Zuspitzung wird die Rechtsbindung in Richtung Rechtsauflösung zusehends eingeleitet. Das ist insofern auch schlüssig, weil die Verfassungsordnung auf nicht individualisierbare Gefahren nicht eingestellt ist.[357] Insofern sind objektiv sichere Zustände nicht nur nicht

---

353 BGHSt 42, 139

354 Hirsch, Joachim (1998), S. 41.

355 Vgl. zu den Strafrechtsmodellen umfassend Kargl (1998), S. 53 ff. Kritisch zum Ansatz des „politischen Tribunals“ als Variante strafrechtlicher Deregulierung, Kargl (1992), S. 66 ff.

356 Vgl. zu den zahlreichen konkreten Beispielen im einzelnen Roggan / Kutscha (2006).

357 Lepsius (2006), S. 73.

erreichbar, sondern auch nicht wünschenswert, weil die Minimierung von Grund- und Menschenrechten sowie die Auflösung von Recht schlechthin zwangsläufige Konsequenz dieser Option eines „rechtsstaatlichen Sicherheitsstrafrechts“ (Hassemer) ist.[358]

Durch die Privatisierung sozialer Kontrolle wird zudem eines deutlich. Das Strafrecht, das seit den Zeiten der Aufklärung die Funktion staatlicher Machtbegrenzung[359] hatte, dient in Zukunft nicht mehr der Limitierung staatlicher Gewalt, sondern wird primär zur Legitimierung staatlicher Eingriffsbefugnisse herangezogen[360]. Seit dem 11. September 2001 wird die Permanenz eines Ausnahmezustandes[361] seitens der Politik gefordert und auch umgesetzt. Ziel und Maß geraten einer globalisierten Rechtspolitik aus dem Blick[362].

Die Mehrheit der Sicherheitsgesellschaft wünscht den Ausnahmezustand gegenüber der Minderheit. Das ist die Rückkehr vom Rechts– in den Naturzustand: Privatisierung als historische Umkehr. Zugleich erleidet die Sicherheitsgesellschaft den Bedeutungsverlust des Rechts, d.h. Abbau der Grundrechte und der Menschenwürdegarantie. Singelnstein und Stolle resümieren: In Zukunft werden durch die Privatisierung „stärker Felder wie Effizienz, Kosten, Nutzen und Pragmatismus Berücksichtigung finden zum Nachteil von Demokratie, Rechtsschutz und Grundrechten“.[363] Daraus folgt - mit Lepsius - zwingend: „Will man an den Freiheitsverbürgungen der Verfassung festhalten, muss die Politik eine andere Einstellung zur Sicherheit finden.“[364]

---

[358] So die These von P.-A. Albrecht (2006a).

[359] Naucke (2006), S. LXIII / LXIV: „Es muss juristisch gelingen, die gesellschaftssteuernden und gesellschaftsverbessernden Normen zu schwächen, um ‚Binding/Hoche' undenkbar zu machen. Eine Aussicht auf dieses Gelingen entsteht nur, wenn die jeweils aktuelle sozial steuernde und sozial bessernde Strafgesetzgebung und Strafgesetzhandhabung in kritischer Absicht mit einem fundamentalen, nicht-säkularen Begriff des Unrechts konfrontiert werden.“

[360] So auch schon Rupp-v. Brünneck/Simon im Sondervotum BVerfGE 39, 1, 73 (vgl. den Wortlaut der Aussage oben A III 4 b: Fundamentale Verneinung rechtsstaatlichen Abbaus.

[361] So z.B. Merkel, Die Zeit vom 8. Juli 2004, S. 33; in diesem Sinne auch Pawlik, (2004), S. 1051 ff; Hase, (2006), S. 213: Allesamt mit der Forderung für eine gesetzliche Regelungsdogmatik von elementaren Grenzsituationen durch den Staat.

[362] Hecker (2006), S. 192 bezeichnet z.B. das (vom Bundesverfassungsgericht verworfene) Luftsicherheitsgesetz als „das Ergebnis einer bislang beispiellosen rechtspolitischen Verirrung des Bundesgesetzgebers“.

[363] Singelnstein / Stolle (2006), S. 87.

[364] Lepsius (2006), S. 73.

3. Teil: Formelle Systemreaktionen

Die festgestellten Erosionen der Menschenrechte verlaufen im demokratischen Rechtsstaat zum Teil subtil, zum Teil ganz offensichtlich ab. Die Menschenwürde wird von einer breiten Literaturgattung und von der Politik auf einen reduzierten Kern zurückgeführt, der häufig nur noch ein abstraktes Artefakt ist. In der Präventions- und Sicherheitsgesellschaft zeichnet sich eine hegemoniale Risikologik und eine herrschende Rationalität der Sicherheit ab, die zum einen Ausdruck der gesellschaftlichen Bedingungen ist und sich zum anderen auf einen breiten Konsens innerhalb der Mehrheitsdemokratie stützt. Dabei sind die von der Gesellschaft als besonders gefährdend angesehen Probleme wie Terrorismus, organisierte Wirtschaftskriminalität und Armut Folge von gesellschaftlichen Transformationsprozessen. Regierungen begegnen den Problemen, die mit den Umgestaltungen zentraler gesellschaftlicher Bereiche entstehen, nicht strukturell und ursachenbezogen, sondern mit problemverstärkenden Strategien der Risiko- und Sicherheitslogik. Die Folge ist eine zunehmende Erosion und Verletzung von Menschenrechten.

Die Frage ist nun, wie die traditionellen Institutionen zur Durchsetzung der Menschenrechte international und national auf diese Erosionsprozesse reagieren können. Sind formelle Systemreaktionen, also Menschenrechtskommissionen, supranationale sowie nationale Gerichte und justiznahe Institutionen überhaupt in der Lage, diese Gefahren für die Menschenrechte wahrzunehmen und – wenn ja – darauf angemessen zu reagieren? Wie verhalten sich die Rechtssysteme, also die Rechts- und Gesetzesentwicklungen sowie die Institutionen, zu diesen Prozessen gesellschaftlicher Transformationen? Stellen sie sich dagegen oder wird die Risiko- und Sicherheitslogik auch normativ und rechtsdogmatisch aufgegriffen? Diesen Fragen soll nun – im dritten Teil - nachgegangen werden.

A. Traditionelle Institutionen zur Durchsetzung der Menschenrechte

Vorab soll der internationale institutionelle Rahmen ausgeleuchtet werden, der in einer optimistischen Perspektive als „Globalverfassung“ bezeichnet wird.[365] Um eine formelle Einhaltung der Menschenrechte in demokratischen Rechtsstaaten garantieren zu können und um deren Verletzung rechtlich zu verfolgen, sind auf internationaler sowie auf nationaler Ebene der Mitgliedstaaten der Europäischen Union hierfür eigens rechtliche Institutionen eingerichtet und institutionelle Vorkehrungen getroffen worden. Anschließend soll aus dem Blickwinkel der Bundesrepublik Deutschland die Systemanforderung des Menschenrechtsschutzes nachgezeichnet werden.

---

[365] Fischer-Lescano (2005).

I. Der Schutz der Menschenrechte als rechtliche Systemanforderung auf internationaler Ebene

Es wurde schon die Charta der Vereinten Nationen als erstes völkerrechtliches Vertragswerk genannt, das unter anderem auf dem universellen Respekt vor den Menschenrechten aufbaut. Zum Erreichen dieses Zieles schufen die Vereinten Nationen (VN) weitergehende Vertragswerke wie das Rassendiskriminierungsverbot, die Anti-Folter-Konvention, die Kinderrechtskonvention und eine schon fast unüberschaubare Vielzahl von weiteren Resolutionen und Deklarationen.[366] Mit diesen Vertragswerken wollten die Gründer der Vereinten Nationen keineswegs einen ‚Weltstaat' begründen, „sondern sich zu einem System kollektiver Sicherheit zusammenschließen."[367]

Zur Wahrnehmung dieser Aufgabe besteht innerhalb der VN ein System von Organen und Gremien. Als überaus wirksames Kontrollorgan des Menschenrechtsschutzes gilt der im Sommer 2006 neu gegründete Menschenrechtsrat, welcher zur Unterstützung des Wirtschafts- und Sozialrates (ECOSOC) und der Generalversammlung der Vereinten Nationen gebildet wurde. Der Menschenrechtsrat hat die seit 1946 bestehende Menschenrechtskommission abgelöst. Der Generalversammlung und dem ECOSOC werden konkrete Handlungskompetenzen zugewiesen und sie können somit Empfehlungen abgeben und Untersuchungen veranlassen, um zur Verwirklichung der Menschenrechte und Grundfreiheiten beizutragen[368].

Zur Implementierung und Überwachung der Normen haben die Vereinten Nationen jeweilige Ausschüsse eingerichtet, von denen hier die sechs wichtigsten – wegen ihrer spezifischen Menschenrechtsausrichtung - beschrieben werden sollen. Hinzuzufügen ist, dass die Vereinten Nationen einen weltweiten, internationalen Einfluss auf politische Systeme haben, insbesondere auf Grund völkerrechtlich verbindlicher Verträge. Freilich gilt dieses nur für jene Staaten, die durch Ratifizierung den entsprechenden Vertragswerken verpflichtet sind.[369]

Die Haupteinwirkung zeigen die Vereinten Nationen in Staaten ohne rechtsstaatlich fundierte Rechtssysteme. Dort haben sie durch ihre kritischen Staatenberichte die Möglichkeit des politischen Drucks. Deutschland und auch andere Länder, die sich auf ein entwickeltes rechtstaatliches System stützen können, sind eher selten – was die Menschenrechte betrifft - im Blickfeld der Vereinten Nationen. Das kann sich aber ändern, nicht um Menschenrechte in

---

366 Gareis/Varwick (2003), S. 162.

367 Fischer-Lescano (2005), S. 249.

368 Gareis/Varwick (2003), S. 164.

369 Die Zuständigkeit des Internationalen Gerichtshofes (IGH) ist nur eine sehr eingeschränkte, zumal sich insbesondere die USA und die Bundesrepublik Deutschland ihr keineswegs generell unterworfen haben (Fischer-Lescano, 2005, S. 276).

Nationen. Das kann sich aber ändern, nicht um Menschenrechte in westlichen Industrienationen zu schützen, sondern vielmehr vor den verselbständigten Kommunikationsnetzwerken, die von westlichen Staaten aus in ungezügelter Globalisierung die Welt ausbeuten, zu schützen.

1. Der Menschenrechtsrat und der VN-Hochkommissar für Menschenrechte

Die frühere VN-Menschenrechtskommission wurde in den letzten Jahren von vielen Seiten heftig kritisiert. Ihr wurde vorgehalten, nicht effektiv für den Schutz der Menschenrechte einstehen zu können, da es gerade den Staaten, die wegen schwerer Menschenrechtsverletzungen beschuldigt wurden, möglich war, sich - sogar gegenseitig - in der Kommission zu schützen. Seit Juni 2006 ersetzt nun der neue Menschenrechtsrat mit selbem Sitz in Genf die Kommission und ist mit 47 Mitgliedern, anders als zuvor mit 53, etwas kleiner.[370] Die Mitglieder werden in geheimer Wahl von der VN-Generalversammlung mit absoluter Mehrheit gewählt. Der Rat soll häufiger zusammentreten als die bisherige VN-Menschenrechtskommission. Nach dem bisherigen Entwurf gelten schärfere Aufnahmebedingungen, und Mitglieder dieses Rates können auch ausgeschlossen werden, wenn sie eklatant gegen die Menschenrechte verstoßen. Weiterhin kann der Menschenrechtsrat der Vereinten Nationen Sondersitzungen einberufen. Dieses wird deshalb als positiv bewertet, da erhofft wird, nun schneller auf schwere Menschenrechtsverletzungen reagieren zu können. Bis heute hat der neue Rat dieses Recht schon zweimal wahrgenommen: zu Palästina und zum Libanon.[371]

Die Wahl der ersten Mitglieder erfolgte im Mai 2006. Die 47 Sitze im neuen Rat werden anhand von regionalen Gruppen verteilt. Die 7 Sitze der westlichen Staaten erhielten Deutschland (154 Stimmen), Frankreich (150 Stimmen), Großbritannien (148 Stimmen), die Schweiz, die Niederlande, Finnland und Kanada. Gewählt wurden auch in die Liste der 47 Länder China, Kuba, Russland und Saudi-Arabien. Ghana erhielt mit 183 Stimmen am meisten Stimmen aller Staaten. Die USA hatten sich nicht zur Wahl für den UN-Menschenrechtsrat gestellt. Insgesamt wird das Machtverhältnis innerhalb des Rates zwischen den Industrienationen und der ‚Dritten Welt' als gerechter bewertet als noch in der Menschenrechtskommission.

Anders als in der früheren Kommission werden den Mitgliedern des neuen Rates die "höchsten Standards" bei Menschenrechten abverlangt.[372] Weiter müssen sie

---

[370] Resolution 60/251.
[371] Theissen (2006), S. 138.
[372] Das ist die Konsequenz aus dem wesentlichen Kritikpunkt gegenüber der früheren Menschenrechtskommission, die dem Sudan den Kommissionsvorsitz eingeräumt hatte, der gera-

sich periodisch überprüfen lassen. Durch eine Zweidrittelmehrheit der Versammlung kann ein Ratsmitglied abgewählt werden. Die Kommission war eine unabhängige Einrichtung, der neue Rat ist nunmehr eine untergeordnete Einrichtung der Versammlung.

Für vorerst begrenzt auf ein Jahr können ohne Stimmrecht auch Vertreter aus Staatenwelt, Zivilgesellschaften, VN-Organen und anderen internationalen Organisationen weiterhin an den Debatten teilnehmen und stellen damit einen Beobachterstatus dar. Außerdem dienen sie als Informationsquellen.[373] Der Rat kann sich mit allen menschenrechtsrelevanten Fragestellungen befassen. Dieses umfasst die Fortentwicklung der Standards über die Untersuchung von Menschenrechtsverletzungen weltweit bis hin zur Abgabe von Empfehlungen zur besseren Implementierung von Menschenrechtsnormen im staatlichen Recht. Jedoch bleiben auch die Resolutionen des Menschenrechtsrats rechtlich unverbindlich und sind nicht sanktionsbewehrt. Es besteht jedoch die Möglichkeit, durch die Mobilisierung öffentlichen Interesses und Bewusstseins politischen Druck auszuüben.[374]

Die formelle Arbeit des Rates besteht aus folgenden Instrumenten: Zum einen dienen Debatten der öffentlichen Erörterung wichtiger Menschenrechtsthemen, an denen neben Staatenvertretern auch Nichtregierungsorganisationen (NGOs) beteiligt sind. Solche Sachfragen der Debatten werden häufig in Form von *Resolutionen* verabschiedet, die beispielsweise Bemerkungen, Empfehlungen oder Verbesserungsvorschläge zur Menschenrechtslage der Länder enthalten. Eine Alternative dieser Resolutionen kann aber auch ein *Chairman's Statement* sein. Hier wird zwischen dem Menschenrechtsrat und einem Staat ein Konsens ausgehandelt und es wird vorerst auf das Bemühen zur Beseitigung bestehender Defizite und Mängel verwiesen.

Weiterhin besteht die Möglichkeit, in einem Staat einen *Sonderberichterstatter* einzusetzen, der mit der jeweiligen Regierung, anderen Staaten und NGOs zusammenarbeitet.[375] Für Individuen und Gruppen natürlicher Personen besteht außerdem die Möglichkeit eine Beschwerde einzureichen, sollten im betroffenen Staat alle Rechtsbehelfsmöglichkeiten ausgeschöpft sein. Diese Beschwerde gilt für den begründeten Verdacht massiver und systematischer Menschenrechtsverletzungen. Neben der Hauptarbeit des Rates, nämlich dem *monitoring* des Implementierungsprozesses der bereits ratifizierten Verträge, besteht ein zweiter

---

de wegen schwerer Menschenrechtskonflikte in Darfur im Fokus scharfer Kritik von Menschenrechtsschützern stand.

[373] United Nations (1998), S. 224.

[374] Gareis/Varwick (2003), S. 195.

[375] United Nations (1998), S. 227.

Teil seiner Arbeit aus der bereichsspezifischen *Weiterentwicklung des Normbestandes.*[376]

Weiterhin besteht seit 1993 das Amt eines VN-Hochkommissars (UNHCHR), welches im Rang eines VN-Untergeneralsekretärs gewertet wird. Der Hochkommissar wird vom Generalsekretär nominiert und durch die Generalversammlung für eine Amtszeit von vier Jahren berufen. Zu den Kernaufgaben des UNHCHR gehören die Stille Diplomatie, die Zusammenarbeit mit den Regierungen und *die Förderung elementarer Rechte.* Zu diesen gehören einmal jene, die in der Allgemeinen Erklärung der Menschenrechte festgelegt sind und zum anderen die in den beiden oben genannten Menschenrechtspakten sowie die in den weiteren Verträgen verankerten Rechte.[377]

Zwar handelt der UNHCHR unter der Autorität des VN-Generalsekretärs und der Generalversammlung, verfügt aber – gerade durch sein weitreichendes Initiativrecht – über ein hohes Maß an Autonomie. Somit ist er befähigt, aus eigener Kompetenz in den Dialog mit Regierungen einzutreten, kann ihnen Hilfe anbieten, Empfehlungen an VN-Organe richten und die Öffentlichkeit auf Probleme und Defizite hinweisen.[378] Außerdem werden die Verfahren, Entscheidungen und Berichte der im Folgenden dargelegten Ausschüsse dem VN-Hochkommissar für Menschenrechte vorgelegt und ausführlich dokumentiert.[379]

2. VN-Menschenrechtsausschuss des Zivilpaktes

Nach der Ratifizierung des Internationalen Paktes über bürgerliche und politische Rechte wurde 1976 der Menschenrechtsausschuss (Human Rights Committee under the International Covenant on Civil an Political Rights, CCPR) ins Leben gerufen. Dieser Ausschuss ist kein Organ der VN, sondern ein auf dem Pakt beruhendes, eigenständiges internationales Vertragsorgan. Die Arbeit des Ausschusses ist jedoch organisatorisch in das System der VN eingebunden. Daher und weil er auf universeller Ebene tätig wird und der Pakt im Rahmen der Vereinten Nationen verabschiedet wurde, wird der Ausschuss meistens als UN-Menschenrechtsausschuss bezeichnet.[380]

Hauptaufgabe des Ausschusses ist es, die von den Vertragsstaaten vorgelegten Staatenberichte zu prüfen, die von jedem neuen Vertragsstaat innerhalb eines Jahres nach dem Beitritt vorgelegt werden müssen; alle weiteren Berichte erfolgen periodisch im Abschnitt von fünf Jahren. Wird der Ausschuss auf Men-

---

[376] Gareis/Varwick (2003), S. 196.
[377] United Nations (1998), S. 225.
[378] Gareis/Varwick (2003), S. 199.
[379] Gareis/Varwick (2003), S. 186.
[380] Schäfer (2004), S. 30.

schenrechtsverletzungen aufmerksam, kann er auch außerhalb dieser Intervalle Berichte anfordern. Die Berichte bestehen inhaltlich aus Darlegungen der Maßnahmen, die das jeweilige Land zur Verwirklichung der vereinbarten Rechte unternommen hat. Um eine Realitätstreue und Offenheit der Berichte zu sichern, wird großer Wert auf die Stellungnahme von NGOs aus den Ländern gelegt, außerdem wird so eine breitere Informationsdichte gewährleistet. Die darauf folgende Diskussion des Staatenberichts erfolgt öffentlich und wird durch die Publikation der „concluding observations" abgeschlossen. Hier werden die erreichten Ziele benannt, aber auch die noch zu bemängelnden Defizite und Kritikpunkte erläutert.[381]

Weiterhin besteht die Möglichkeit der Prüfung von Individualbeschwerden gegen Staaten, bei denen natürliche Personen oder Gruppen von Personen sich mit Anliegen an den Menschenrechtsausschuss wenden können. Hierfür muss der betroffene Staat jedoch den Pakt ratifiziert haben und dem Ersten Fakultativprotokoll zum Zivilpakt beigetreten sein. Der Beschwerdeführer muss zuvor den innerstaatlichen Rechtsweg erschöpft haben und darf an keinem anderen internationalen Gremium, wie beispielsweise dem Europäischen Menschenrechtsgerichtshof, mit diesem Gegenstand anhängig sein. Außerdem steht die Beschwerdebefugnis nur dem in seinen Rechten Verletzten selbst zu. Bei Annahme einer Beschwerde erfolgt die Prüfung vertraulich und die Entscheidung teilt der Ausschuss dem Beschwerdeführer und dem betroffenen Staat in Form so genannter Rechtsansichten (views) mit, die jedoch nicht rechtsverbindlich sind, aber Empfehlungen zur Wiedergutmachung enthalten.[382]

Gemessen an der EMRK und den verbindlichen Urteilen des Europäischen Menschenrechtsgerichtshof sind die Kompetenzen des Menschenrechtsausschusses zwar beschränkt, jedoch für die übergroße Mehrheit der Staaten, in denen kein effektives, regionales Rechtsschutzsystem besteht, ist die Möglichkeit einer Individualbeschwerde gleichwohl von großer Bedeutung.[383]

3. VN-Ausschuss für wirtschaftliche, soziale und kulturelle Rechte

Anders als beim Zivilpakt war vorerst beim Sozialpakt kein Vertragsorgan zur Überwachung der Umsetzungen geplant, denn die Prüfung der Staatenberichte ging über den VN-Generalsekretär weiter zum ECOSOC. Dort wurden die Berichte unter Hinzuziehung der früheren Menschenrechtskommission und in Abstimmung mit verschiedenen Sonderorganisationen bearbeitet. Erst 1985 wurde dann ein Ausschuss zur Überwachung der Rechte aus dem Sozialpakt geschaffen (Committee on Economic, Social and Cultural Rights, CESCR). Die Mit-

---

[381] United Nations (1998), S. 221.
[382] Gareis / Varwick (2003), S. 187.
[383] Gareis / Varwick (2003), S. 188.

glieder dieses Ausschusses sind jedoch keine Vertragsparteien des Paktes, sondern gehören den 54 Mitgliedstaaten des ECOSOC an, somit kann der Ausschuss mehr als charta-basiertes Nebenorgan bezeichnet werden.[384]

Anders als beim Ausschuss des Zivilpaktes gibt es beim CESCR nur eine Möglichkeit der Kontrolle; diese stellen die Staatenberichte dar, die in gleichen Intervallen wie beim Menschenrechtsausschuss von den Staaten eingereicht werden müssen. Zunächst werden von einer fünfköpfigen Experten Gruppe (pre-sessional working group) Fragelisten an den Bericht erstellt, hierfür werden auch Informationen etwa von NGOs herangezogen. Diese bearbeiteten Staatenberichte müssen dann wiederum von dem Vertragsstaat innerhalb eines halben Jahres beantwortet werden. Es folgt eine mündliche Präsentation des Berichts durch eine Regierungsdelegation, bei der die Hauptprobleme der Umsetzung mit dem Ausschuss diskutiert werden. Nach einer nicht-öffentlichen Beratungsphase legt der Ausschuss dann seine „concluding observations" vor.[385]

Zwar ist der CESCR bemüht, die Interpretation der einzelnen Bestimmungen für die Anwendung der Normen maßstabbildend zu konkretisieren, jedoch bleiben sie ohne rechtliche Verbindlichkeit. Es besteht jedoch eine Reihe von Problematiken, die dazu führt, dass der Ausschuss eher ein schwaches Kontrollgremium darstellt. Zum einen haben viele Staaten den Pakt nur mit Vorbehalt ratifiziert, so sind teilweise bestimmte Rechte, wie beispielsweise das auf Bildung freier Gewerkschaften, von den Überprüfungsmechanismen ausgenommen. Weiterhin fehlt es an „monitoring-Instrumenten", und das einzige vorhandene, das Staatenberichtsverfahren, ist zum großen Teil auf die Kooperationsbereitschaft der Staaten angewiesen. Ein Fakultativprotokoll zur Ermöglichung von Individualbeschwerden, so wie es beim Ausschuss des Zivilpaktes besteht, ist seit Jahren in Arbeit. Fraglich wäre jedoch, ob angesichts der schwierigen Einklagbarkeit der Rechte aus dem Sozialpakt dadurch ihr Schutz nachhaltig verbessert werden könnte.[386]

4. VN-Ausschuss für die Überwachung des Antifolterabkommens

Als Durchsetzungsinstrumente stehen diesem Ausschuss (Committee against Torture, CAT) neben den Staatenberichten die Staatenbeschwerde sowie das Individualbeschwerdeverfahren zur Verfügung.

Die Individualbeschwerde setzt aber die Ratifizierung des Fakultativprotokolls voraus, ebenso wie den innerstaatlich erschöpften Rechtsweg. Die Eindeutigkeit der Definition von Folter, der sich die Bundesrepublik Deutschland verbindlich

---

384 United Nations (1998), S. 220.
385 Gareis/Varwick (2003), S. 189.
386 Gareis/Varwick (2003), S. 189.

durch internationales Übereinkommen unterworfen hat, soll abschließend im Wortlaut wiedergegeben werden:[387] *„Die Konvention gegen Folter und andere grausame, unmenschliche oder erniedrigende Behandlung definiert Folter als jede Handlung, durch die einem Menschen vorsätzlich starke körperliche oder seelische Schmerzen oder Leiden zugefügt werden, um ein Geständnis zu erzwingen; um mutmaßliche oder begangene Taten zu bestrafen; um einzuschüchtern oder zu nötigen, sofern solche Schmerzen oder Leiden von einem öffentlichen Bediensteten oder einer anderen in amtlicher Eigenschaft handelnden Person verursacht werden. Nicht darunter fallen Schmerzen oder Leiden, die sich ausschließlich aus gesetzlich zulässigen Zwangsmaßnahmen ergeben, diesen anhaften oder als deren Nebenwirkung auftreten".*[388]

In der Arbeitsweise und den Verfahrensbestimmungen ist das CAT anderen Ausschüsse vergleichbar.[389] Im Gegensatz zu den anderen Ausschüssen hat dieser Ausschuss hinsichtlich des Tätigwerdens jedoch erweiterte Kompetenzen. Er kann aufgrund von „zuverlässiger Information" über Folter Untersuchungen durchführen, die auch einen Besuch in einem betreffenden Vertragsstaat einschließen. Diese geforderte „zuverlässige Informationen" kann unter anderem von einer NGO vorgebracht werden und somit zur Aufnahme von Untersuchungen beitragen.[390]

5. VN-Ausschuss für die Beseitigung der Rassendiskriminierung

Als erster der sechs wichtigsten Ausschüsse nahm 1970 der Ausschuss gegen Rassendiskriminierung seine Arbeit auf (Committee on the Elimination of Radical Discrimination, CERD), der zur Beseitigung des Unrechts und zur Förderung des Verständnisses unter allen Rassen aufruft. Als Kontrollmechanismen stehen dem Ausschuss das periodische Staatenberichtsverfahren, das Staatenbeschwerde- sowie das Individualbeschwerdeverfahren zur Verfügung.[391]

Die Stellungnahmen sind nicht rechtsverbindlich und werden vertraulich dem betroffenen Staat oder auch dem Beschwerdeführer zugänglich gemacht. Neue Entwicklungen des Ausschusses zeigen jedoch sein Bemühen, dass er öffentliche Verfahren gegen Staaten anstrengt, die ihrer Berichtspflicht nicht nachkommen bzw. bei denen der Ausschuss dringenden Handlungsbedarf in Bezug auf Fälle von Diskriminierung feststellt.[392]

---

[387] Deutsches Institut für Menschenrechte (2003/b), S. 20.
[388] Zitat: Deutsche Gesellschaft für die Vereinten Nationen. UN Basis Informationsblatt / Stand Dez. 2000.
[389] Gareis/Varwick (2003), S. 191.
[390] United Nations (1998), S. 222.
[391] United Nations (1998), S. 234.
[392] Addy (2003), S. 37.

6. VN-Ausschuss für die Beseitigung jeder Form von Diskriminierung der Frau

Das 1979 in Kraft getretene Übereinkommen zur Beseitigung jeder Form von Diskriminierung der Frau verpflichtet die Vertragsstaaten zur rechtlichen und faktischen Gleichstellung von Frauen in allen Lebensbereichen, einschließlich der Privatsphäre. Nicht nur gegen den Gleichstellungsgrundsatz darf der Staat selbst nicht verstoßen. Er muss auch aktiv dafür sorgen, echte Gleichheit in der gesellschaftlichen Realität zu gewährleisten und ist verpflichtet, eine Politik zur Beseitigung von Diskriminierung von Frauen zu verfolgen.[393] Das Hauptkontrollinstrument des 1982 gebildeten VN-Ausschusses (Committee on the Elimination of Discrimination against Women, CEDAW) sind die Staatenberichte, die in vergleichbaren Verfahren wie in den bereits genannten Gremien geprüft werden.

Dem Ausschuss steht seit Ende 2000 auch das Fakultativprotokoll zur Ermöglichung von Individualbeschwerden zur Verfügung, es wurde jedoch seither nur von 60 Vertragsstaaten als rechtsverbindlich anerkannt und spielt somit in der Praxis der Ausschussarbeit noch keine wesentliche Rolle.[394]

Anders als der Europäische Menschengerichtshof oder auch der Menschenrechtsausschuss hat der CEDAW-Ausschuss bisher nicht die Kompetenz für sich beansprucht, selbst über die Zulässigkeit von Vorbehalten zu unterscheiden. Der Menschenrechtsausschuss sowie eine Reihe westeuropäischer Staaten gehen von der Rechtsauffassung der Unbeachtlichkeit unzulässiger Vorbehalte aus; d.h. unzulässige Vorbehalte können keinerlei Rechtswirkung erzeugen und der betroffene Staat ist voll und ganz an den Vertrag gebunden.[395]

7. VN-Ausschuss für die Rechte des Kindes

Abschließend ist der Kinderrechtsausschuss (Committee on the Rights of the Children, CRC) zu nennen, der zusammen mit dem VN-Kinderhilfswerk UNICEF und weiteren Menschenrechtsgremien die Umsetzung der Kinderrechtskonvention überwacht, die besagt, dass jeder Mensch zu schützen ist, der das 18. Lebensjahr noch nicht beendet hat. Die Vertragsstaaten verpflichten sich, durch geeignete Maßnahmen sicherzustellen, dass das Kind vor allen Formen der Diskriminierung oder Bestrafung wegen des Status, der Tätigkeit oder der Weltanschauung seiner Eltern oder Familienangehörigen geschützt ist. Ihm steht als einzige Kontroll- und Durchsetzungsmöglichkeit das Verfahren der Staatenberichte zur Verfügung.

---

[393] König (2004), S. 25.
[394] König (2004), S. 27.
[395] König (2004), S. 27.

II. Der Schutz der Menschenrechte durch supranationale und nationale Gerichte und justiznahe Institutionen

1. Internationaler Strafgerichtshof (IStGH)

Der internationale Menschenrechtsschutz erfolgt vor allem durch den Beitritt zu völkerrechtlichen Verträgen. Über die Bloßstellung bei Verstößen gegen Menschenrechte (Blaming and Shaming) existieren im Völkerrecht allerdings selbst bei schweren Verstößen kaum Sanktionsmechanismen. Dennoch gilt für das Völkerstrafrecht, dass die Charakterisierung und Strafbarkeit internationaler Verbrechen unabhängig von eventuell entgegenstehendem, anders lautendem staatlichen Recht sind.[396]

Dem Fehlen der Sanktionierungsmacht des Völkerrechts sollte nunmehr die Einrichtung des Internationalen Strafgerichtshofes[397] (IStGH) entgegenwirken. Der Internationale Strafgerichtshof ist gleichwohl nur als Ergänzung und nicht als Ersatz zu nationalen Gerichten zu verstehen. Der IStGH ist dem Vorbild des Internationalen Militärtribunals in Nürnberg nachgebildet, wonach ein internationales Gericht Verantwortliche für Menschenrechtsverbrechen zur Rechenschaft ziehen soll. Die Generalversammlung der Vereinten Nationen hat die Rechtsprechung des Nürnberger Tribunals als bindendes Völkerrecht bestätigt. Verbrechen gegen den Frieden, Kriegsverbrechen und Verbrechen gegen die Menschlichkeit sind seitdem international gerichtlich verfolgbare Tatbestände. Aber erst nach zahlreichen Versuchen in der Nachkriegszeit, eine entsprechende Gerichtsbarkeit dauerhaft einzurichten, beschloss 1998 eine internationale Staatenkonferenz in Rom die Errichtung des IStGH auf der Grundlage des so genannten Römischen Statuts.[398] Hierin wird neben anderen Statuten ein weiterer Schritt bei der Entwicklung eines internationalen Strafrechts gesehen[399]. Das Statut für den internationalen Gerichtshof konnte deshalb „als Grundidee den Menschenwürdeschutz aufnehmen und festschreiben, dass jeder schweren Verletzung eine Verletzung der Menschenwürde zu Grunde liegt".[400]

In Rom stimmten 120 Staaten für die Errichtung des IStGH, sieben Staaten lehnten ab und 21 enthielten sich der Stimme. Ein wesentlicher Anteil des Erfolgs

---

[396] Fischer-Lescano (2005), S. 181. Der Universaljurisdiktion sollen alle Delikte des Völkerstrafrechts unterliegen. Orientierung bietet das Nürnberger Statut, das den Kernbereich der individuellen Pflichten des Einzelnen nach Völkerrecht darstellt. Daran anknüpfend gibt es insgesamt eine strafrechtliche Verantwortlichkeit unmittelbar nach Völkerrecht (vgl. Art. 21, 25 Abs. 2 ICC-Statut), (Fischer-Lescano, a.a.O.).

[397] Übersicht zur Entstehungsgeschichte, Zuständigkeit und Funktionsweisen Ambos, Internationales Strafrecht, München 2006; Werle, Völkerstrafrecht, Tübingen 2005.

[398] Deutscher Gesetzes-Umsetzungsakt BGBl 2000, II, 1393.

[399] Hamm (2003), S. 78.

[400] Arnold (2005), S. 188.

von Rom ist den Nichtregierungsorganisationen aus allen Teilen der Welt zuzuschreiben. Sie hatten sich in einer Koalition für einen internationalen Strafgerichtshof zusammengeschlossen und unterstützen die Positionen der Befürworter-Staaten.[401] Nur sieben Staaten stimmten 1998 gegen das Römische Statut des IStGH: USA, China, Irak, Libyen, Jemen, Katar, Israel. Die Vereinigten Staaten haben sich dadurch in eine beschämende Gesellschaft mit reaktionären Regimen eingereiht, die die Menschenrechte mit Füßen treten.[402]

Obwohl das Gericht nur dann zuständig ist, wenn eine staatliche Justiz unfähig oder unwillig ist, eine begangene Straftat zu befolgen, wollten die Vereinigten Staaten sich dieser internationalen Verfolgungsmöglichkeit wegen Verbrechen gegen die Menschlichkeit nicht anschließen. Insbesondere zählen zu diesen Menschenrechtsverletzungen die verbreitete und systematische Tötung von Zivilisten, Sklaverei, Folter und Verschwindenlassen sowie die Verfolgung aus politischen, ethnischen und religiösen Gründen. Ausdrücklich verfolgt der Gerichtshof auch sexuelle Gewalt wie Vergewaltigung, erzwungene Schwangerschaft und sexuelle Sklaverei.

Im April 2002 wurden die letzten der 60 für das Inkrafttreten des Römischen Statuts erforderlichen Ratifikationsurkunden bei den Vereinten Nationen in New York hinterlegt. Im Mai 2003 hatten bereits 139 Länder das Statut gezeichnet, 90 hatten es ratifiziert.[403] Der relative rasche Ratifikationsprozess zeigt nach Hamm, dass sich das internationale Klima verändert und die internationale Verantwortung für den Frieden und den Schutz der Menschenrechte wächst. Aktiv ist das Gericht bis zum heutigen Tage in keinem Fall geworden.

Um das deutsche Strafrecht und das Römische Statut anzupassen, wurde in der Bundesrepublik Deutschland ein eigenes Völkerstrafgesetzbuch (VStGB) geschaffen, das am 30. Juni 2002 in Kraft getreten ist.[404] Das Gesetz wurde notwendig, weil der internationale Strafgerichtshof nur eine komplementäre Zuständigkeit[405] hat und die Strafverfolgung somit in erster Linie die Aufgabe der nationalen Justiz bleibt. Auch wurde das so genannte „Weltrechtsprinzip" in das deutsche Rechtssystem eingeführt, wonach Strafverfolgung durch deutsche Gerichte unabhängig vom Tatort oder der Staatsangehörigkeit des Täters möglich ist.

Die Ablehnung des Internationalen Strafgerichtshofes durch den Unilateralismus der USA zeigt gleichwohl, dass eine übergroße Mehrheit der Staaten der Welt

[401] Hamm (2003), S. 79.
[402] Hamm (2003), S. 79.
[403] Hamm (2003), S. 81.
[404] BGBl. I 2002, 2254.
[405] Präambel und Art. 17 des ICC-Statuts.

aktiv gegen Menschenrechtsverletzungen durch staatlichen Eingriff antreten will. Dennoch ist die ablehnende Haltung der USA eine schwere Niederlage für den Menschenrechtsschutz in aller Welt, zumal durch die Vereinigten Staaten von Amerika die meisten Konflikte auf der Welt militärisch angeführt werden und hierbei Menschenrechtsverletzungen – wie es das jüngste Beispiele des Irak belegt – an der Tagesordnung sind. Die Einrichtung des Internationalen Strafgerichtshofes ist deshalb weniger ein Sieg des Rechts, sondern ein Beleg für die weltweite Erosion von Menschenrechtsgarantien und ihrer gerichtlichen Durchsetzung.

Das ist die eine – die traurige – Seite der Medaille, nämlich dass die öffentlich abgegebenen Bekenntnisse zur Universalität der Menschenrechte und Bemühungen um ihre globale Durchsetzung genauso allgegenwärtig sind wie eine weltweite Praxis schwerer Menschenrechtsverletzungen. Nicht selten ist es dieselbe Politik, die es einerseits ermöglicht, „Menschenrechte mittels Völkerstrafrecht auch wirklich durchzusetzen, und die im nationalen Rahmen Menschenrechte gesetzlich abbaut und ein Feindstrafrecht aufbaut.“[406] Vor diesem Hintergrund ist die Einschätzung Arnolds, dass Menschenrechtsschutz durch Strafrecht äußerst begrenzt sei, realistisch.

Die andere Seite der Medaille lässt allein schon durch die Gründung eines internationalen Strafgerichtshofes und nationale Gesetzgebungswerke für völkerstrafrechtliche Normen positive symbolische Wirkungen entstehen: Dadurch wird „über alle unterschiedlichen Menschenrechtskonzepte hinweg und bei aller unterschiedlichen regionalen Verwirklichung dem universellen Geltungsanspruch grundlegender politischer Menschenrechte konsensualer Ausdruck verliehen“ – so derselbe Autor.[407] Mit anderen Worten: Die Einrichtung des Internationalen Strafgerichtshofes ist insofern auch mit realen Auswirkungen für die Universalisierung des Menschenrechtsschutzes zu befürworten, weil das internationale Rechtsangleichung erwarten lässt, die Rechtskommunikation weiter globalisiert wird und „weil den Souveränen der Weltgesellschaft ein Willkürverbot auferlegt werden kann.“[408]

2. Europarat und Europäische Menschenrechtskonvention (EMRK)

Auf europäischer Ebene dient unter anderem der Europarat als Kontrollinstanz zur Einhaltung der Menschenrechte. Eine der Aufgaben des Europarates ist es, durch den Abschluss von internationalen Abkommen und durch gemeinsames Vorgehen auf dem Gebiet des Rechts eine enge Verbindung zwischen seinen Mitgliedern herzustellen und „als Regierungen europäischer Staaten, die vom

[406] Arnold (2005), S. 188.
[407] Arnold (2005), S. 188. Hervorhebung durch Verf.
[408] Fischer-Lescano (2005), S. 245.

gleichen Geist beseelt sind und ein gemeinsames Erbe an politischen Überlieferungen, Idealen, Achtung der Freiheit und Rechtsstaatlichkeit besitzen, die ersten Schritte auf dem Weg zu einer kollektiven Garantie bestimmter in der Allgemeinen Erklärung aufgeführter Rechte zu unternehmen".[409]

Eines der wichtigsten Abkommen, die im Rahmen des Europarats abgeschlossen wurden, ist die Europäische Konvention zum Schutze der Menschenrechte und Grundfreiheiten (EMRK).[410] Sie ist ein besonderer völkerrechtlicher Vertrag und etabliert eine objektive Ordnung für alle Vertragsparteien und ist von den demokratischen Staaten Westeuropas im November 1950 auf Grundlage der Allgemeinen Erklärung der Menschenrechte der Generalversammlung der Vereinten Nationen konzipiert worden.[411]

Das EMRK-Gesamtsystem gliedert sich in Freiheitsrechte wie z.B. die Verpflichtung zur Achtung der Menschenrechte in Artikel 1, das Recht auf Leben in Art. 2 und das Verbot der Folter in Art. 3. Weiterhin gliedert es sich in justizbezogene Rechte wie das Recht auf Gerichtsverfahren sowie besondere Rechte des Angeklagten in Art. 6, in politische Rechte und der damit verbundenen Meinungsfreiheit in Art. 10 und es gewährt schließlich Gleichheitsrechte.[412]

Schon 1953 ist die Bundesrepublik Deutschland der EMRK beigetreten und hat sich seit 1955 der Kontrolle der Konventionsorgane unterworfen. Die Konventionsorgane bestanden bis zum 01.11.1998 aus der Europäischen Kommission für Menschenrechte und dem Europäischen Gerichtshof für Menschenrechte, welche sich beide in Straßburg befanden.[413] Mittlerweile ist das System der EMRK jedoch grundlegend durch das 11. Protokoll vereinfacht und als einziges Entscheidungsorgan ist der ständige Europäische Gerichtshof für Menschenrechte (EGMR) nunmehr zuständig. Eine Vorprüfung durch die Europäische Kommission für Menschenrechte findet nicht mehr statt.[414]

a) Europäischer Gerichtshof für Menschenrechte (EGMR)

(1) Der Straßburger Europäische Gerichtshof für Menschenrechte (EGMR) wacht über die Einhaltung der Europäischen Menschenrechtskonvention (EMRK) durch ihre europäischen Vertragsstaaten. In den meisten europäischen Staaten wird so ein Mindeststandard an Grund- und Menschenrechten gesi-

---

409 Präambel der Konvention zum Schutze der Menschenrechte und Grundfreiheiten vom 4. November 1950.
410 Peters (2003), S. 12.
411 Menschenrechte in der BRD, (o.J.) BMJ, S. 10.
412 Peters (2003), S. 4.
413 Menschenrechte in der BRD, (o.J.) BMJ, S. 11.
414 Meyer-Ladewig (2003), S. 20.

chert.[415] Er ist seit seiner 1998 geltenden Fassung ein ständiger Gerichtshof, entscheidet in einem gerichtsförmigen Verfahren mit den üblichen rechtsstaatlichen Garantien und kann von einzelnen Bürgern angerufen werden.[416] Es besteht also nicht nur die Möglichkeit einer Staatenbeschwerde, sondern auch Einzelpersonen können eine Individualbeschwerde einlegen.

Reicht ein Beschwerdeführer beim EGMR eine Beschwerde darüber ein, dass der betroffene Staat ein in der EMRK garantiertes Recht verletzt hat, prüft ein Ausschuss mit drei Richtern die Angelegenheit. Zwar kann der Europäische Gerichtshof für Menschenrechte Urteile deutscher Gerichte oder Verwaltungsakte nicht aufheben oder ändern, doch ist in Art. 41 der EMRK bestimmt, dass der Gerichtshof der verletzten Partei eine gerechte Entschädigung zugestehen kann.[417]

Nach Art. 34 EMRK kann jeder eine Menschenrechtsbeschwerde einreichen, der sich durch eine Verletzung des Konventionsrechts betroffen fühlt und diese dem Staat, einer staatlichen Behörde, also auch einem Gericht zuzurechnen ist. Jedoch ist diese Beschwerde – eine Individualbeschwerde - erst dann zulässig, wenn alle innerstaatlichen Rechtswege erschöpft sind und alle im Prozessrecht vorgesehenen Rechtsbehelfe eingelegt wurden. Das beinhaltet auch eine erfolglose Beschwerde beim Bundesverfassungsgericht.[418]

Das Bundesverfassungsgericht hat in einer seiner jüngsten Entscheidungen in den Leitsätzen des Urteils bekräftigt, dass es zu der Bindung an Recht und Gesetz (Art. 20 Abs. 3 GG) gehört, die Konvention zum Schutze der Menschenrechte und Grundfreiheiten und die Entscheidungen des Europäischen Gerichtshofs für Menschenrechte zu berücksichtigen und zu gewährleisten.[419] Weiterhin besagt der zweite Leitsatz des Urteils, dass bei der Berücksichtigung von Entscheidungen des Gerichtshofs die staatlichen Organe die Auswirkung auf die nationale Rechtsordnung in ihre Rechtsanwendung einzubeziehen haben, sogar mit der Konsequenz der möglichen Nichtbeachtung eines Urteils des Menschengerichtshofs, falls dieses gegen Grundrechte des Grundgesetzes der Bundesrepublik Deutschlands verstoßen sollte.[420]

(2) Der Europäische Gerichtshof für Menschenrechte vermittelt den angeschlossenen Staaten des Europarates wichtige Leitlinien zum Schutz der Menschenrechte. Auch hier muss die nationale Justiz vorab angerufen werden, und inso-

---

[415] Gimbal (2002), S. 459.
[416] Meyer-Ladewig (2003), S. 21.
[417] Menschenrechte in der BRD, (o.J.) BMJ, S. 11 / Peters (2003), S. 2 / Meyer-Ladewig (2003), S. 25.
[418] Menschenrechte in der BRD, (o.J.) BMJ, S. 11.
[419] Urteil des BVerfG, 2 BvR 1481/04 vom 14. Oktober 2004.
[420] Ladewig / Petzold, NJW 2004, S. 3407.

fern kommen nur Fälle an dieses höchste europäische Gericht, die durch das grund- und menschenrechtliche Beurteilungsraster der Nationalstaaten gefallen sind.

- Im *Fall Edwards und Lewis gegen das Vereinigte Königreich*[421] wurde die Identität eines Belastungszeugen (Lockspitzel) vor dem erkennenden nationalen Gericht geheim gehalten. Eine Verurteilung erfolgte ohne Möglichkeit der Verteidigung, den Zeugen zu befragen – eine Situation, die auch im deutschen Strafprozess häufig auftritt[422]. Der Europäische Gerichtshof für Menschenrechte hat in diesem Verhalten des nationalen Gerichts eine Verletzung des Prinzips des fairen Verfahrens (fair-trial / Art. 6 EMRK) festgestellt. Ein faires Verfahren verlange nach Waffengleichheit und wirksamer Verteidigung. Ein Beschuldigter und sein Verteidiger müsse über alle wichtigen Beweise verfügen können. Das öffentliche Interesse an der Kriminalitätsbekämpfung werde durch die Rechte aus Art. 6 EMRK begrenzt. Geheime Ermittlungsmethoden können den Gebrauch derartiger Geheimbeweismittel nicht rechtfertigen. Selbst wenn absolut notwendige Einschränkung der Verteidigung einmal zulässig sei, dann nur aus besonders wichtigen Gründen öffentlichen Interesses oder zur Berücksichtigung schützenwerter Rechte Dritter. Aber selbst das hätten Gerichte bei der Beweiswürdigung hinreichend auszugleichen.[423]

- Im *Fall Allan gegen das Vereinigte Königreich*[424] wird die Linie des Menschenrechtsschutzes verstärkt. Der Kläger hatte gegenüber einem Mithäftling, den die Polizei in die Gefängniszelle des Klägers eingeschleust hatte, ein Geständnis abgelegt. Aufgrund dieses Geständnisses wurde der Kläger vom nationalen Gericht verurteilt. Der Europäische Gerichtshof für Menschenrechte sieht darin einen Verstoß gegen drei zentrale Verfahrensprinzipien: Waffengleichheit, wirksame Verteidigung, Nemo-tenetur-Prinzip – alle drei Prinzipien seien Ausdruck des Menschenrechts auf ein faires Verfahren.[425]

- Im *Fall Öcalan vs. Türkei*[426], dessen erste Vernehmungen vor Militärrichtern stattfand, wurde nahezu sämtliche Elemente eines fairen Verfahrens missachtet: Kein anwaltlicher Beistand in der Untersuchungshaft, keine freie Kommunikation mit der Verteidigung, fehlendes Akteneinsichtsrecht, unangemesse-

[421] EGMR Case N° 39647/98 und N° 40461/98, Urteil vom 27. Oktober 2004.
[422] Klawitter (1997), S. 248 ff.
[423] EGMR, a.a.O., S. 14, 5. und 6. Absatz (Online-Version).
[424] EMGR, Case N° 48539/99, Urteil vom 5. November 2002.
[425] EMGR, a.a.O. Rz. 44. Dem EuGHMR zufolge muss ein Beschuldigter eine echte Wahlfreiheit zwischen Schweigen und Einlassung haben. Täuscht der Staat eine solche nur vor, so liegt darin eine Rechtsverletzung gegen Art. 6 EMRK, wenn der Beschuldigte zuvor in offizieller Vernehmung ausdrücklich erklärt hat, von seinem Schweigerecht Gebrauch machen zu wollen (Rz. 50).
[426] EGMR, Case N° 46221/99, Urteil der Großen Kammer vom 12. Mai 2005.

ne Kontaktsperre zur Verteidigung, Fehlen eines unabhängigen Gerichts. Der Europäische Gerichtshof für Menschenrechte hat das Recht auf ein faires Verfahren aus all diesen Gründen als verletzt angesehen.

- Im *Fall Jalloh vs. Deutschland*[427] ging es um die in Deutschland zugelassene Beweissicherungsmethode des so genannten Brechmitteleinsatzes. Hierbei wird dem sich wehrenden Betroffenen zwangsweise eine Salzlösung oder ein Brechmittelsirup durch einen Nasen-Magen-Sonde verabreicht. Diese Behandlung führt zum Erbrechen von portionsweise abgepackten und verschluckten Drogen. Der Beschwerdeführer Bakah Jalloh klagte mehrere Tage über heftige Magenprobleme und wochenlanges Nasenbluten aufgrund der gewaltsam eingeführten Sonde. Der EGMR verurteilte Deutschland wegen Verletzung des in Art. 3 der Europäischen Menschenrechtskonvention enthaltenen Verbots unmenschlicher und erniedrigender Behandlung. Die beschrieben Behandlung sei dazu angetan gewesen, beim Beschwerdeführer Angst-, Furcht- und Minderwertigkeitsgefühle hervorzurufen. Über dies habe er nicht unerhebliche Schmerzen erleiden müssen. Der EGMR stellte außerdem einen Verstoß gegen das Prinzip des fairen Verfahrens (Art. 6 Abs. 1 EMRK) fest.[428] Durch die Verwertung der sichergestellten Drogen im Strafverfahren sei der Grundsatz der Selbstbelastungsfreiheit (nemo tenetur) verletzt worden.

Alle vier Urteile unterstreichen die Linie einer unabhängigen europäischen Justiz. Die Achtung der Menschenwürde sahen die europäischen Richter als verletzt an. Die Fälle machen ein „rechtsstaatliches Sicherheitsstrafrecht" kenntlich, das „im Angesicht immer neuer Bedrohungs- und Horrorszenarien die Koordinaten des Rechtsstaats zugunsten staatlicher Sicherheitspolitik verschieben will. Erst die Achtung der Menschenrechte aber wahrt die Balance zwischen Freiheit und Sicherheit, weil aus der Freiheit des Einzelnen die Sicherheit für alle erst erwächst."[429] So pflegt der Europäische Gerichtshof für Menschenrechte, „was Juristen sich und ihrem Gewissen schuldig sind: Das Recht und seine Prinzipien gegen die Zumutung der Politik zu verteidigen".[430]

---

[427] EGMR Urteil vom 11.7.2006, nachzulesen unter www.egmr.org. Das Urteil hebt den Beschluss (2 BvR 236095 vom 15.9.1999, in: Strafverteidiger 2000, S. 1 ff) des deutschen Bundesverfassungsgerichts auf, der zwar ein Nichtannahmebeschluss war, gleichwohl incidenter im Brechmitteleinsatz keinen Verstoß gegen die Menschenwürde und die Selbstbelastungsfreiheit sah. Zwischen dem ersten amtsgerichtlichen Urteil von 1993 und dem Urteil des EGMR von 2006 lagen 13 Jahre. Man braucht also einen langen Atem, um im formellen Menschenrechtsschutzverfahren ein Urteil zu erwirken. Kritisch und informativ zur Entscheidung des deutschen Bundesverfassungsgerichts Dallmeyer (2000), S. 252 ff.

[428] Vgl. hierzu insgesamt Rzepka (2000), S. 11 ff.

[429] Braum (2006), S. 332 ff.

[430] Braum (2006), S. 332 ff.

b) Europäisches Komitee zur Verhütung von Folter (CPT)

Ein gewichtiger Teil der Arbeit des Europarats liegt in seinen Bemühungen zur Stärkung der Menschenrechte und vor allem in der Prävention von Menschenrechtsverletzungen. Art. 3 der Europäischen Menschenrechtskonvention sieht vor, dass "niemand der Folter oder unmenschlicher oder erniedrigender Behandlung oder Strafe unterworfen werden darf." Dieser Grundsatz führte zum Entwurf einer weiteren Konvention: der Europäischen Konvention zur Verhütung von Folter und unmenschlicher oder erniedrigender Behandlung oder Strafe. Diese wurde im Jahre 1987 zur Unterzeichnung vorgelegt und eingesetzt.[431]

Gemäß Art. 1 dieser Konvention "wird ein Europäisches Komitee zur Verhütung von Folter und unmenschlicher oder erniedrigender Behandlung oder Strafe" errichtet. Das Komitee prüft durch Besuche die Behandlung von Personen, denen die Freiheit entzogen ist, um erforderlichenfalls den Schutz dieser Personen vor Folter und unmenschlicher oder erniedrigender Behandlung oder Strafe zu verstärken.

Die Arbeit des CPT unterstützt das Gesamtsystem zum Schutz der Menschenrechte des Europarats. Hierzu stellt sie einen zusätzlichen, nichtgerichtlichen Mechanismus zum Europäischen Menschengerichtshof dar.[432] Zur Erfüllung seiner hauptsächlich vorbeugenden Funktion stehen dem Komitee zwei Arten von Besuchen zur Verfügung - periodische Besuche und Ad-hoc-Besuche. Periodische Besuche werden in allen Vertragsstaaten der Konvention regelmäßig durchgeführt. Ad-hoc-Besuche werden in den Staaten durchgeführt, in denen es dem Komitee "nach den Umständen erforderlich" erscheint.[433]

In der Konvention ist in Art. 2 festgelegt, dass dem CPT bei der Durchführung eines Besuchs umfassende Befugnisse zustehen: Dieser uneingeschränkte Zugang beläuft sich auf das gesamte Gebiet des betroffenen Staates, also auch Zugang zu jedem Ort, an dem Personen die Freiheit entzogen ist. Dies wird auch durch den Grundsatz der unbeschränkten Reisefreiheit des Komitees gewährleistet. Auch zu garantieren ist der Zugang zu vollständiger Information über die Orte, an denen Personen die Freiheit entzogen ist sowie zu anderen dem Staat verfügbaren Informationen, welche für das Komitee erforderlich sind, um seine Aufgabe zu erfüllen.[434]

Das Mandat des CPT erstreckt sich demzufolge über Gefängnisse und Polizei-

---

[431] Texte des Europarats (2): 2 / alle Texte des Europarats unter: http://www.cpt.coe.int/german.htm.

[432] Texte des Europarats (3), S. 4.

[433] Texte des Europarats (2), S. 3.

[434] Texte des Europarats (1), S. 21.

wachen hinaus und umfasst zum Beispiel psychiatrische Einrichtungen, Haftbereiche in Militärkasernen, Hafteinrichtungen für Asylsuchende oder andere Ausländerkategorien und Orte, an denen Menschen auf gerichtliche oder auch auf behördliche Anordnung die Freiheit entzogen werden kann.[435] Allerdings ist es nicht die Aufgabe des Komitees, Staaten zu verurteilen. Nach der Grundlage der zwei Leitprinzipien der Beziehung zwischen dem CPT und den Vertragsstaaten - Kooperation und Vertraulichkeit - besteht die Aufgabe des Komitees vielmehr darin, die Staaten dabei zu unterstützen, die Misshandlung von Personen, denen die Freiheit entzogen ist, zu verhüten.

Nach jedem Besuch verfasst das CPT einen Bericht, der seine Erkenntnisse darlegt.[436] Soweit Notwendigkeit besteht, erteilt er Empfehlungen und andere Ratschläge, auf deren Grundlage sich ein Dialog mit dem betroffenen Staat entwickelt soll. Der Besuchsbericht des Komitees ist vertraulich. Fast alle Staaten haben sich jedoch im Laufe der Zeit entschlossen, auf die Vertraulichkeit zu verzichten und eine Veröffentlichung des Berichts zuzulassen.[437]

c) Europäische Kommission gegen Rassismus und Intoleranz (ECRI)

Die Europäische Kommission gegen Rassismus und Intoleranz (ECRI) wurde 1993 vom Europarat auf dem Gipfeltreffen von Wien ins Leben gerufen. Sie ist ein Organ, das sich aus unabhängigen und unparteiischen Mitgliedern zusammensetzt. Ihr Ziel ist die Bekämpfung von Rassismus, Fremdenhass, Antisemitismus und Intoleranz auf gesamteuropäischer Ebene im Hinblick auf den Schutz der Menschenrechte.[438] In der ECRI sind sämtliche Mitgliedstaaten des Europarats vertreten, was eine Ausweitung in den letzten Jahren auf heute 46 Mitglieder bedeutet. Darunter sind auch Vertreter und Vertreterinnen von nationalen Institutionen gegen Rassismus und von nationalen Menschenrechtskommissionen, die von ihren Ländern als Spezialisten in die ECRI entsandt wurden.

Einer der Pfeiler des Arbeitsprogramms von ECRI ist der länderspezifische Ansatz, bei dem die Situation in Bezug auf Rassismus und Intoleranz in jedem Mitgliedstaat des Europarates analysiert und Vorschläge zur Lösung der aufgezeigten Probleme unterbreitet werden. Bei diesen Untersuchungen werden alle Mitgliedstaaten des Europarats gleich behandelt. Die Länder werden im Durchschnitt alle vier bis fünf Jahre besucht – jedes Jahr werden ungefähr zehn Länder untersucht.[439] Ende 1998 schloss ECRI die erste Runde der Länderberichte über

---

[435] Texte des Europarats (2), S. 2.

[436] Vgl. Hierzu unten 4. Teil A IV 2.

[437] Texte des Europarats (2), S. 3.

[438] Europäische Kommission gegen Rassismus und Intoleranz. Dritter Bericht über Deutschland. CRI 2004 (23) German Version, S. 5.

[138] Europäische Kommission gegen Rassismus und Intoleranz. Dritter Bericht über Deutschland. CRI 2004 (23) German Version, S. 5.

alle Mitgliedstaaten ab. Die Länderberichte werden – im Gegensatz zum Prozedere des Komitees gegen Rassendiskriminierung der VN (CERD) – von der ECRI selbst verfasst. Eine Delegation von ECRI-Mitgliedern besucht das Land, studiert die Akten, nimmt mit Regierungsstellen und NGOs und – wo vorhanden – mit der nationalen Institution gegen Rassismus oder mit Menschenrechtsinstitutionen Kontakt auf.[440]

Der erste Bericht von ECRI über Deutschland stammt vom 7. Februar 1997 (veröffentlicht im März 1998). Die zweite Phase des länderspezifischen Ansatzes begann im Januar 1999 und beinhaltet die Ausarbeitung eines zweiten Berichts über jeden Mitgliedstaat. Ziel dieses zweiten Berichts ist die Weiterverfolgung der Vorschläge aus den ersten Berichten, die Aktualisierung der hierin enthaltenen Informationen sowie eine tiefgreifendere Analyse einiger Themen, die in dem betreffenden Land von besonderem Interesse sind.

Ein wichtiger Teil der länderspezifischen Arbeit von ECRI ist der vertrauliche Dialog mit den nationalen Behörden des betreffenden Landes, bevor der Bericht endgültig verabschiedet wird. In der zweiten Runde der Länderberichte werden Kontaktbesuche für die Berichterstatter von ECRI organisiert, bevor der zweite Bericht ausgearbeitet wird. Der Kontaktbesuch in Deutschland fand vom 23. bis 26. Oktober 2000 statt. Bei diesem Besuch trafen die Berichterstatter mit Vertretern der verschiedenen Ministerien und öffentlichen Verwaltungen zusammen, die für die Fragen, die in den Aufgabenbereich von ECRI fallen, zuständig sind.[441]

In einem zweiten Bereich, der Arbeit der ECRI zu allgemeinen Themen, sind bislang sechs Empfehlungen der Kommission zu folgenden Themen zu nennen:

- zum Kampf gegen Rassismus, Fremdenfeindlichkeit, Antisemitismus;
- zur Gründung von nationalen spezialisierten Institutionen gegen Rassismus;
- zur Bekämpfung von Rassismus gegenüber Fahrenden, Sinti und Roma;
- zu nationalen Studien zur Perspektive der Opfer von Rassismus;
- zur Bekämpfung von Intoleranz und Diskriminierung gegenüber Muslimen;
- zur Bekämpfung der Verbreitung rassistischer Ideen im Internet.

Das Berichtsland hat Gelegenheit, faktische Korrekturen im Bericht zu verlangen, denn im Allgemeinen werden die Länderberichte veröffentlicht. Einige der Berichte entfachten allerdings Unmut in den betreffenden Ländern und führten gar zu diplomatischen Demarchen. Die ECRI ließ sich jedoch nicht entmutigen

---

[440] Quelle: 7 / Anhang C II.

[441] Quelle: 8 / Anhang C II.

und wurde auch mit der neuen Statutengebung in ihrer Unabhängigkeit gestützt.[442]

Wie das VN-Komitee zur Überwachung des Übereinkommens jeder Form von Rassendiskriminierung (CERD) ist auch die ECRI ein Instrument auf europäischer Ebene, durch das ein kontinuierlicher Dialog mit den Ländern des Europarats etabliert wird. Dies bedeutet eine stetige Sensibilisierung, allein schon dadurch, dass das Thema «Rassismus» vorgegeben ist und die Mitgliedschaft in der ECRI gleichsam automatisch mit dem Beitritt zum Europarat verbunden ist. In Ländern, in denen die Nichtregierungsorganisationen unter Druck stehen, kann die ECRI diese stärken.

3. Europäische Union und Europäischer Gerichtshof (EuGH)

a) Rechtsgrundlagen in der Schwebe

Seit Dezember 2000 besteht die Charta der Grundrechte der Europäischen Union und konnte durch die Beteiligung sowohl nationaler Regierungs- und Parlamentsvertreter als auch EU-Parlamentarier und der Kommission sowie durch die Einbeziehung von Beobachtern aus dem Europarat und dem Europäischen Gerichtshof auf eine breite politische Ebene gestellt werden. Am 29. Oktober 2004 haben die Staats- und Regierungschefs der EU-Mitgliedstaaten den Vertrag über eine Verfassung für Europa (VVE) in Rom unterzeichnet. Seitdem durchläuft die Verfassung die nationalen Ratifizierungsverfahren und sollte ursprünglich am 1. November 2006 in Kraft treten. Aufgrund der gescheiterten Referenden in Frankreich und den Niederlanden im Mai/Juni 2005 haben die Staats- und Regierungschefs auf dem EU-Gipfel am 17./18. Juni 2005 in Brüssel jedoch beschlossen, eine „Denkpause" im Ratifizierungsprozess einzulegen. Dieser soll nun bis Mitte 2007 verlängert werden. Inzwischen haben 15 von 25 Mitgliedstaaten die EU-Verfassung ratifiziert, womit 225,2 von 454,3 Mio. Einwohnern zugestimmt haben.[443] Insofern ist bisher der Grundrechtekatalog weder für die Mitgliedstaaten noch für den Europäischen Gerichtshof rechtsverbindlich und stellt somit für Kommission und Parlament nur eine Art Selbstbindung dar. Auch wenn die Grundrechtecharta eine große politische Bedeutung darstellt, spielt sie für das europäische menschenrechtliche Vertragssystem, solange sie nicht in Form einer europäischen Verfassung ratifiziert ist, nur eine zweitrangige Rolle.[444]

---

[442] Quelle: 9 / Anhang C II.
[443] Stand Oktober 2006.
[444] Stender (2004), S. 49.

b) Schwacher Parlamentarismus der EU

Auch das Europäische Parlament hält es für seine Pflicht als demokratisch gewählte Institution der Gemeinschaft, über die Verteidigung und Förderung der Grundrechte und Grundfreiheiten in der Europäischen Union zu wachen. Es hat bereits 1977 eine politische Grundsatzerklärung bezüglich der Festsetzung von Grundrechten abgegeben, die vom Rat und der Kommission angenommen und in Luxemburg von den Präsidenten der drei Organe unterzeichnet wurde. Diese Erklärung wurde 1989 erweitert (Entschließung zur Erklärung der Grundrechte und Grundfreiheiten) und enthält einen umfassenden Grundrechtekatalog. 1994 nahm das Parlament einen von seinem institutionellen Ausschuss erarbeiteten Katalog der von der Europäischen Union gewährleisteten Menschenrechte an. Dieser Katalog baut im Wesentlichen auf der oben genannten Entschließung zur Erklärung der Grundrechte und Grundfreiheiten von 1989 auf.

Nach dem Maastrichter Vertrag wurde 1993 der Ausschuss für Bürgerliche Freiheiten und innere Angelegenheiten eingesetzt, der erstmalig einen Jahresbericht innerhalb der Gemeinschaft über die Beachtung der Menschenrechte erarbeitet. Seitdem hat das Parlament regelmäßig Entschließungen zur Achtung der Menschenrechte in der Europäischen Union verabschiedet.[445] Darin hat es unter anderem seinen Wunsch bekräftigt, die Menschenrechte in der Europäischen Union sicherzustellen und dass die EU der EMRK beitreten solle. Gleichzeitig wurden die Mitgliedstaaten, die dies noch nicht getan haben, aufgefordert, die Todesstrafe abzuschaffen.[446]

Die Rolle des EU-Parlamentes ist in allen Fragen der inneren Sicherheit eine schwache und unübersichtliche. Zu Fragen der allgemeinen Strafrechtsentwicklung innerhalb der Europäischen Union kann sich das Parlament ohnehin nicht verhalten, weil es auf Grund des Prinzips der Subsidiarität nicht zuständig ist – das sind allein die 25 Nationalstaaten. Im Rahmen dieser so genannten dritten Säule der Unionsaktivitäten liegt alle Entscheidungsgewalt beim Ministerrat und das Europäische Parlament sowie der Europäische Gerichtshof sind weitgehend ausgeschaltet. Die Innen- und Justizpolitik ist damit zwar nicht „vergemeinschaftet", der Weg zu einer europäischen inneren Sicherheitspolitik jedoch exekutiv-lastig eröffnet.[447] Der Rat der Innen- und Justizminister ist das zentrale Entscheidungsgremium in Fragen der dritten Säule. In fast allen Angelegenheiten müssen die Minister der 25 Mitgliedstaaten einstimmig beschließen.

Nur einige Fragen, die der Herstellung des „Raumes der Freiheit, der Sicherheit

---

[445] letztmals: ABl. Nr. C 80 v. 16.3.1998, S. 43.
[446] Quelle 11 / Anhang C II.
[447] Pütter (2006), S. 9.

und des Rechts"[448] dienen, fallen in die erste Säule. Ist dies der Fall (zumeist mit wirtschaftlichen Fragen der EU verknüpft), dann liegt das Initiativrecht für Rechtsakte allein bei der Europäischen Kommission. Nur hierbei ist das Europäische Parlament zu beteiligen und es kann je nach Sachfrage Beschlüsse ohnehin nur verzögern, lediglich in Ausnahmefällen ganz verhindern. Hierbei kann auch der Europäische Gerichtshof angerufen werden.

c) Europäischer Gerichtshof (EuGH)

Es ist der Rechtsprechung des Europäischen Gerichtshofes vorbehalten, einen effektiven Grundrechtsschutz in der Europäischen Gemeinschaft zu begründen und auszugestalten, jedenfalls in den Bereichen, in denen die nationalen Staaten Souveränität auf die EU übertragen haben, insbesondere im Bereich der Wirtschaft. Diese vom EuGH geschützten Gemeinschaftsgrundrechte sollen den Einzelnen vor hoheitlichen Übergriffen der Gemeinschaftsorgane bewahren.[449]

Der Gerichtshof ist ein Organ der Europäischen Union mit Sitz in Luxemburg, der mit der Gründung der Europäischen Gemeinschaft für Kohle und Stahl (EGKS) im Jahr 1951 entstanden ist, um bei aufkommenden Streitigkeiten Recht sprechen zu können. Er steht den Bürgern der EU offen und ist die höchste Instanz im europäischen Rechtswegesystem. Somit kann er auch, sofern es sich um europäisches Recht handelt, dieses bindend für alle Mitgliedsstaaten der Gemeinschaft auslegen. Nach ständiger Rechtsprechung des EuGH gehören die Grundrechte zu den allgemeinen Rechtsgrundsätzen und sind in der gemeinschaftlichen Normhierarchie dem primären Gemeinschaftsrecht gleichgeordnet.

Die Garantie von Grundrechten gehört somit zum geschützten Bestand des Europäischen Gemeinschaftsrechts. Jedoch enthalten weder der EG-Vertrag noch der Vertrag über die Europäische Union einen geschriebenen Rechtskatalog, sondern lediglich einzelne Bestimmungen, die unmittelbar oder mittelbar eine grundrechtsintensive Wirkung haben. Beispielsweise besteht der Grundsatz des gleichen Arbeitsentgelts für Männer und Frauen in Art. 141 EGV, gefolgt vom Diskriminierungsverbot aus Gründen der Staatsangehörigkeit in Art. 12 EGV und dem Diskriminierungsverbot zwischen Erzeugern oder Verbrauchern von landwirtschaftlichen Produkten in Art. 34 Abs. 2 II EGV.[450]

Grundlage dieser allgemeinen Rechtsgrundsätze ist Art. 6 des Vertrags über die

---

[448] Der Europäische Rat hat im November 2004 dieses „Haager Programm" verabschiedet. Es erstreckt sich auf die Bereiche Asyl- und Migrationspolitik, straf- und zivilrechtliche Zusammenarbeit sowie Kriminalitätsbekämpfung, zu der strafverfolgerische und rein polizeiliche Fragen gehören (Ratsdok. 16054/04 v. 13.12.2004).

[449] Wetter (1998), S. 1.

[450] Wetter (1998), S. 3.

Europäische Union (EUV), in dem es heißt: "Die Union achtet die Grundrechte, wie sie in der am 4. November 1950 in Rom unterzeichneten Europäischen Konvention zum Schutze der Menschenrechte und Grundfreiheiten gewährleistet sind und wie sie sich aus den gemeinsamen Verfassungsüberlieferungen der Mitgliedstaaten als allgemeine Grundsätze des Gemeinschaftsrechts ergeben".[451] Des Weiteren wird in Art. 11 I fünfter Gedankenstrich und Art. 30 I EUV, sowie in Art. 177 I, II des Vertrages zur Gründung der Europäischen Gemeinschaft (EGV) auf den Schutz der Grundrechte und Menschenrechte hingewiesen. Weiterhin wird in der Präambel der Einheitlichen Europäischen Akte auf die EMRK Bezug genommen.[452]

Jutta Limbach, ehemalige Präsidentin des Bundesverfassungsgerichts, stellt in ihrem Beitrag zur Neubestimmung des Verhältnisses von Bundesverfassungsgericht, Europäischem Gerichtshof und Europäischem Gerichtshof für Menschenrechte fest, dass in erster Linie der Europäische Gerichtshof in Luxemburg berufen ist, den Grundrechtsschutz in der Europäischen Union im Einzelfall zu gewährleisten. Zwar, so sagt sie, hat das Bundesverfassungsgericht nicht den prinzipiellen Anspruch aufgegeben, Rechtsakte der Europäischen Gemeinschaft auf ihre Grundrechtskonformität hin zu überprüfen, da jedoch nach Ansicht des Bundesverfassungsgerichts[453] im Hoheitsbereich der Europäischen Gemeinschaften ein dem Standard des Grundgesetzes im wesentlichen vergleichbarer Grundrechtsschutz entwickelt worden ist, übe das Bundesverfassungsgericht seine Gerichtsbarkeit nicht mehr aus.[454] Der Europäische Gerichtshof sei unter den Voraussetzungen, die das Bundesverfassungsgericht in einer seiner Entscheidungen formuliert hat, auch für den Grundrechtsschutz der Bürger der Bundesrepublik Deutschland gegenüber Akten der nationalen (deutschen) öffentlichen Gewalt, die auf Grund von sekundärem Gemeinschaftsrecht ergehen, zuständig. Das Bundesverfassungsgericht werde erst und nur dann im Rahmen seiner Gerichtsbarkeit wieder tätig, wenn der Europäische Gerichtshof den Grundrechtsstandard verlassen sollte.[455] Wird also eine Grundrechtsverletzung festgestellt, so erklärt der EuGH die angefochtene Handlung rückwirkend und mit allseitiger Bindungswirkung für nichtig.

Auf dem Europäischen Gerichtshof ruhen hohe Erwartungen für den europäischen Grundrechts- und Menschenrechtsschutz, auch wenn sich der Gerichtshof zurzeit aufgrund der zugewiesenen Kompetenzen primär mit wirtschaftlichen Zusammenhängen der EU befasst. Ob er die hohen Erwartungen

---

[451] Limbach (2000), Rn. 18.
[452] Quelle: 10 / Anhang C II.
[453] BVerfGE 89, 155 ff.
[454] Limbach (2000), Rn. 19.
[455] Limbach (2000), Rn. 19.

vor dem Hintergrund der analysierten Erosionen der Menschenrechte erfüllen werden kann, muss die Zukunft (auch der EU) noch erweisen.[456]

d) Zur Übermacht der europäischen Exekutive

Der institutionelle Ausbau der europäischen Apparate innerer Sicherheit schreitet voran. Im Hinblick auf die Polizei und Strafpolitik der Union lassen sich die zum Schluss in Den Haag beschlossenen Vorhaben wie folgt gliedern[457]:

- *Europol*, als europäisches Polizeiamt,
- *Eurojust*, welche zu einer europäischen Staatsanwaltschaft umgewandelt werden soll,
- *Frontex*, als europäische Grenzschutzagentur, mit der Ausrichtung auf eine spätere europäische Grenzschutztruppe,
- *Cepol*, als Einrichtung einer Europäischen Polizeiakademie und
- *COSI*, ein „Ausschuss hoher Beamter", wobei es als offenkundig angesehen wird, dass mit COSI die Keimzelle eines europäischen Innenministeriums entsteht, und
- *PCTF*, ein Treffen der Polizeichefs der Mitgliedstaaten, welches in der zukünftigen Sicherheitsarchitektur der EU als Verbindung zwischen COSI und nationalen Polizeibehörden anzusehen ist.

Rechtsschutzerwägungen in dieser „Großbaustelle des Europas der Polizeien" (Cilip)[458] für die Bürger der EU hat diese nicht angestellt. Lediglich der institutionelle Ausbau der Apparate innerer Sicherheit schreitet voran. Es wird allerdings befürchtet, dass dieser europäische Verbund die nationalen Arrangements nicht nur überwölben, sondern diese auch direkt verändern wird. Pütter verweist auf drei Veränderungsbereiche[459]:

- Polizeistrategische Einsatzphilosophien (Intelligence-Arbeit und Vorfeldermittlungen),
- wachsende Bedeutung der Informationsarbeit (Verknüpfung von Datenbeständen unterschiedlicher Zwecksetzungen) und
- Zusammenfügung unterschiedlicher Kontrollbehörden.

Der institutionelle Ausbau der Apparate innerer Sicherheit erfolgt europaweit kontinuierlich, wobei zum Rechtsschutz der Bürger allenfalls „Mindeststandards" formuliert werden: „Mit der Reichweite und der Eingriffstiefe europäi-

---

[456] Zum Schutz der Menschenrechte unter dem Aspekt des fairen Verfahrens im Hinblick auf den Europäischen Gerichtshof für Menschenrechte und den Europäischen Gerichtshof vgl.sowohl im Überblick als auch vertiefend Rzepka (2001), S. 11-112.
[457] Vgl. zur Beschreibung dieser exekutiven Entwicklungsfelder Pütter (2006), S. 13 ff.
[458] So Cilip (2006), S. 2 in einer Redaktionsmitteilung.
[459] Pütter (2006), S. 20.

scher Regelungen wächst der bügerrechtliche Schutz nicht, sondern er wird kleiner".[460]

4. Bundesrepublik Deutschland: Innerstaatliche Sicherungsmechanismen für die Menschenrechte

Die Umsetzung der Menschenrechte auf nationaler Ebene erfolgt im Wesentlichen nach Maßgabe der Grundrechte des Grundgesetzes. Deswegen soll – der Vollständigkeit halber – der formelle Rahmen des Menschenrechtsschutzes kurz abgesteckt werden. Gleichwohl: Der nationale Gerichtsschutz ist der Hauptfilter für das Auffangen von Menschenrechtsverletzungen. Nur was nationale Gerichte im Klagewege abweisen, kann an die höheren europäischen Instanzen gelangen. Das ist im Kontext dieser Untersuchung nicht das Hauptproblem. Analysiert werden soll auch nicht der rechtliche Umgang nationaler Gerichte mit Menschenrechtsverletzungen. Im Fokus steht die Frage, ob und wie der Rechtsschutz gegenüber Menschenrechtsverletzungen überhaupt zur öffentlichen Aufmerksamkeit - d.h. der justiziellen Verarbeitung - gelangt und welche (insbesondere informellen) Methoden dazu beitragen.

Alle drei staatlichen Gewalten sind gemäß Artikel 1 Abs. 3 Grundgesetz (GG) unmittelbar an die Grundrechte gebunden. Weiterhin bestimmt Art. 20 Abs. 3 GG, dass die Gesetzgebung an die verfassungsmäßige Ordnung, die vollziehende Gewalt und die Rechtsprechung an Gesetz und Recht gebunden sind (Rechtsstaatsprinzip). Diese Kernprinzipien der deutschen Rechtsordnung müssen bei jeglichem staatlichen Handeln beachtet werden, so dass hierdurch auch die durch die Grundrechte gewährleisteten Menschenrechte - dem Anspruch nach - garantiert werden. Im Folgenden soll dargestellt werden, wie diese Kernprinzipien die Rechte und Pflichten der drei Gewalten bestimmen.

a) Legislative

Jegliches legislatives Handeln unterliegt der Bindung an die Verfassung und muss damit die Grundrechte wahren. Jeder Eingriff in den Schutzbereich der Grundrechte bedarf deshalb einer Rechtfertigung. Diese Rechtfertigung und damit die Verfassungsmäßigkeit der Gesetze sind durch die unabhängige Judikative überprüfbar (z.B. Normenkontrollverfahren, Art. 93 GG) – allerdings bedarf es immer eines Klägers. Bereits durch diesen Kontrollmechanismus zwischen Legislative und Judikative findet eine Sicherung der Menschenrechte statt.

Ein weiterer Kontrollmechanismus befindet sich innerhalb der Legislative und wird durch die Parlamentarischen Untersuchungsausschüsse gewährleistet (Art. 44 GG in Verbindung mit dem Untersuchungsausschussgesetz). Diese Aus-

[460] Pütter (2006), S. 20.

schüsse sind befugt, staatliches Handeln der Exekutive und der Legislative inklusive möglicher Menschenrechtsverletzungen im Rahmen einer öffentlichen Verhandlung zu untersuchen und Beweise zu erheben[461].

Ferner existiert der Petitionsausschuss des Bundestags. Das Petitionsrecht nach Art. 17 des Grundgesetzes, welches von Bitten und Beschwerden spricht, gilt als primäres Individualrecht des Bürgers, sich auch außerhalb förmlicher Rechtsbehelfe und Gerichtsverfahren an die zuständigen Stellen, vor allem aber an das Parlament zu wenden. Im Gegensatz zu herkömmlichen Klagen, bei denen Formen und Fristen, Anwaltszwang, Geschäfts- und Prozessfähigkeit eine Voraussetzung darstellen, gibt es für eine Petition keine weiteren Bedingungen.[462] Auch Ausländer und Staatenlose sowie Minderjährige, Strafgefangene und sogar Entmündigte dürfen petitionieren, solange sie in der Lage sind, ihr Anliegen verständlich zu formulieren.[463] Das Petitionsrecht soll einen geschützten Raum zwischen Bürger und Staat schaffen, in dem menschliche Nöte und individuelle Anliegen geprüft werden können. Anders als die Gerichte, kann ein Petitionsverfahren beispielsweise auch Beurteilungsspielräume der Verwaltung in die Prüfung miteinbeziehen.[464]

b) Exekutive

(1) Die Exekutive ist durch Art. 1 Abs. 3 GG an das Grundgesetz, also an das unmittelbar geltende Recht, gebunden. Somit ist die ausführende Gewalt an die Verfassung gebunden, welche den Menschenrechtsschutz beinhaltet. Dieses wird weiterhin in Art. 20 Abs. 3 GG bestimmt, der besagt, dass die vollziehende Gewalt an Gesetz und Recht gebunden ist. Auch hier wird - dem Anspruch nach - die Einhaltung dieser Pflichten durch die Judikative kontrolliert.

(2) Um ihren Schutzpflichten für Menschenrechte nachzukommen, hat die Bundesregierung einen Beauftragten für Menschenrechtsfragen institutionalisiert. Das Amt des Beauftragten ist seit 1970 dem Bundesministerium der Justiz angeschlossen. Der Beauftragte ist nur für bestimmte, klar umrissene Aufgabenbereiche zuständig. Er hat nicht die Funktion eines Ombudsmannes. Der Schwerpunkt der Tätigkeit des Beauftragten liegt in juristischen Aufgaben. Er ist offizieller Vertreter der Bundesregierung vor dem Europäischen Gerichtshof für Menschenrechte sowie vor Menschenrechtsausschüssen der Vereinten Nationen. Weiterhin ist er für Änderungen oder Ergänzungen bestimmter menschenrechtlicher Übereinkommen der Vereinten Nationen sowie für die Erarbeitung bestimmter Protokolle zur Europäischen Menschenrechtskonvention zuständig.

---

[461] Degenhart (1999), S. 171.
[462] Schick (1987), S. 33.
[463] Schick (1987), S. 59.
[464] Schick (1987), S. 34.

Daneben ist der Beauftragte Mitglied der Europäischen Kommission gegen Rassismus und Intoleranz des Europarats (ECRI) sowie in dem Lenkungsausschuss für Menschenrechte und in weiteren Ausschüssen, die an der Verbesserung des Menschenrechtsschutzes arbeiten. Der Beauftragte erarbeitet außerdem die so genannten Staatenberichte zu mehreren Menschenrechts-Übereinkommen der Vereinten Nationen. Schließlich ist der Beauftragte an Aufbau und Tätigkeit des Deutschen Instituts für Menschenrechte beteiligt und arbeitet mit Nicht-Regierungs-Organisationen in Fragen seines Zuständigkeitsbereichs zusammen.[465]

Insgesamt ist der Menschenrechtsbeauftragte Repräsentant und Vertreter der Exekutive. Diese offizielle Funktion scheint auch die Sensibilität der Wahrnehmung dieses Amtes zu kennzeichnen. Beleg hierfür ist der Bericht der NGO „Forum Menschenrechte", die zum Fachgespräch über Berichte der Bundesregierung zu deren Menschenrechtspolitik in den auswärtigen Beziehungen und in anderen Politikbereichen vom Menschenrechtsbeauftragten eingeladen wird.

In der Mitteilung zum Fachgespräch über den 7. Bericht der Bundesregierung berichtet die Humanistische Union kritisch über inhaltliche Schwerpunkte der Debatte zum Bericht und zur Diskussion mit dem Beauftragten. Aus der Mitte des „Forum Menschenrechte" wurde kritisiert, dass der 7. Menschenrechtsbericht der Bundesregierung das Luftsicherheitsgesetz „in keiner Weise problematisiert. Es sprang geradezu ins Auge, dass das Handeln der Bundesregierung in problematischen Bereichen im Menschenrechtsbericht nicht analysiert worden ist. Auch die Vorträge zum Bericht gingen überwiegend behutsam mit seinen Defiziten um. So hätte man – wie zum Luftsicherheitsgesetz – auch Vergleichbares angesichts der Entscheidung zum europäischen Haftbefehl zur deutschen Menschenrechtspolitik gegenüber der EU vortragen können."[466]

Diese Kontroverse zwischen der Nichtregierungsorganisation „Forum Menschenrechte" und dem offiziellen Menschenrechtsbeauftragten der Bundesregierung ist ein eindrucksvoller empirischer Beleg für die Legitimation des informellen Menschenrechtsschutzes durch NGOs. Aus der Perspektive eines offiziellen Menschenrechtsschutzes fallen zentrale Menschenrechtsverletzungen (z.B. Luftsicherheitsgesetz, Gesetz zum europäischen Haftbefehl)[467] schon deshalb aus der Überwachungswahrnehmung heraus, weil die Bundesregierung selbst die verfassungswidrigen Rechtsgrundlagen geschaffen hatte und vom Bundesverfassungsgericht mit der Feststellung der Verfassungswidrigkeit kon-

---

[465] Quelle 0/ Anhang C II.
[466] MITTEILUNGEN der Humanistischen Union e.V. Nr. 193 (Juni 2006), S. 14.
[467] Vgl. hierzu die Beiträge von Lepsius (2006), S. 47 ff; Schenke (2006), S. 75 ff.; Herzog (2006), S. 89 ff.; Leutheuser-Schnarrenberger (2006), S.103 ff.; P.-A. Albrecht (2006b), 115 ff.

frontiert worden ist. Das Bild, den Bock zum Gärtner zu machen, findet im Amt des offiziellen Menschenrechtsbeauftragten, der die Bundesregierung vor dem EuGH und den VN-Menschenrechtsausschüssen vertritt, eine bemerkenswerte Einlösung in der Realität des Menschenrechtsschutzes im demokratischen Rechtsstaat.

Außerdem hat die Bundesregierung 1998 ein Amt für einen Beauftragten oder eine Beauftragte für Fragen der Menschenrechte und Humanitären Hilfe eingerichtet. Zu dessen Aufgaben gehört es, die Entwicklung in diesen Bereichen weltweit zu verfolgen, den bilateralen und multilateralen Dialog mit Regierungen und Nichtregierungsorganisationen mitzugestalten und dem Bundesminister des Auswärtigen Amts operative Vorschläge zur Ausgestaltung der Politik der Bundesregierung zu machen. Allerdings orientiert sich die Tätigkeit des Beauftragten im Bereich der Auswärtigen Beziehungen, also nicht national, und soll somit nicht weiter ausgeführt werden.

c) Judikative

Im innerstaatlichen Justizsystem hat jeder Staatsbürger das Recht, ein möglicherweise verletztes Menschenrecht vor Gericht zu bringen, und hat dabei Anspruch auf einen wirksamen Rechtsschutz (Rechtsweggarantie). Dieses Recht ist in Art. 19 IV des Grundgesetzes festgelegt: „Wird jemand durch die öffentliche Gewalt in seinen Rechten verletzt, so steht ihm der Rechtsweg offen". Ein Verfahren kann nach einem vollständig erschöpften Instanzenzug, so in Art. 93 I Nr. 4a GG festgelegt, an das Bundesverfassungsgericht gebracht werden. Somit ist das Menschenrecht auf rechtliches Gehör - dem normativen Programm nach - vollständig gegeben (Art. 103 I GG) und der Staat ist zur „Justizgewährung" verpflichtet.

Vor Gericht können die Grundrechte und die in Art. 93 I Nr. 4a GG genannten Rechte eingeklagt werden, wie der Art. 20 Abs. 4 GG, die staatsbürgerlichen Rechte (Art. 33 GG), das Recht auf freie, gleiche und geheime Wahl (Art. 38 GG), das Verbot von Ausnahmegerichten (Art. 101 GG), die Grundrechte des Angeklagten (Art. 103 GG) und die Rechtsgarantien bei Freiheitsentziehung (Art. 104 GG). Ebenso wie die beiden schon genannten Gewalten ist auch die Judikative an die Verfassung gebunden, wodurch auch in diesem Rahmen ein Menschenrechtsschutz gewährleistet wird.

Die ehemalige Präsidentin des Bundesverfassungsgerichts Jutta Limbach hat das Spannungsverhältnis zwischen geschriebenem Verfassungstext und der Rechtsanwendung wie folgt umschrieben: „Die Schranken rechtsstaatlicher Strafrechtspflege werden gern als Spitzfindigkeiten abgetan, die nur den prompten Zugriff des Staates auf den Straftäter behindern. Leider leuchten die Garantien, die den unschuldig in Verdacht Geratenen schützen sollen, der Bevölkerung weniger ein als das Bedürfnis nach möglichst schlagkräftigen Mitteln der Gefahrenabwehr. Gewiss kann man sich darauf verlassen, dass es noch das Bundesverfassungsgericht gibt, das die Gesetzestexte im Streitfall kritisch gegenliest. Doch sollte es der Ehrgeiz der Politik sein, dieser verfassungsgerichtlichen Nachhilfe zuvorzukommen."[468]

III. Fazit zum formellen Menschenrechtsschutz

Das hier beschriebene formell-rechtliche Sicherungssystem -internationaler wie nationaler Art - mit seinen differenzierten Kontrollmöglichkeiten gewährleistet vom Ansatz her einen hohen Standard des Menschenrechtsschutzes.

1. Internationale formelle Überwachungsinstitutionen

Die Globalisierung des Rechts hat zur Entwicklung einer Globalverfassung geführt. Es ist dies aber nur eine Verfassung im „funktionalen Sinn", die in der „Weltgesellschaft die Politik ans Recht bindet. Die so verstandene Verfassung ist im Bereich der Menschenrechte der autoritative Referenzpunkt der globalen Rechtsordnung."[469] Auch wenn die internationalen Institutionen, die hier vorgestellt wurden, - wenn überhaupt - nur subsidiär zuständig sind, wird ihnen gleichwohl eine positive Ausstrahlung auf die Weltrechtsentwicklung zugesprochen. Im universellen Geltungsanspruch des internationalen Menschenrechtsschutzes kommt ein konsensuales Rechtsmodell zum Ausdruck, das zu internationaler Rechtsangleichung führt, die Globalisierung der Rechtskommunikation trägt und ein Willkürverbot für die Souveräne der Weltgesellschaft ständig anmahnt. Mit all dem verbindet man die Hoffnung, dass „rechtliche Grenzen gesetzt werden, dass also Foren und Verfahren gestärkt und installiert werden, in denen das Recht den totalisierenden Tendenzen des Sozialsystems Politik eine Grenze ziehen kann."[470]

Dabei sind auch konstruktive Verbesserungen der Rechtsanwendung - mit Andreas Fischer-Lescano - zu fordern. Das Weltrecht der Globalverfassung

- muss sich seine Unabhängigkeit erkämpfen,
- es muss eine obligatorische Gerichtsbarkeit des internationalen Gerichtshofes herbeiführen,
- es muss Beschlüsse des VN-Sicherheitsrates wirksam überprüfen können,
- es muss eine wirksame Weltgerichtsbarkeit und eine politische Unabhängigkeit der Gerichte stärken und

[468] Jutta Limbach in Süddeutsche Zeitung vom 24. August 2006, S. 2.
[469] Fischer-Lescano (2005), S. 265.
[470] Fischer-Lescano (2005), S. 219.

- - vor allem - es muss die globale Zivilgesellschaft an den Prozessen de- Rechtsetzung beteiligen.[471]

Auf die internationalen Überwachungsgremien der Vereinten Nationen kommt in Zukunft eine weitere Aufgabe zu. Bislang herrschte das Bild vor, in den Entwicklungs- und Schwellenländern Menschenrechte gegen die dortigen Regierungen erst einmal in Stellung zu bringen und zu behaupten. Damit hatten die reichen Industrienationen nach außen gespiegelte Funktionen als Sponsoren für Menschenrechte. Die Globalisierung zeigt uns einen Paradigmenwechsel an. Globalisierte Wirtschaftsunternehmen und Konzerne, also Subsysteme der von der Systemtheorie so genannten „anonymen kommunikativen Matrix", gefährden Menschenrechte, Personenrechte und Diskursrechte nahezu in aller Welt, besonders aber dort, wo die Regulierungskraft von Staaten und deren Regierungen am schwächsten ausgebildet ist: in den Entwicklungs- und Schwellenländern. Mutmaßlich gut gemeinter Menschenrechtsschutz wandelt sich somit zu Menschenrechtsverzehr. Mit anderen Worten: Menschenrechte werden sich in Zukunft gegen die unmenschlichen gesellschaftlichen Praktiken einer „anonymen Matrix" (Teubner) wenden müssen. Politisch wird das heißen, dass die Menschenrechte in Zukunft massiv auf die Beseitigung ungerechter Zustände und als Protest gegen Unmenschlichkeiten der Kommunikation gegen die westlichen Anmaßungen der Globalisierung in Stellung zu bringen sind, also durchaus auch in den rechtsstaatliche ausgerichteten Industriestaaten. Die Frage der Justiziabilität, also die, ob das Recht hierzu Hilfestellung geben kann, ist zurzeit eine völlig offene.[472]

2. Europäische formelle Schutzebenen

Europa ist ein Schritt weiter als die Weltgesellschaft. Der Europäische Gerichtshof für Menschenrechte (EGMR) und der Europäische Gerichtshof (EuGH) mühen sich, konkret in einem regional überschaubaren Raum und Rahmen für den Schutz der Menschenrechte einzutreten. Hierbei sind sie allerdings zum einen durch das Subsidiaritätsprinzip und zum anderen durch Kompetenzzuweisungen in ihrem Menschenrechtsschutz begrenzt. So ist zum Beispiel die Europäische Union durch die Europäischen Verträge – bis auf wirtschaftsrechtliche Ausnahmen – (noch) nicht legitimiert, ein europäisches Strafrecht zu schaffen. Gleichwohl entsteht durch die Dominanz der europäischen Exekutive ein fakti-

---

[471] Fischer-Lescano (2005), S. 276.

[472] Vgl. hierzu Teubner (2006), S. 181 ff.; ders. bereits (1998), S. 8 ff. Zu Rechtsproblemen vertraglicher Multilateralität vgl. den Schwerpunkt mit unterschiedlichen Anwendungsbeispielen und Analysen in Heft 2-3 KritV 2006. Am Beispiel des Beitrages von Andreas Abegg wird besonders deutlich, dass die „Regulierung hybrider Netzwerke im Schnittpunkt von Wirtschaft und Politik" (KritV 2006, S. 266 ff) mit traditionellen Rechtsansätzen kaum möglich ist. Der internationale Stellenwert von „Vertragsnetzwerken" zeugt jedenfalls von der drängenden Aktualität dieses Problems.

scher strafrechtlicher Zugriff, der Menschenrechtsverletzungen zur Folge hat. Eine unabhängige europäische Dritte Gewalt kann hierüber noch nicht wachen, weil es sie im Bereich des Strafrechts nicht gibt. Der nationale Richter vor Ort, der Maßnahmen von Europol und Eurojust bei Widersprüchen der Bürger zu judizieren hat, ist der exekutivischen Durchschlagskraft der Euroinstitutionen nicht gewachsen.[473]

3. Nationale formelle Schutzebenen

Die Geschichte des deutschen Bundesverfassungsgerichts kann man durchaus als Geschichte des Kampfes um Grund- und Menschenrechte lesen.[474] Grundrechte wurden vom Bundesverfassungsgericht zu Beginn der Bundesrepublik Deutschland eher als Abwehrrechte gegen den Staat verstanden, erst langsam hat sich dann das Verständnis vom Abwehrrecht zum Beteiligungsrecht, das dem einzelnen Staatsbürger auch ein sozialsstaatliches Engagement im Sinne eines status activus auferlegt, entwickelt.[475] „Aber wie dem auch sei" - so resümiert die ehemalige Präsidentin des Bundesverfassungsgerichts, Jutta Limbach, – „die Rechtsprechung des Bundesverfassungsgerichts hat ein Bewusstsein der Bürgerinnen und Bürger dafür geschaffen, dass sie staatlichen Maßnahmen nicht wehrlos ausgesetzt sind. Vor allem hat sie den Sinn sowohl der öffentlichen Akteure als auch der Bürger dafür geschärft, dass der Katalog der Grundrechte in der Bundesrepublik Deutschland unmittelbar geltendes Recht darstellt".[476]

Allerdings ist der Entwicklung des Grund- und Menschenrechtsschutzes auch eine Erosion der Grundrechte, insbesondere der Freiheitsrechte, zu Eigen. Das Spannungsverhältnis von Freiheit und Sicherheit, das angesichts der Bedrohungen durch Globalisierungsauswirkungen und Risikoszenarien wie Terrorismus und organisierte Kriminalität Grund- und Menschenrechte mehr und mehr verzehrt, fordert auch in ausgeprägten Rechtsstaaten wie der Bundesrepublik Deutschland seinen Tribut an rechtsstaatlichem Abbau.[477]

Wie gerade die Berichte unabhängiger Organisationen zeigen werden, scheint selbst das Rechtsschutzsystem Deutschlands Verletzungen von Menschenrechten nicht immer angemessen begegnen zu können. Das ist nicht nur eine Frage des geschriebenen Rechts, also der verfassungsrechtlich garantierten Rechtsstaatlichkeit, sondern zum einen eine Frage der Erkennbarkeit und zum anderen eine der Beweisbarkeit. Es soll daher im vierten Teil untersucht werden, ob zu-

[473] Braum (2003), S. 592.
[474] Vgl. hierzu die verschiedenen Beiträge aus Anlass des 100. Bandes der Entscheidungen des Bundesverfassungsgerichts, KritV 2000, S. 271 ff.; vgl. auch Badura (2001) (Hrsg.): Festschrift 50 Jahre Bundesverfassungsgericht.
[475] BVerfGE **8**, 104, 115; **60**, 175, 194 .
[476] Limbach (2000), Rn. 4.
[477] Denninger (2003), S. 313ff; Volkmann (2004), S. 696; Brugger / Gusy (2004), S. 155.

sätzliche informelle Beobachtungs- und Ermittlungsinstrumente, die das bestehende Sicherungssystem unterstützen und ergänzen, zweckmäßig und notwendig sind, um den Menschenrechtsschutz zu fördern.

Menschenrechtsverletzungen können ferner dadurch verstärkt auftreten, weil die oben aufgezeigten Erosionen der Menschenrechte aufgrund ihrer Einbindung als Bestandteile der offiziellen Risiko- und Sicherheitslogiken vom Zugriff formeller Systemreaktionen – da systemimmanent – ausgenommen sind. Das Amt des Beauftragten der deutschen Bundesregierung für Menschenrechtsfragen hat das verdeutlicht: Die Regierung, die verfassungswidrige Normbefehle produziert, soll dadurch verursachte Menschenrechtsverletzungen vor internationalen Gremien selbst denunzieren: ein Anachronismus im System des Menschenrechtsschutzes. Sind Menschenrechtsverletzungen indes aufgrund ihrer Eindeutigkeit, wie zum Beispiel bei der Folter, evident, kann der Zugriff aber auch auf anderem Wege verstellt werden: Durch Anpassung und Änderung der Rechtsgrundlagen, was nun belegt werden soll.

B. Normative Veränderungsprozesse im traditionellen Rechtssystem am Beispiel der strafrechtsdogmatischen Folterdebatte in Deutschland

Was nutzen selbst scharf geschliffene Zähne formeller Aufklärung und Rechtsverfolgung, wenn die Rechtsgrundlagen selbst erodieren und wegbrechen? Anhand des konkreten Beispiels der Folter, dem Eingriff in den härtesten Kern von Menschenrechten, kann der Nachweis erbracht werden, wie massiv der von der Rechtswissenschaft geförderte normative Schwund – selbst international anerkannter und gebundener - rechtsstaatlicher Essentials ist, obwohl es bis vor kurzem uneingeschränkt herrschende Meinung der deutschen Rechtswissenschaft war: Eingriffe in das Folterverbot waren ein allseits anerkanntes - auch wissenschaftliches - Tabu.[478]

Im Folgenden soll die strafrechtsdogmatische Diskussion[479] präzise und umfassend nachgezeichnet werden. Das hat zwei Gründe: Zum eine kann nur durch eine umfassende Wortlautwiedergabe die argumentative Struktur des fundamentalen Wandels elementarer Rechtsprinzipien und der dadurch ausgelösten Erosionen in den normativen Geltungsgrundlagen zentraler Menschenrechte nachgezeichnet und analysiert werden. Zum anderen soll im weiteren Verlauf der Ar-

---

[478] So Poscher in FAZ vom 2.Juni 2004, S. 8.

[479] In der folgenden Analyse dieses Abschnittes werden nur ausgewählte Autoren zugrunde gelegt: Braum, Brugger, Ellenbogen, Erb, Herzberg, Jahn, Norouzi. In der Fülle der wissenschaftlichen Diskussion wiederholen sich die Argumente stets in gleicher Weise. Weitere Autoren, die an der Folter-Debatte in Deutschland teilnehmen, kann man z.B. bei Saliger (2004, S. 39 Fn. 20) finden.

beit untersucht werden, ob informelle zivilgesellschaftliche Organisationen in der Lage sind, den fundamentalen Einbruch in die normativen Grundlagen des Menschenrechtsschutzes im einzelnen wahrzunehmen und wenn ja, in welcher Form sie darauf reagieren und welche Strategien der Aufklärung sie nutzen. Dieses soll im vierten Teil am Beispiel von Amnesty International veranschaulicht und dokumentiert werden.

Folter ist die schwerste Menschenrechtsverletzung, worüber internationales Einvernehmen besteht. Folter wird nicht nur moralisch oder politisch als verwerflich angesehen, die meisten Rechtsordnungen kriminalisieren die Folter als schwerstes Unrecht mit erheblicher Sanktionsbreite. Insbesondere stehen bezüglich der Folterproblematik Maßnahmen durch Amtsträger im Blick strafrechtlicher Normen. In Betracht kommen als strafrechtliche Tatbestände – je nach Fall und Konstellation – die Körperverletzung im Amt (§ 340 StGB) mit einem Strafrahmen von drei Monaten bis zu fünf Jahren Freiheitsstrafe, ferner die Aussageerpressung (§ 343 StGB), normiert als Verbrechenstatbestand mit einer Freiheitsstrafe von einem Jahr bis zu zehn Jahren, die Nötigung (§ 240 StGB), mit Freiheitsstrafe bis zu drei Jahren, in besonders schweren Fällen von sechs Monaten bis zu fünf Jahren und schließlich die Verleitung eines Untergebenen zu einer Straftat (§ 357 StGB), mit einem Strafrahmen, der der für die ausgeführte Tat geltenden Strafe entspricht. Die strafgesetzlichen Tatbestände und die weiten Strafrahmen zeigen, dass es dem Gesetzgeber ernst ist, die Folter als schwere Menschenrechtsverletzung dem schweren Unrecht angemessen mit Härte zu sanktionieren.

I. Die Ausgangsbasis: Menschenwürde als unverrückbare Schranke vor der Folter

Die Würde des Menschen ist unantastbar - so sagt es das Grundgesetz in Artikel 1 - und kleidet diese staatliche Schutzverpflichtung in ein Bekenntnis des gesamten Volkes „zu unverletzlichen und unveräußerlichen Menschenrechten“. Die wissenschaftliche Literatur zu den Menschenrechten müht sich stets um eindrucksvolle Beispiele, den Verstoß gegen Menschenwürde jedermann deutlich zu machen: Der Schutz vor staatlich veranlasster Folter – sei sie nun repressiv oder präventiv intendiert – ist weltweit als zentrales Menschenrecht in die Rechtsordnungen eingestellt. Diese Sichtweise entspricht auch der verfassungsgerichtlichen Rechtsprechung und der herrschenden Auffassung im juristischen Schrifttum Deutschlands. Die Vorschrift des Artikel 1 Abs. 1 des Grundgesetzes bleibt damit auch für das verfassungsrechtliche Schrankensystem ein Tabu: *„Die Menschenwürde ist ‚unantastbar‘. Systematisch wird dies durch die herausgehobene Stellung von Art. 1 GG unterstrichen.“*[480]

---

[480] Jahn (2004), S. 25.

Das Landgericht Frankfurt hat in seinem Urteil gegen den Vize-Präsidenten der Frankfurter Polizei[481] judiziert: *„Art. 1 Abs. 1 Satz 1 GG (ist) unabänderlich. Der Verfassungsgeber hat in Art. 79 Abs. 3 GG dem Grundgedanken „wehret den Anfängen" Ausdruck verliehen und eine Änderung dieses Verfassungsgrundsatzes ausgeschlossen (...). Der Rechtsstaat würde sich selber aufgeben, wenn er diesem strikten Gebot keine Folge leisten würde".*[482]

Die Menschenwürde ist für den Staat „unantastbar", sie ist damit „abwägungsresistent" und das bedeutet, *„dass der Staat die Würde des Einen nicht einmal zum Schutz der Würde eines oder vieler anderer verletzen darf. (...) Die Schutzpflicht des Staates endet dort, wo er selbst die Menschenwürde eines anderen verletzen müsste."*[483] Mit anderen Worten, die Folter wird ohne Rücksicht auf ihren Anlass zum sicheren Bestand einer Verletzung der Menschenwürdegarantie gezählt, national wie international, mit der Folge: *„Auch der ‚gefährliche Gewohnheitsverbrecher', ‚rücksichtslose Terrorist' oder ‚psychopathische Massenmörder' wird daher durch Folter in seiner Menschenwürde verletzt".*[484]

Fast man diese schlichte und gleichermaßen eindeutige Position in eine juristische Kategorie, so ist das Unabwägbare und Unverrückbare an Artikel 1 des Grundgesetzes nicht die positivistische Festsetzung durch den Gesetzgeber, der in seiner historischen Furcht vor steten Rückfällen die Ewigkeitsgarantie des Art. 79 GG gleich mitlieferte, sondern das wichtigste ist die Verankerung in einer Dimension der Vorrechtlichkeit, mag man das nun als Naturrecht, Metaphysik oder historische Schlussfolgerung bezeichnen: Den Menschen schützt – seit Kant unwiderlegbar – seine angeborene Würde vor staatlichen Eingriffen, durch die er als Mittel zum Zweck funktionalisiert wird.[485]

Seit je hat man sich um festere Begründungen für die Forderung nach einer absoluten Ächtung der Folter bemüht, wobei Naucke zurecht aber anmahnt, dass das „Verbot der Folter im positiven Recht (...) keine solche festere Begrün-

---

[481] Dieser hatte, um die Aussage zum Aufenthaltsort des entführten Kindes Jakob von Metzler zu erlangen, dem beschuldigten Magnus G. während der Vernehmung Folter angedroht bzw. einem seiner Untergebenen diese Anweisung erteilt (Maier-Borst (2004), S. 264). Wie im Prozessverlauf bekannt wurde, verfasste der Polizeivizepräsident einen internen Aktenvermerk, in dem es heißt, Magnus G. sei „nach vorheriger Androhung, unter ärztlicher Aufsicht, durch Zufügen von Schmerzen (keine Verletzung) erneut zu befragen". Nach Informationen von Amnesty International sollen hohe Polizeibeamte die Frage der Anwendung von Gewalt gegen den Häftling im Vorfeld diskutiert, moralische Bedenken aber verworfen haben (Amnesty International (2004), S. 28).

[482] LG Frankfurt / M., NJW (2005), S. 694.

[483] Ellenbogen (2005), S. 342. – Allgemein zur Schutzpflichtdebatte (Grundrecht auf Sicherheit) siehe Lepsius (2006), S. 62 ff.; vgl. dazu auch oben 2. Teil A III 4 b: Fundmentale Verneinung rechtsstaatlichen Abbaus.

[484] Jahn (2004), S. 24.

[485] Kant (Ausgabe Meiner 1999), S. 158.

dung“ ist.[486] Diese Mahnung Nauckes wird durch eine Vielzahl von rechtswissenschaftlichen Äußerungen in jüngster Zeit bedenklich bestätigt, was nun belegt werden soll.

II. Internationale Regelungen zur Ächtung der Folter

Der Europäische Gerichtshof für Menschenrechte entscheidet in steter Rechtsprechung, *„dass das Folterverbot einen der Grundwerte der demokratischen Gesellschaft schützt. Diese Auslegung ist einleuchtend. Art. 3 EMRK ist die einzige Vorschrift, die nach dem Wortlaut der Konvention keinerlei Einschränkungen unterliegt. Es verwundert daher wenig, dass die Charta der Grundrechte der Europäischen Union in Art. 4 EuCh das Folterverbot des Art. 3 EMRK übernimmt. Das Folterverbot wird daher auch zu den Basissätzen der Beweismethodenverbote des im Entstehen begriffenen europäischen Strafprozessrechts gezählt.“*[487]

Die Staatsnotstandsklausel in Art. 15 Abs. 2 EMRK und Art. 4 Abs. 2 IPBPR verbieten Folter, selbst im Falle eines „öffentlichen Notstands, der das Leben der Nation bedroht“: *„Da ein Staatsnotstandsvorbehalt für diesen Fall nicht anerkannt wird, kann es erst recht keinen Vorbehalt für sonstige tragic choice-Konstellationen geben. (...) Die Bestandsaufnahme ergibt insgesamt, dass das Folterverbot geradezu einen Paradefall für lückenlosen Menschenrechtsschutz darstellt.“*[488]

Hierbei geht es nicht nur um den unmittelbaren Verstoß gegen die den folternden Amtsträger verpflichtenden nationalen Gesetze, *„sondern auch um die damit kausal bewirkte unmittelbare Missachtung internationalen Rechts durch den Staat, für den der Amtsträger handelt.“*[489] Ein Staat, der diese Grenzen internationalen Rechts nicht achtet, steht – so Braum – im Rahmen internationaler Politik nicht auf gleicher Augenhöhe mit den Staaten der Völkerrechtsgemeinschaft.

III. Die Dogmatik der Aufbrechungen des Schutzes der Menschenwürde

Der Weg von der Präventions- zur Sicherheitsgesellschaft schleift die positivistisch hergeleiteten normativen Regelungen, die nach geltendem Recht qua Würdeschutz ein Folterverbot als absolut ansehen, in jüngster Zeit beträchtlich. Die Wucht der Argumentation gegen das Postulat der Unantastbarkeit der Menschenwürde ist innerhalb der rechtspolitischen und strafrechtlichen Debatte so umwerfend, dass die nun präsentierten Zitate in ihrer empirischen Ausbreitung

---

[486] Naucke (2004) S. 28. XXVIII.
[487] Jahn (2004), S. 9, 10.
[488] Jahn (2004), S. 11.
[489] Braum (2005), S. 287.

als unmittelbare Belege für die normative Erosion der Menschenrechte gelten können.

1. Relativierungen der Menschenwürde

Der Rechtswissenschaftler Brugger hat als einer der ersten Autoren im Jahr 2000 in der Juristen-Zeitung den Angriff auf die Absolutheit des Folterverbotes eingeleitet. Die Argumentation bündelt eine sich anschließend formierende Literaturgattung, die – orientiert an der Kunstfigur eines (nicht existierenden) ‚Grundrechts auf Sicherheit' – auf die Schutzverpflichtung des Staates abstellt: Aus dieser Sicht wird dargetan, *„dass Art. 1 Abs. 1 GG (...) auch eine unbedingte Schutzverpflichtung der Staatsorgane enthält. (...) Es steht also körperliche Integrität gegen körperliche Integrität und Würde gegen Würde, und falls ein solcher Konflikt nicht anderweitig auflösbar ist, darf im Zweifel der Staat die Interessen der Opfer denjenigen der Täter überordnen."*[490]

Brugger will Schutznormen des Grundgesetzes vor dem Hintergrund dieser Interpretation „teleologisch reduzieren", das heißt im Sinne einer restriktiven Interpretation des Würdeschutzes soll auch das Folterverbot und andere abwägungsfeste Verfassungsgrundsätze relativiert werden. Wie das Grundgesetz in Art. 104 Abs. 1 Satz 2 eindeutig postuliert, dass festgehaltene Personen „weder seelisch noch körperlich misshandelt werden" dürfen, interpretiert Brugger das nur in Bezug auf hilflose Personen als berechtigt. In Anwendung auf Fälle des so genannten Ticking-Bomb-Szenarios (also ein Terrorist weiß von einer baldigen Bombenexplosion und verschweigt seine Kenntnis bei der Polizei) sieht Brugger die „Exekutivorgane gleichzeitig dem Festgenommenen ausgeliefert und versteht vor diesem Hintergrund die Schutzforderung in Art. 104 Abs. 1 Satz 2 GG als „ungerecht und absurd": *„Doch wie steht es mit der Menschenwürde, in deren Licht alle anderen Normen, auch diejenige des Art. 104 Abs. 1 Satz 2 GG auszulegen sind? Die Botschaft des Art. 1 Abs. 1 GG scheint klar zu sein: Zwingt die Polizei den Erpresser zur Informationspreisgabe, benutzt sie ihn nur als Mittel zu einem – wenn auch guten – Zweck, und das ist ohne jede Einschränkung verboten. Die Menschenwürde kommt (...) auch dem Straftäter (zu)! Doch bleibt hier schon ausgeblendet, dass der drohende Zwang nur dazu dienen soll, den Erpresser in den ihm zustehenden Rechtsraum zurückzudrängen, den er eigenmächtig und in Verletzung individueller Rechte anderer überschritten hat. Kantisch gesprochen wird der Zwang nur ausgeübt, um den Freiheitsgebrauch aller wieder kompatibel zu machen."*[491]

Der Strafrechtler Erb erkennt zwar das staatliche Achtungsgebot für den Würdeschutz allgemein an, gleichwohl will er - als schlichte Umgehung - staatliches

---

[490] Brugger (2000), S. 169.
[491] Brugger (2000), S. 169.

Handeln im Fall polizeilicher Folter gewissermaßen privatisieren. Der Polizist lege seine Menschenwürdeverpflichtung in dem Moment ab, indem er als Privatmann – auf eigene Faust – das Recht in seine Hände nimmt und damit die Rechtfertigungen der Notwehr für sich in Anspruch nehmen kann: „*Es trifft zu, dass die Zufügung von Schmerzen zwecks Erzwingung der Preisgabe von Wissen einen Eingriff in die Würde des Menschen bedeutet, dessen Vornahme der Staatsgewalt als solcher nach Art. 1 Abs. 1 GG ausnahmslos untersagt ist. Diejenigen die hieraus eine Einschränkung des Notwehrrechts gegenüber gravierenden Angriffen auf Leib und Leben ableiten wollen, übersehen jedoch drei grundlegende Aspekte: Erstens entspricht die Einschätzung, wonach Missachtung der Menschenwürde schwerer wiegt als alles andere, was man Menschen antun kann, außerhalb der Relation Staat – Bürger in keiner Weise der Realität unserer Rechtsordnung: (...) Dies zeigt ein einfacher Blick auf die strafrechtliche Behandlung, die einer Missachtung der Menschenwürde von Bürger A durch Bürger B zuteil wird: Niemand käme auf die Idee, denjenigen, der aus einem anderen Informationen herausprügelt (...), härter zu bestrafen als denjenigen, der bei identischer Motivationslage einen Mord begeht. Genau das müsste aber konsequenterweise geschehen, wenn der Respekt vor dem Leben dem Respekt vor der Würde auch dort nachgeordnet wäre, wo nicht die Staatstätigkeit, sondern auch das Verhalten eines Individuums zu bewerten ist. (...) Zweitens bedeutet es einen wesentlichen Unterschied, ob sich der Staat selbst einem absoluten Prinzip unterwirft, zu dessen Einhaltung er notfalls zur Kapitulation vor noch so schwerem Unrecht bereit ist, oder ob er es von einem Menschen per Strafandrohung verlangt, es ihm insoweit gleichzutun (...). Als Fremdbeschränkung bedeutet sie indessen de facto eine staatliche Förderung des Unrechts, dessen Erduldung dem Opfer und seinem potentiellen Nothelfer auf diese Weise abgenötigt wird. (...) Drittens ist eine Versagung des Notwehrrechts in den hier interessanten Fällen zwingend dadurch ausgeschlossen, dass der Staat durch eine solche ebenfalls gegen Art. 1 I GG verstoßen würde.*“[492]

Die privatisierte Notwehr – deren Modell im übrigen schon der Bundesgerichtshof im Urteil zur so genannten Hörfalle[493] vorgezeichnet hat – ist also aus dieser Sicht geeignet, das Folterverbot normativ zu umgehen, wobei die Unvereinbarkeit der Folter mit der Menschenwürde zwar Amtspflicht, aber keine private Leitlinie sei: „*Diese Behauptung beruht schlicht auf einem Vorzeichenfehler in der Argumentation mit Art. 1 Abs.1 GG: Es ist wohl richtig, dass Art. 1 Abs. 1 GG dem Staat ausnahmslos verbietet, Folter durch eine entsprechende polizeiliche Regelung hoheitlich anzuordnen (...). Darum geht es bei der Notwehr aber gerade nicht. Hier ist vielmehr das individuelle Verhalten eines einzelnen Menschen zu beurteilen, der den Verbrecher aus eigenem Entschluss zur Preisgabe der Informationen zwingt, die (...) erforderlich sind. Versucht der Staat, ein sol-*

---

[492] Erb (2005), S. 26 f.
[493] BGHSt 42, 139

ches Verhalten durch den Einsatz des Strafrechts zu unterbinden (wobei es keine Rolle spielt, ob der potentielle Retter eine Privatperson oder ein couragiert-eigenmächtig handelnder Polizist ist), dann bleibt er gegenüber dem Opfer nicht mehr nur untätig (...). Er geht vielmehr dazu über, umgekehrt den Angreifer zu schützen (...) Auf diese Weise wirkt der Staat aktiv darauf hin (nicht gezielt, aber doch wissentlich), dass der Mörder seine Tat ungestört zu Ende führen kann, was letzten Endes bedeutet, dass er sich strukturell in die Rolle eines Mordgehilfen begibt. (...) Deshalb erfordert Art 1 Abs. 1 GG im vorliegenden Zusammenhang keine Einschränkung des Notwehrrechts, sondern steht einer solchen im Gegenteil zwingend entgegen".[494]

In die gleiche Richtung von Brugger und Erb richtet sich auch die Argumentation des Strafrechtlers Herzberg: *„Das Postulat der „Unantastbarkeit" der Menschenwürde wird nun, wie gesagt, fast allgemein im Sinne der Unabwägbarkeit und „Notstandsfestigkeit" verstanden. Diese Deutung ist keineswegs zwingend und in meinen Augen sogar systemwidrig. (...) Die Verfassungsrechtler sehen es nämlich, jedenfalls im Prinzip und in der Theorie, einhellig so, dass man eine Menschenwürdeverletzung feststellen könne, ohne vorher zu prüfen, ob der belastende Akt nach rechtlichen Regeln verboten war. Der Fall Daschner*[495] *gibt dafür das beste Beispiel. Die Rechtswidrigkeit der Androhung von Schmerzen soll daraus folgen, dass sie Gäfgen*[496] *in seiner Menschenwürde verletzt habe. Aber umgekehrt ist es richtig. Sie hat Gäfgen nur dann in seiner Menschenwürde verletzt, wenn sie Unrecht war. War sie, wie ich behaupte, als Notwehr (§32) oder, wie andere erwägen, als Akt des Notstandes (§34) gerechtfertigt, dann war sie so wenig Menschenwürdeverletzung wie z.B. die einem flüchtigen Räuber geltende Androhung von Schmerzen durch Ruf und Warnschuss. (...) Das BVerfG hat vor einem Jahr ein Urteil gesprochen, das ganz unverblümt die Menschenwürdeverletzung davon abhängig macht, ob ein strafrechtlicher Beschluss dem Recht entspricht oder ihm zuwiderläuft. „Die Menschenwürde", lautet der erste Leitsatz, wird auch durch eine langdauernde Unterbringung in der Sicherungsverwahrung nicht verletzt, wenn sie wegen fortdauernder Gefährlichkeit des Untergebrachten notwendig ist". Also je nachdem, ob das Strafrecht es erlaubt oder nicht!".*[497] Somit scheint es dem Strafrechtswissenschaftler Herzberg „denkbar", dass die Rechtsordnung der Bundesrepublik Deutschland die Folter sogar als „letztes Rechtsmittel" zuließe.[498]

---

[494] Erb, Internet-Stellungnahme (7).

[495] Ehemaliger Polizeivizepräsident in Frankfurt am Main, der gegenüber einem Tatverdächtigen Gewaltandrohung anordnete, um den Aufenthaltsort eines entführten Kindes in Erfahrung zu bringen. (Vgl. zur Fallbeschreibung oben Fn. 481.)

[496] Wegen Mordes Verurteilter, gegen den sich die Folterandrohung richtete. (Vgl. zur Fallbeschreibung oben Fn. 481.)

[497] Herzberg (2005), S. 323, 324.

[498] Herzberg (2005), S. 324.

2. Die Argumentation der „Ausnahme" im Sinne einer „Dogmatik" für Grenzsituationen

Die Autoren Brugger, Erb und Herzberg verkennen nicht den Text internationaler Regelungen, wissen bestimmte Folternotwendigkeiten allerdings als „Ausnahme"[499] hiervon einzustufen. Erb splittet wieder in öffentliches und privates Handeln, weil letzteres ohnehin durch internationale Regelungen gar nicht erfassbar sei: *„Was die MRK (Menschenrechtskonvention) betrifft, sei daran erinnert, dass diese (...) nach h. M. nur im Verhältnis Staat – Bürger, nicht aber im Verhältnis von Bürgern untereinander Anwendung findet. Ein Grund für eine abweichende Behandlung der vorliegenden Situation ist nicht ersichtlich. Auch soweit § 32 StGB zum Ausschluss einer persönlichen Haftung eines Amtsträgers für ein Verhalten herangezogen wird, das er im Rahmen einer dienstlichen Verrichtung an den Tag gelegt hat (...), kann die MRK nicht zur Einschränkung herangezogen werden: Da hier gerade nicht die hoheitliche Komponente des Vorganges zur Beurteilung ansteht, sondern das individuelle Verhalten des einzelnen Menschen, der sich hinter dem Amtsträger verbirgt, bewegt sich die strafrechtliche Prüfung ebenso wie bei einem Privatmann außerhalb der von der MRK erfassten Relation Staat – Eingriffadressat."*[500]

Wird von Erb schon die Menschenrechtskonvention als nicht anwendungsrelevant abgeschrieben, hat er bezüglich der UN-Folterkonvention auch keine Bedenken: *„Die UN-Folterkonvention ist bzgl. des Handelns von Privatpersonen von vornherein unanwendbar, weil sie nach Art. 1 Abs. 1 nur solche Maßnahmen zum Gegenstand hat, die „von einem Angehörigen des öffentlichen Dienstes oder einer anderen in amtlicher Eigenschaft handelnden Person" zugefügt werden. (...) Entgegen dem ersten Anschein kann hieraus aber nicht der Schluss gezogen werden, einem Amtsträger, der während seines Dienstes Nothilfe durch Folter leistet, müsse die persönliche Rechtfertigung versagt werden. (...) Es geht um den Ausschluss einer Rechtfertigung von Folter unter Berufung auf übergeordnete Belange des Gemeinwesens, deren Grenzen aufgrund der diffusen Natur der hier in Betracht kommenden allgemeinen Bedrohungsszenarien völlig verschwimmen würden, was in „schwierigeren Zeiten" eine unkontrollierbare Aus-*

---

[499] Lepsius (2006) kritisiert an dieser Argumentation, dass dadurch die „Ausnahme im Tatsächlichen" zu einem gesetzlichen Regelfall werde. Die Normsetzung orientiere sich an Grenzfällen und Ausnahmesituationen, obwohl sich derartige Situationen einer Verrechtlichung entzögen: „Die Sorge vor drohender Rechtsunsicherheit lässt vergessen, dass Entscheidungen prinzipiell aber auch von Amtsträgern nicht nur nach rechtlichen Maßstäben zu beurteilen sind, sondern eben so nach ethischen oder politischen", S. 69. Ausnahmesituationen zu bewältigen sei Sache der Politik. An die Stelle der Rationalität des Rechtsstaats tritt dann „die Rationalität der Demokratie, die gerade auch in der Auswahl von Personen für das Unwägbare ihren Sinn findet", (a.a.O., S. 71.) Die Pro- und Contraauffassungen zur „Dogmatik für Grenzsituationen" finden sich bei Lepsius (a.a.O., S. 68 Fn. 60).

[500] Erb (2005), S. 28.

breitung der Folter zur Folge hat (...) Eine Notlage als Konfrontation mit einem klar definierten Angreifer, dem persönlich ein manifester gegenwärtiger rechtswidriger Angriff auf Individualrechtsgüter zur Last fällt, unterscheidet sich davon in grundlegender Form. (...) Diese Situation unterscheidet sich von den in Art. 3 Abs. 2 UN-Folterkonvention angeführten Fällen so grundlegend, dass die Behauptung, sie seien von den „außergewöhnlichen Umständen" im Sinne dieser Vorschrift mitgemeint, trotz pathetischer Bekräftigung „gleich welcher Art" wenig plausibel erscheint. Näher liegt die Vermutung, dass man an sie in diesem Zusammenhang entweder gar nicht gedacht oder sie in der Hoffnung verdrängt hat, sie möge niemals praktische Relevanz erlangen."[501]

Und weiter: „*Weder die Menschenrechtskonvention noch die UN-Folterkonvention enthalten im übrigen eine Regelung, die eine individuelle Rechtfertigung von Privatpersonen oder auch Amtsträgern durch Notwehr explizit ausschließt: In Art. 2 Abs. 2 UN-Folterkonvention findet sich zwar ein Verbot, „außergewöhnliche Umstände gleich welcher Art ... als Rechtfertigung für Folter" geltend zu machen. Dabei ist im Folgenden aber nur von unterschiedlichen Varianten eines „öffentlichen Notstands" die Rede, aber nicht von dem strukturell völlig anders gelagerten vorliegenden Fall, in dem die Maßnahme zur Abwehr eines gegenwärtigen rechtswidrigen Angriffs auf Leben und Würde eines ganz bestimmten Menschen erforderlich ist."*[502]

Während dieser Autor schlicht und fortwährend die Ausnahme in der Differenzierung öffentlicher und privater Handlungen ein und desselben Amtsträgers sieht, weiß der Rechtswissenschaftler Brugger die Europäische Menschenrechtskonvention mit Hilfe der Methode einer „Wertungslücke" einzuschränken: *„Es liegt eine Wertungslücke (in Art. 3 und 15 EMRK) vor, die geschlossen werden kann, wenn man für die Fälle (...) die Wertung des Art. 2 II a EMRK als vorrangig ansieht und demgemäß den Anwendungsbereich der Art. 3 und 15 EMRK teleologisch reduziert. Das läuft auf einen dem Art. 3 EMRK im Geiste hinzuzufügenden Satz 2 hinaus, der in Anlehnung an Art. 2 II EMRK folgende Gestalt hätte: „Eine Folter oder sonstige Satz 1 unterfallende Behandlung wird nicht als Verletzung dieses Artikels angesehen, wenn sie unbedingt erforderlich ist zur Beseitigung einer klaren, unmittelbaren, schwerwiegenden Gefahr für das Leben oder die körperliche Integrität unschuldiger Personen. (...) Im Ergebnis heißt dies, dass in unserem Ausgangsfall (ticking-bomb) die Anwendung von unmittelbarem Zwang durch die Polizei nicht nur (...) möglich, sondern durch das Grundgesetz und die Europäische Menschenrechtskonvention gerechtfertigt ist."*[503]

---

[501] Erb (2005), S. 28.
[502] Erb, Internetstellungnahme, (9).
[503] Brugger (2000), S. 170.

Während Erb die Ausnahme vom Folterverbot prinzipiell in der Privatisierung sieht, versteht sich Herzberg auf eine sprachliche, auf eine Wortlautanalyse: Das internationale Verbot der Folter beziehe sich nicht auf die Androhung der Folter, da diese keine „seelischen Schmerzen" darstelle. Angst sei noch kein „seelischer Schmerz": *„Aber Angst vor diesen Schmerzen, die einen schon vor deren Zufügung seelisch leiden lässt, kann der Bedrohte doch wohl nur empfinden, wenn er die Ausflucht des Nachgebens verschlossen sieht. (...) Dies war nicht Gäfgens Lage. Er sah vor sich den breiten Weg der Rückkehr auf den Boden des Rechts. (...) Was die Bedrohung bei (...) Gäfgen hervorruft ist nicht Seelenschmerz, sondern Resignation."*[504] Zudem gelte *„die Ausnahmslosigkeit dem Wortlaut des Art. 1 UN-Anti-Folterkonvention nach nicht für die Folterandrohung (lautet „zugefügt werden, nicht „zugefügt oder angedroht werden")".*[505] Herzbergs Argumentation stützt sich also lediglich auf eine Interpretation des Wortlautes: *„Zudem ‚kleine Schmerzen' sind keine ‚großen Schmerzen', und erst mit solchen lässt die Konvention die Folter beginnen."*[506]

Man sieht, dass mit der Methode der „Ausnahme", der Methode der „Wertungslücke" und der Begriffsdogmatik der von einer herrschenden Meinung im nationalen und internationalen Schrifttum getragene Absolutheitsanspruch des Folterverbotes staatlicher Institutionen in juristisch üblicher Auslegungsvielfalt interpretativ ausgehebelt werden kann. Zwar lassen sich hierzu stets andere positivistische Argumente in Stellung bringen. Mit juristischer Auslegungsvielfalt und geschickter Norminterpretation sind erneute Gegenargumente aber jederzeit möglich. Wenn Rechtswissenschaftler den Positivismus in dieser Art und Weise nutzen, wird Nauckes Mahnung verständlicher und aktueller zugleich: Die Suche nach festeren Begründungen für die Forderung nach einer absoluten Ächtung der Folter ist von einer internen rechtswissenschaftlichen Debatte her allein nicht zu erwarten, denn: „Das Verbot der Folter im positiven Recht ist keine solche festere Begründung."[507] Die Stellungnahmen von Brugger, Erb und Herzberg, die hier lediglich paradigmatisch herangezogen wurden, bestätigen das.

3. Rechtstechnische Aufbrechungen im öffentlichen Recht und im Strafrecht

a) Öffentlich-rechtliche Ermächtigungsgrundlagen

In der Debatte zur polizeilichen Folter wird auch aus öffentlich-rechtlicher Sicht die Frage gestellt, ob sich Polizei auch zugunsten Dritter auf allgemeine Rechtfertigungsgründe berufen kann. Dafür könnte sprechen, dass in Polizeigesetzen

---

504 Herzberg (2005), S. 325.
505 Herzberg (2005), S. 326.
506 Herzberg (2005), S. 326.
507 Naucke (2004), XXVIII.

regelmäßig so genannte Notrechtsvorbehalte enthalten sind (vgl. § 54 Abs. 2 HessSOG)[508], nach denen die allgemeine Notrechte unberührt bleiben sollen. Ferner sollen sich strafrechtliche Gebots- und Verbotsnormen an jedermann richten und es sei nicht plausibel, strafrechtliche Erlaubnissätze nur Privatleuten zugute kommen zu lassen. Schließlich wird auf die verfassungsrechtliche Kompetenzverteilung hingewiesen, wonach die allgemeine Rechtfertigungsgründe nicht durch Landesrecht, mithin durch die Polizeigesetze der Länder, eingeschränkt werden können. Danach dürften sich auch Polizisten auf die allgemeinen Notrechte berufen.[509]

Diese Argumente rechtfertigen nach herrschender Auffassung indes keine zwangsweise Durchsetzung von Aussagen Beschuldigter bei der Polizei. Die landesrechtlichen Vorschriften bieten Polizeibeamten Schutz durch zivil- und strafrechtliche Wirkungen nach den Vorschriften über Notwehr und Notstand für ihre eigene Person, d.h., ein Polizist muss sich nicht erschießen lassen, nur, weil eine derartige Zumutung im Polizeirecht von Notwehr und nicht untersagt wird. Insofern stehen jedem Polizeibeamten für seine eigene Person zivil- und strafrechtliche Wirkungen von Notwehr und Notstand ebenso zu wie einem Privaten. Das wiederum kann nicht verwechselt werden mit einer Ermächtigungsgrundlage für polizeiliches Handeln nach den Vorschriften Notstand im Strafgesetzbuch. Der Einsatz der Polizei in präventiver Hinsicht ist im Polizeirecht geregelt, in repressiver Hinsicht in der Strafprozessordnung. Was das Polizeirecht nicht einfach nur nicht erlaubt, sondern explizit verbietet, darf das Strafrecht nicht rechtfertigen. Strenge Vorraussetzungen öffentlich-rechtlicher Ermächtigungsnormen und deren verfassungsrechtliche Rahmen ließen sich dadurch systematisch unterlaufen.[510] Dieser Auffassung ist auch das Landgericht Frankfurt im Fall des Vize-Polizeipräsidenten, der eine zwangsweise Durchsetzung einer Aussage androhen ließ, strikt gefolgt:

„Es sind keine Ermächtigungsgrundlagen ersichtlich. Die polizeirechtlichen Vorschriften des Hessischen Gesetzes für Sicherheit und Ordnung bieten keine Ermächtigungsgrundlagen für die zwangsweise Durchsetzung einer Aussage, sondern verbieten sie. (...) Die Nichtbeachtung von Rechtsnormen durch die Exekutive ist wegen Art. 20 Abs. 3 Halbs. 2 GG nicht bloß Rechtsbruch, sondern auch verfassungswidrig."[511]

---

[508] § 54 Abs. 2 HessSOG: „Die zivil- und strafrechtlichen Wirkungen nach den Vorschriften über Notwehr und Notstand bleiben unberührt."

[509] Vgl. hierzu mit weiteren Belegen Norouzi (2005), S. 306/308; ähnlich auch Ellbogen (2005), S. 340 und schon Erb oben (2005), S. 26 ff.

[510] Vgl. Braum (2005), S. 288.

[511] Urteil des LG Frankfurt / Main v. 20.12. 2004 (5/27 KLs 7570 Js 203814/03 (4/04)), in: NJW 2005, S. 692 ff. (693).

Der Ausschluss strafrechtlicher Rechtfertigungsgründe in Fällen polizeilich veranlasster Folter – sei es nun aus präventiven oder repressiven Gründen – resultiert eindeutig aus dem doppelten Widerspruch gegen staatliches und internationales Recht, den das Strafrecht bewirken würde, wenn es zwangsweise Aussagen (Folter) erlaubte. Würde der Staat wie ein Privater nur seine Interessen durchsetzen und nach reinen Zweckmäßigkeitserwägungen handeln, würde er sich seiner Bindung an das Recht systematisch entziehen[512]: *„Es wäre ohnehin absurd, wenn ein Amtsträger einem Beschuldigten gegenüber als Zwitter gegenübertritt. Was dem Amtsträger öffentlich-rechtlich untersagt ist, darf er nicht an dritte Privatpersonen geschweige denn an sich selbst als Privatperson übertragen.“*[513]

Aus der Nothilfe resultiert somit kein Widerstandsrecht für staatliche Amtsträger gegenüber der Rechtsordnung, der sie verpflichtet sind.[514] Staatlichkeit leitet sich ohnehin von den Subjekten ab, die sich im Staat zusammenschließen: *„Bei Kant ist der Staat als bürgerlicher Rechtszustand unmittelbar aus der Freiheit des Menschen, die in ihm leben, abgeleitet. Seine Zwangsbefugnisse sind formalisierte Reaktionen auf die Verletzung von individuellen Freiheiten. Eine Straftat ruft das gesamte Arsenal staatlichen Gewaltmonopols auf den Plan. Es ist dabei aber nicht so, dass der Staat bei der Ausübung seiner einmal begründeten Zwangsbefugnisse wieder punktuell in den Naturzustand zurückkehren darf, wo seine Macht unkontrolliert und dem Verdacht der Willkür ausgesetzt ist. (...) Das Nothilferecht erweitert die Freiräume des Bürgers, wenn formalisierte staatliche Reaktion nicht rechtzeitig zu erwarten ist. Es erlaubt dem Staat aber nicht, sich der Formalisierung seiner Zwangsbefugnisse punktuell zu entledigen.“*[515]

Ist also das strafrechtliche Notwehrrecht und Nothilferecht, welches seine Geltung im Hinblick auf inter-personale Rechtsverhältnissen zwischen Privaten beansprucht, niemals als Rechtfertigungsgrund für eine staatliche Rechtsverletzung heranzuziehen, bleibt der Gedanke leitend, dass das Nothilferecht ohnehin nur greift, wenn formalisierte staatliche Reaktion nicht rechtzeitig verfügbar ist. Ein derartiges Nothilferecht kann es dem Staat somit nicht ermöglichen, die Rechtsstaatlichkeit seiner Zwangsbefugnisse abzulegen.

Des ungeachtet argumentiert eine rechtspolitisch Beifall findende Auffassung strikt populistisch und überführt diese Stimmung eines aufgebrachten Volkzornes in positivistische Bahnen: *„Zeigt sich die Rechtsordnung (...) im Einzelfall außerstande, einen Menschen vor seiner Ermordung zu bewahren und damit die*

---

[512] Norouzi (2005), S. 306 (309).
[513] Braum (2005), S. 289.
[514] Braum (2005), S. 289.
[515] Braum (2005), S. 290, 291.

elementarste Funktion zu erfüllen, die jedem Gemeinwesen zukommt, dann finden sich der Betroffene und derjenige, der ihm in dieser Situation als Nothelfer Beistand zu leisten bereit ist, punktuell in der Situation, als ob es keinen Staat gäbe (Naturzustand). Infolgedessen entbehrt ein Normbefehl, der den Notwehrtäter in einem solchen Fall daran hindern soll, die zur Bewältigung dieser Situation erforderlichen Maßnahmen zu ergreifen, von vornherein jeder Legitimität.“[516]

Die positivistische Schiene, die aber nur scheinbar gängig ist, bietet dann die Differenzierung nach Amtsträgern, die zugleich auch als Bürger handeln: *„Diesen gleichermaßen gesetzwidrigen Konsequenzen kann man nur durch eine strikte Trennung zwischen der strafrechtlichen und der öffentlichrechtlichen Bewertung entgehen, d.h. die allgemeinen Rechtfertigungsgründe müssen als Ausschlussgrund für die persönliche strafrechtliche Verantwortlichkeit unabhängig von der Amtsträgereigenschaft und unabhängig von der Frage eventueller Polizei- und Dienstrechtswidrigkeit des Verhaltens geprüft werden. (...) eine solche Differenzierung (ist) konsequent und verstößt nicht etwa gegen das Prinzip der Einheit der Rechtsordnung. Sie trägt zugleich dem Umstand Rechnung, dass das Strafrecht nicht die Rolle des Amtsträgers, sondern des dahinter stehenden Menschen trifft, den man als solchen anderen Bürgern gegenüber nicht benachteiligen darf.“*[517]

Die staatsrechtlich, öffentlichrechtlich und auch strafrechtlich eindeutige Trennungslinie, wonach staatlichen Funktionsträgern das Ausweichen auf Rechtsgrundlagen Privater, also die Umkehr vom Rechts- in den Naturzustand, unmöglich gemacht wird, diese prinzipienorientierte Linie der Rechtsauslegung wird noch einmal populistisch verstärkt: *„Woher sollte ein Rechtsstaat die Legitimation beziehen, sein Gewaltmonopol einseitig zum Nachteil des rechtswidrig Angegriffenen auszuüben und damit im Ergebnis schwerstes Unrecht aktiv zu unterstützen, indem er einen couragierten Bürger (mit oder ohne Uniform) an der Ergreifung der Maßnahmen gegenüber dem Angreifer hindert, die zur Bewahrung des Opfers vor der Ermordung erforderlich sind?“*[518]

b) Strafrechtliche Ermächtigungen

Aber nicht nur das öffentliche Recht, auch das Strafrecht wird überstrapaziert, wenn die Kategorien des Prinzips der Verhältnismäßigkeit, nämlich Geeignetheit, Erforderlichkeit und Gebotenheit von Maßnahmen staatlicher Funktionsträger, „teleologisch reduziert“ werden: *„Die Geeignetheit von Folter zur Abwehr drohender (weiterer) Folgen des Angriffs ließe sich unter Hinweis auf die*

---

[516] Erb (2005), S. 27.
[517] Erb (2005), S.29.
[518] Erb (2005), S.29.

historischen Erfahrungen im Zeitalter der Inquisitionsprozesse in Zweifel ziehen, wo ihr Einsatz bekanntlich in erster Linie zur Erlangung falscher Geständnisse führte. Dieser Effekt beruhte allerdings auf dem Umstand, dass die Folter damals nicht zur Erlangung verifizierbarer Informationen eingesetzt wurde, sondern zur Erzielung eines Geständnisses mit einem bestimmten Inhalt (...), der gerade keiner objektiven Richtigkeitsprüfung unterworfen wurde: in einer solchen Situation konnte die gequälte Person von vornherein nicht durch wahrheitsgemäße, sondern nur durch (...) wunschgemäße Auskünfte weiteren Qualen entgehen. (...) Wer hingegen unter der Androhung oder Ausführung körperlicher Gewalt aufgefordert wird, das Versteck eines Entführungsopfers oder einer Bombe zu nennen, sieht sich demgegenüber einem maximalen Zwang zur Preisgabe wahrer Informationen ausgesetzt, weil seine Angaben kurzfristig überprüft werden können und ihm für den Fall, dass sie sich als falsch erweisen, eine Fortsetzung der Misshandlungen (...) drohen.“[519]

Auch bezüglich der Erforderlichkeit hat das Landgericht Frankfurt die Rechtslage knapp dargestellt: Erforderlich sei eine Verteidigung im Sinne der Notwehr ohnehin nur, wenn sie einerseits zur Abwehr geeignet und sich andererseits als das mildeste Gegenmittel darstellt. Die Gewaltandrohung gegenüber einer polizeilichen Vernehmungsperson könne nie das mildeste Mittel sein, weil einer professionellen Polizei stets sachgerechtere Maßnahmen als Gewaltandrohung zur Verfügung stünden.[520]

c) Verlagerungstechnik in das Polizeirecht: repressiv vs. präventiv

Die Diskussion im Strafrecht wird sekundiert aus polizei-rechtlicher Perspektive, indem die Unterscheidung zwischen präventivem Polizeirecht und repressivem Strafrecht nutzbar gemacht wird. Man mag das Folterverbot im repressiven Strafrecht, das durch Zwang Aussagen der Selbstbelastung verbietet, noch akzeptieren, im präventiven Polizeirecht, was lediglich den Störer für Belange von Sicherheit und Ordnung im Blick hat, soll das anders gelten. Ohnehin vermischen sich repressive und präventive Polizeiarbeit zusehends.[521] Allerdings verweist das Polizeirecht (am Beispiel des Hessischen Gesetzes für Sicherheit und Ordnung [§12 Abs. 4]) auf § 136 a der Strafprozessordnung, so dass – unabhängig von internationalen Übereinkommen – eine unterschiedliche Betrachtung wegen der eindeutigen Rechtsgrundlage nicht möglich ist.[522] Aber auch wenn man eine teleologische Reduktion des Folterverbotes im Bereich der Gefahrenabwehr für wünschenswert erachten würde, stünde dieses völkerrechtlicher Ver-

519 Erb (2005), S. 25.
520 LG Frankfurt / M., NJW (2005), S. 693.
521 Vgl. oben 2. Teil A II, III.
522 vgl. auch Jahn (2004), S. 16 f.

pflichtung diametral entgegen.[523] So judiziert auch das Landgericht Frankfurt im Urteil gegen den Polizei-Vizepräsidenten:

„Die Kollision der polizeilichen Auskunftspflicht mit dem umfassenden Schweigerecht als Beschuldigter hat der Gesetzgeber gesehen und in § 12 IV HessSOG gelöst. Danach gelten die Vorschriften des § 136a StPO entsprechend; dies bedeutet, dass die Auskunft im Rahmen der Gefahrenabwehr nicht auf die in § 136a StPO beschriebene Weise (...) erlangt werden darf. Die Norm über verbotene Vernehmungsmethoden gilt demgemäß auch im Rahmen der Gefahrenabwehr".[524]

Gleichwohl leitet die Literaturgattung, die das absolute Folterverbot relativiert, noch in einem Übersprung zum Verfassungsrecht hin. Hierbei behilft sich z.B. Brugger des Szenarios der ‚Ticking-Bomb': Ein Entführer will eine Stadt mit einer Bombe in die Luft jagen, wenn nicht alle von ihm verlangten Forderungen erfüllt werden. Die Polizei kann weder die Forderungen erfüllen, noch sonst reagieren: *„Die Polizei darf in diesem Fall nicht nur foltern, sie muss es aus verfassungsrechtlichen Gründen auch."*[525] Ohne das Verfassungsrecht hinreichend zu operationalisieren, steigert Brugger seine Überlegungen zu einem Anspruch des Bürgers auf Folterung des Täters: *„Damit ergibt sich – ausgehend von der Alternativlösung der Erlaubnis zur Folter in diesem Fall und aufbauend auf der herrschenden Verwaltungsrechts- und Verfassungsrechtsdogmatik – der Schluss, dass die betroffenen Bürger hier einen individuellen Anspruch auf Anwendung von Gewalt haben, um das Versteck der Bombe zu erfahren und die Lebensgefahr zu beseitigen.*[526]

Nur am Rande sei angemerkt, dass eine rechtstaatliche Rechtsordnung zur Karikatur verkommt, wenn sie sich den Notwendigkeiten der verwaltungsrechtlichen Spezifizierung gegenübersieht. Hierauf weist Ellbogen hin, wenn er ausführt:

- *ob es denn eine Ausbildung von „Folter-Beamten" geben soll,*
- *Strafbarkeit eines nicht folternden Beamten wegen Unterlassens möglich sei,*
- *Folgen für folternde Beamte bei Irrtum über Tatschen zu erörtern seien,*
- *Angehörige zur Willensbrechung gefoltert werden dürfen,*
- *Folteranwendung als „vorweggenommene Bestrafung" im Rahmen der Strafzumessung berücksichtigt werden könne*
- *und ob auch der Arzt dabei sein sollte und er dadurch Foltergehilfe wird.*[527]

---

[523] Siehe oben auch Jahn (2004), S. 21.
[524] LG Frankfurt / M., NJW (2005), S. 693.
[525] Brugger (2000), S. 171.
[526] Brugger (2000), S. 171.
[527] Ellenbogen (2005), S. 342.

Der Rechtswissenschaftler Braum fragt im gleichen Sinne, ob das Recht auf dem Wege zu einer „Bundesfolterordnung" sei: Die Ursachen zur Lockerung dieses Folterverbotes scheinen aus seiner Sicht in einem gesellschafts- und kriminalpolitischen Klima zu liegen, „das es plötzlich erlaubt, auch die letzten Reste unverfügbarer Prinzipien des Rechtsstaats in Frage zu stellen."[528]

4. Die Konstruktion einer Analogie zum finalen Rettungsschuss

Der finale Rettungsschuss wird im allgemeinen nicht als Zweck polizeilichen Schusswaffengebrauchs akzeptiert, sondern Schusswaffen dürfen in der Regel nur gegen Personen gebraucht werden, um angriffs- oder fluchtunfähig zu machen, worin eine Ausprägung des Grundsatzes der Verhältnismäßigkeit gesehen wird.

Tötung als Zweck polizeilichen Schusswaffengebrauchs ist in zahlreichen Polizeigesetzen der Länder als Ausnahme normiert.[529] § 41 Abs. 2 Satz 2 eines Musterentwurfs für ein Polizeigesetz lautet: „Ein Schuss, der mit an Sicherheit grenzender Wahrscheinlichkeit tödlich wirken wird, ist nur zulässig, wenn er das einzige Mittel zur Abwehr einer gegenwärtigen Lebensgefahr oder der gegenwärtigen Gefahr einer schwerwiegenden Verletzung der körperlichen Unversehrtheit ist." Die Abgabe eines Schusses, der tödlich wirken soll, ist mithin das letzte Mittel zur Beseitigung der Angriffsfähigkeit und kommt nur in Fällen der Gefahrenabwehr in Frage, nicht hingegen im Rahmen der Strafverfolgung. So darf z.B. auf einen fliehenden Mörder kein gezielter tödlich wirkender Schuss abgegeben werden.

Diese Vorschriften in den einzelnen Polizeigesetzen der Länder sind jedenfalls niemals Befugnisnorm für hoheitliches Handeln. § 54 Abs. 2 des Hessischen Gesetzes (HSOG) besagt zudem, dass die zivil- und strafrechtlichen Wirkungen nach den Vorschriften über Notwehr und Notstand unberührt bleiben. Damit ist die Kompetenz des Bundesgesetzgebers angesprochen, Regelungen über die Anwendung von Zwang unter dem Gesichtspunkt straf- und zivilrechtlicher Rechtfertigungsgründe als Nothilfe bzw. als Notwehr und Notstand zu treffen. Mit dem Hinweis auf die zivil- und strafrechtlichen Wirkungen des Gesetzes ist lediglich gesagt, dass diese Vorschriften keine Befugnisnorm für hoheitliches Handelns darstellen, mithin nur dann für den Polizeibeamten relevant sind, wenn er selbst für seine Person unmittelbare Lebensgefahr abweist. Befugnisse für die Nothilfe verleiht diese Vorschrift nach herrschender Meinung nicht.

---

[528] Braum (2005), S. 283.

[529] Dass der finale Rettungsschuss zumindest bei eingrenzender Auslegung verfassungsrechtlich unbedenklich sein dürfte, entspricht im Ergebnis der ganz überwiegenden h.M. zu diesem Thema (so Hecker, 2006, S. 190 mwN in Fn. 64).

Dennoch: Diejenigen, die das Folterverbot relativieren, nutzen den finalen Rettungsschuss als „Gedankenexperiment".[530] Brugger bildet das Beispiel eines Geiselnehmers, der die Pistole an die Schläfe der Geisel hält, der deshalb also polizeilich erschossen werden kann, wenn dies das einzig Erfolg versprechende Mittel zur Rettung des Lebens der Geisel sei. Habe der Geiselnehmer hingegen die tickende Bombe an der Geisel befestigt, und kann diese nur durch Anwendung von Zwang zur Preisgabe des Codes des Zündmechanismus gegen den Geiselnehmer gerettet werden, schließen die einschlägigen Rechtsnormen – so Brugger – Zwangsmaßnahmen aus. Das sei ein „*Wertungswiderspruch*" im Sinne einer nicht einleuchtenden Ungleichbehandlung und „*klare Ungerechtigkeit aus der Sicht des Opfers und der Ziele des Polizeirechts, die Vorrang verdienen gegenüber der an sich bedenklichen Rechtsfortbildung gegen den Wortlaut des Gesetzes*".[531]

Aus der Sicht anderer Rechtswissenschaftler ist diese Interpretation rechtlich nicht haltbar. Braum sieht den Rettungsschuss nicht als ein Mehr gegenüber der Androhung von Schmerzen zum Zwecke der Informationsgewinnung: „*Vielmehr handelt es sich um zwei in der Sache unterschiedliche und gar nicht vergleichbare Maßnahmen. Der Rettungsschuss setzt einen klar bestimmbaren Störer voraus. Die Folter kennt nicht die Wahrheit, sondern sucht sie zwingend. Der Rettungsschuss erzwingt die passive Duldung durch den Störer, die Folter instrumentalisiert den Betroffenen zur aktiven Mitwirkung. Der Rettungsschuss ist eine sehr begrenzt zulässige Maßnahme der sicheren Gefahrenabwehr in spezifischen Einzelfällen, die Folter stellte ein multifunktionales Mittel staatlicher Prävention und Repression dar, deren Einsatz von stets ungewissem Ausgang wäre. Der Rettungsschuss ist polizeirechtlich durch einschränkende gesetzliche Voraussetzungen beherrschbar, die Folter wäre dies nicht.*"[532]

Auch das Landgericht Frankfurt, das sich in dem Urteil gegen den Polizei-Vizepräsidenten mit diesem Rechtsaspekt auseinandersetzt, hat den gleichen Ansatz:

„*Ein Vergleich mit dem finalen Rettungsschuss ist nicht überzeugend. Beim finalen Rettungsschuss wird die von einem sicher identifizierten Angreifer ausgehende, unmittelbare Gefahr sofort und endgültig beseitigt. Er ist das einzige und letzte Mittel, um die konkrete Gefahr zu beseitigen. Zudem wird vom Täter keine Handlung gefordert, sondern eine Unterlassung erzwungen*".[533]

---

[530] Brugger (2000), S. 168.
[531] Brugger (2000), S. 168.
[532] Braum (2005), S. 296.
[533] LG Frankfurt / M, NJW (2005), S. 695.

Beim finalen Rettungsschuss bestehen also keine Ungewissheiten bezüglich der Täterschaft[534], und auch das Ziel der Maßnahme ist ein gänzlich anderes: „Während der Rettungsschuss den Störer dazu bringen soll, weitere Handlungen zu unterlassen, soll ihn die Foltermaßnahme gerade auf ein positives Tun konditionieren“[535], was eines nahe legt: Es handelt sich beim finalen Rettungsschuss und bei der polizeiliche Folter um zwei gänzlich verschiedene Ansätze, die nicht vergleichbar sind und für die Anwendung der Folter auch keine juristische Analogie bieten. Indes: Eins wird wiederum deutlich. Es sind semantische Differenzierungen, die den einen zur Verneinung, den anderen Autor hingegen zur Bejahung der Analogie und der Akzeptanz der polizeilichen Folter führen.

5. Rechtspolitische Bekenntnisse

In diesem Abschnitt sollte dargelegt werden, dass mit juristischer Argumentation sich eine neue Art von rechtspolitisch geleiteter Rechtsauslegung einstellt, die mehr und mehr Anhänger findet. Insgesamt ist und bleibt Brugger der argumentative Wortführer dieser Richtung: *„Die absoluten Folterverbote sind in der diskutierten Fallkonstellation ungerecht. Sie aufrechtzuerhalten, untergräbt das Vertrauen der Bürger in die Rechtsordnung als System gegenseitiger Sicherheit und Freiheit. Sie für die angesprochene Fallgruppe zu beschränken, würde das Gleichgewicht wieder herstellen.“*[536]

Erb, als der vehementeste strafrechtliche Verfechter der Anwendung von polizeilicher Folter als Gefahrenabwehrmittel, fasst dieses in einer an Eindeutigkeit kaum zu überbietenden Stellungnahme zusammen: *„Die Annahme, das Folterverbot sei ein absoluter Höchstwert an sich, der gegen jedes andere Interesse einschließlich der auf der Gegenseite betroffenen Menschenwürde unter allen Umständen (...) aktiv durchgesetzt werden muss, ist ein fragwürdiges Wertebekenntnis außerhalb rechtlicher Kategorien, und die Vorstellung, eine solche bedingungslose Durchsetzung sei der beste Schutz des Prinzips vor allgemeinen Erosionen, eine bloße Spekulation. (...) Kann man ein Prinzip nachhaltiger beschädigen als dadurch, dass man seine Einhaltung auch dort erzwingt, wo sich sein ursprünglicher Zweck (Menschlichkeit) ins Gegenteil verkehrt?“*[537]

Die Argumentation wird mit einer Vehemenz geführt, die erstaunt. Wenn Rechtswissenschaft die Rechtspolitik in dieser Weise berät, kann man sich vorstellen, wie in einer politisch aufgeladenen Situation (z.B. nach einem Terroranschlag) derartige Argumente auf den Mehrheitsgesetzgeber wirken: *„Damit geht es letzten Endes um die Durchsetzung eines gesellschaftspolitischen Ziels, für*

---

[534] so auch Ellbogen (2005), S. 342.
[535] Jahn, (2004), S. 20.
[536] Brugger (2000), S. 172.
[537] Erb (2005), S. 30.

das der Staat mit der Unterbindung der Bereitschaft von Nothelfern, Entführungs- oder Terroropfern den erforderlichen Beistand zu leisten, über die Leichen unschuldiger Menschen geht. Große abstrakte Anliegen zum Anlass zu nehmen, das Lebensrecht konkreter Menschen zu negieren und zugleich denjenigen zu kriminalisieren, der sich dem unmenschlichen Normbefehl widersetzt, ist das unverkennbare Gesicht des Totalitarismus."[538]

Dieser Standpunkt verkennt, dass absoluter Würdeschutz die Geltungsbasis der Gesellschaft ist und zwar total, eben als Tabu.[539] Wird dieses Tabu gebrochen, mag das im Einzelfall aus persönlicher Sicht heraus nachvollziehbar sein, gleichwohl muss der Tabubrecher die Konsequenzen tragen. Das mag man in der Strafzumessung als Zivilcourage würdigen, aber es bleibt ein Rechtsverstoß gegen die Verfassung und damit höchstes Unrecht.

IV. Zusammenfassung

Die Erosion des absoluten Folterverbotes zeigt sich zusammenfassend in fünf rechtlichen Anwendungsbereichen: der internationalen normativen Verankerung, der Verankerung im nationalen Verfassungsrecht, der Ankopplung im regionalen Polizeirecht, in den allgemeinen rationalen Rechtfertigungs- und Notstandsvorschriften des Strafgesetzbuches und schließlich in der Analogie zum finalen Rettungsschuss.

(1) Internationale normative Verankerung

Das absolute Folterverbot findet seine normative Verankerung in internationalen Abkommen und Konventionen. Der Wortlaut dieser Anti-Folter-Vorschriften ist so eindeutig, dass das absolute Folterverbot durch Auslegung nicht relativierbar ist.

Die juristischen Gegenauffassungen knüpfen indes an der Feststellung an, dass die internationalen Folterkonventionen keine eigenständigen Strafandrohungen ausweisen. Auch gälten die Menschenrechtskonventionen nur im Verhältnis Staat-Bürger nicht aber im Verhältnis Bürger zu Bürger, wenn man einer folternden Amtsperson die Rechtfertigung belässt, im Kern auch als Privatperson Rechtfertigungs- und Entschuldigungsgründe für sich in Anspruch zu nehmen.

---

[538] Erb (2005), S. 30.
[539] Vgl. Poscher (2004) oben 1. Teil C II 4.

(2) Nationales Verfassungsrecht

Die verfassungsrechtliche Verankerung im Grundgesetz hat aus historischer Erfahrung die Rechtsfigur der Menschenwürde als rechtlich durchsetzbares subjektives Recht ausgestattet. Das Menschenbild des Grundgesetzes zeichnet die Menschenwürde als zentrales Element, das absolut vor jeglichem staatlichen Eingriff geschützt ist. Das findet Ausdruck neben Art. 1 Abs. 1 GG auch in Art. 79 Abs. 3 des GG (Ewigkeitsgarantie), in Art. 104 Abs. 1 des GG sowie in den Vorschriften der Polizeigesetze und der Strafprozessordnung (§ 136 a StPO).

Die relativierende Auffassung in der Rechtswissenschaft plädiert nicht für eine Normierung der Folter in der Rechtsordnung, erkennt aber in Fällen der Nothilfe durch Amtsträger einen Rechtfertigungsgrund. Diese Auffassung knüpft auch an der Menschenwürde an und argumentiert: Wäre die Würde absolut geschützt und einer Abwägung nicht zugänglich, würde der Staat zum Gehilfen, da durch staatliche Untätigkeit der Täter seine Tat erst vollenden kann.

(3) Regionales Polizeirecht

Die länderspezifischen Polizeigesetze bieten keine Ermächtigungsgrundlage für Folterhandlungen. Im Gegenteil: Es darf kein unmittelbarer Zwang zur Abgabe von Erklärungen ausgeübt werden (z.B. § 52 Abs. 2 HessSOG). Zwar gibt es Auskunftspflichten des so genannten Störers (§ 12 Abs. 1, 2 HessSOG), gleichwohl verweisen polizeirechtliche Normen auf § 136 a StPO, der im Polizeirecht entsprechend gilt. Es gilt damit ein striktes Misshandlungsverbot auch im Polizeirecht.

Demgegenüber argumentiert die relativierende Ansicht, die strikte Trennung der polizeirechtlichen und strafrechtlichen Normen ermögliche gleichwohl das Handeln des Polizeibeamten auch im Sinne einer Privatperson, da z.B. § 54 Abs. 2 HSOG ausdrücklich das Notwehrrecht als unberührt ansieht. Auch könne der Bundesgesetzgeber die Länderkompetenz bei der Normierung von Polizeirecht gar nicht beeinflussen.

(4) Strafrechtliche Rechtfertigungs- und Notstandsvorschriften

Die strafrechtliche Argumentation, die sich insbesondere auf die Notwehr- und Notstandsvorschriften (§ 32, 34 StGB) stützt, sieht aus der Sicht des absoluten Folterverbotes die Notwehr- und Notstandsvorschriften als vom Grundsatz her unanwendbar an. Was das öffentliche Recht verbiete, könne das Strafrecht nicht erlauben, was bereits die Einheit der Rechtsordnung gebiete. Es gäbe im übrigen kein Widerstandsrecht des Amtsträgers gegen die Rechtsordnung, der er verpflichtet ist. Im übrigen ist die Notwehr ein subjektives Bürgerrecht, auf das der

Staat nicht zurückgreifen kann, wenn er an seine Handlungsgrenzen stößt. Dieses wäre eine Rückkehr in den Naturzustand. Der Staat darf eine ihm verbotene Machtausübung auch nicht auf den Bürger übertragen, was eine direkte Umgehung wäre. Zudem ist darin auch eine mittelbare Missachtung internationalen Rechts zu sehen, indem die Folterverbotsnormen unterlaufen würden.

Die relativierende Auffassung bezieht sich auf den Wortlaut der Notwehr- und Notstandsnormen im Strafgesetzbuch. Der Wortlaut verbiete die Anwendung nicht für Amtsträger. Auch sind die einzelnen Tatbestandsmerkmale nicht einschlägig, da weder die Angemessenheit der Reaktion noch die Interessenabwägung bei der Notwehr erforderlich sei. Auch der Aspekt der Erforderlichkeit sei nicht relevant, da im einschlägigen Fall der Rettungsfolter andere Mittel nicht zwingend Erfolg versprechend seien. Das Notwehrrecht ist zwar als Abwehr für den Bürger gedacht, aber der Amtsträger ist auch immer Privatperson und deshalb ist für ihn die Anwendung der Notwehr- und Notstandsvorschriften des Strafgesetzbuches unproblematisch.

(5) Analogie zum finalen Rettungsschuss

Schließlich lassen sich nach der absoluten Folterschutzauffassung keine Anleihen in der Analogie zum finalen Rettungsschuss machen. Folter und finaler Rettungsschuss seien unterschiedliche und nicht vergleichbare Maßnahmen. Beim finalen Rettungsschuss wird die von einem bekannten Angreifer ausgehende, unmittelbare Gefahr sofort und endgültig beseitigt, sie ist einziges letztes Mittel, um die konkrete Gefahr zu beseitigen; es geht beim finalen Rettungsschuss um die passive Duldung des Störers anstelle der aktiven Mitwirkung durch den Betroffenen bei der polizeilichen Folter. Die Folter kenne die Wahrheit nicht, sondern suche sie zwingend.

Die relativierende Rechtsauffassung zur Legitimität der polizeilichen Folter lässt allein den tragenden Gesichtspunkt für den finalen Rettungsschuss ausschlaggebend sein: Die Folter sei „milder“ als ein tödlicher Schuss.

(6) Der Nachweis: Lücken und Einbruchstellen in der strafrechtsdogmatischen Debatte über das Folterverbot

Es war nicht Aufgabe dieses Abschnittes, die strafdogmatische Diskussion im Pro und Contra auf eine juristische Entscheidung hin zu führen. Das geschieht in vielen grundlegenden strafrechtlichen Untersuchungen.[540] Die Funktion dieses Untersuchungsabschnittes lag ausschließlich im Nachweis von Lücken und Einbruchstellen innerhalb der strafrechtsdogmatischen Debatte, die bis vor kurzem undenkbar waren. Die sicherheitspolitische Öffnung der bislang konsensual ge-

540 Vgl. neben den hier referierten Autoren auch die in Fn. 479 genannten.

schlossenen Menschenrechtsdogmatik ist bedrückend und alarmierend zugleich. Die vorgetragenen rechtlichen Erwägungen zur Relativierung des Folterverbotes machen deutlich, wie ungehindert eine politische Bereitschaft eines Mehrheitsgesetzgebers auf die Argumentation rechtswissenschaftlicher Diskurse zugreifen könnte. Ist die politische Bereitschaft vorhanden, Folter als normale polizeiliche Reaktion in das Arsenal staatlicher Reaktionen einzuführen, wären rechtswissenschaftliche Argumente beliebig verfügbar und würden die Einführung der Folter – wie Braum es ausführt – im Rahmen einer „Bundesfolterordnung“ ermöglichen. Das ist der Preis einer positivistischen Dogmatik, die in ihrer Abwägungslogik einer jeweiligen Mehrheitsentscheidung demokratisch aufgeschlossen ist. Die Subtilität der positivistischen Dogmatik gibt Anlass zu der Befürchtung, dass auch ein demokratischer Gesetzgeber bei entsprechendem politischen Druck bereit ist, schwere Menschenrechtsverletzungen – positivistisch normiert – als legale „Rettungsfolter“ in das Arsenal polizeilicher Reaktionen aufzunehmen. Die juristischen und rechtspolitischen Argumentationslinien sind vorgezeichnet. Lediglich der Zeitpunkt der Umsetzung ist noch offen.

Es wird Aufgabe der Zivilgesellschaft sein, auf die (latente) Auflösung der rechtsstaatlichen Koordinaten massiv hinzuweisen, der sich die Gesellschaft - größten Teils unmerklich - ausgesetzt sieht. Im nächsten, dem vierten Teil über informelle Systemreaktionen, werden deshalb die Funktionen und Aufgaben insbesondere der Nichtregierungsorganisationen zur Aufdeckung der systemischen und normativen Erosionen der Menschenrechte thematisiert werden.

4. Teil: Informelle zwischenstaatliche und zivilgesellschaftliche Systemreaktionen

Der internationale und nationale Menschenrechtsschutz ist in den systemischen Schutzmöglichkeiten weltweit formal aufgestellt – einmal mehr, einmal weniger. Institutionell und legitimatorisch ist eine Globalverfassung des Menschenrechtsschutzes dem nationalen Schutz unterlegen. Der internationale Schutz ist weitgehend subsidiär ausgestaltet. Das zentrale und aktuelle Problem für den Menschenrechtsschutz liegt allerdings nicht an Mängeln organisatorischer und normativer Bedingungen, sondern in weltweiten Rechtserosionen, die durch Konflikte zwischen „anonymen Kommunikationsprozessen" und „konkreten Individuen" (Teubner) entstehen. Die Globalisierung und Verselbständigung der Ökonomie und die sich darin spiegelnde Sicherheitsgesellschaft haben für die „Menschen aus Fleisch und Blut" bedrohende Potentiale freigesetzt und führen zu einer Auflösung traditioneller staatlicher und gesellschaftlicher Koordinaten.

Die Menschenrechtsfrage muss zunehmend als „Gefährdung der Integrität der Einzelmenschen durch eine Vielzahl anonymer und verselbständigter, heute globalisierter Kommunikationsprozesse verstanden werden."[541] Das sind u.a. private Institutionen wie Wirtschaftsunternehmen, Verbände, Krankenhäuser, Schulen, Universitäten - alles formale Organisationen. Zugleich verschwindet der tradierte Staat als Garant der Grundrechte, da Integrationsbedrohungen nicht mehr von der Politik, sondern von diesen autonomisierten Subsystemen ausgehen, diese also über expansive Eigendynamiken verfügen.

Wie können in diesen Fragmentarisierungen der Gesellschaft staatsbezogene Menschenrechtsmodelle funktionieren? Da der privatisierte Staat sich als Organisationsform der Gesellschaft verabschiedet und andere „hochspezialisierte kommunikative Medien" wie Geld, Wissen, Recht, Medizin, Technologie freigesetzt sind[542], stellt sich das juristische Problem der Horizontalwirkung von Grund- und Menschenrechten in voller Schärfe: formelle Systeme greifen kaum noch. Wie kann sich der formelle internationale und nationale Menschenrechtsschutz auf diese Entwicklung einstellen? Sind diese Entwicklungen für diese Institutionen überhaupt wahrnehmbar? Sind sie nicht selbst von der Multiplizierung expansiver Sozialsysteme ergriffen oder gar aktive Akteure von Partialinteressen?

Vor diesem Hintergrund stellt sich das Wahrnehmungs- und Erkenntnisproblem, aber auch das Vermittlungsproblem bezüglich der oben belegten Erosionen und Auflösungen der Menschenrechte. Diejenigen, die wahrnehmen und aufklären können, sind – da sich der Staat zurückzieht – in den informellen Bereichen der

[541] Teubner (2006), S. 180.
[542] So Teubner (2006), S. 175.

Zivilgesellschaft zu suchen und zu aktivieren. Nichtregierungsorganisationen sind gefragt, bei denen eher als in Politik und Wissenschaft Aufklärungskompetenz vermutet wird. Das soll nun überprüft werden.

A. Zur Entwicklung von Nichtregierungsorganisationen und zwischenstaatlichen Institutionen als Antwort auf systemische und normative Erosionen

I. Zu Funktion und Aufgabe von Nichtregierungsorganisationen

1. Zivilgesellschaft als Ausgangspunkt

Nichtregierungsorganisationen[543] zählen ebenso wie soziale Bewegungen oder Bürgerinitiativen zur so genannten Zivilgesellschaft. Nach Habermas bilden sie ihren institutionellen Kern durch „jene nicht-staatlichen und nicht-ökonomischen Zusammenschlüsse und Assoziationen auf freiwilliger Basis, die die Kommunikationsstrukturen der Öffentlichkeit in der Gesellschaftskomponente der Lebenswelt verankern“ und Problemlagen lautverstärkend an die politische Öffentlichkeit weiterleiten.[544]

„Zivilgesellschaft“ (*Civil Society*) bildet neben „Staat“ (*Political Society*) und „Wirtschaft“ (*Economic Society*) einen der drei gesellschaftlichen Akteure und bezeichnet eine „Sphäre kollektiven Handelns und öffentlicher Diskurse, die zwischen Privatbereich und Staat wirksam ist“.[545] Sie sind vom Staat unabhängig und pluralistisch und teilen in vielen Fällen einen normativen Basiskonsens mit dem Kern Toleranz und Gewaltfreiheit.[546] Weitere allgemeine Merkmale sind Autonomie, normative und demokratische Orientierung, eine diskursive Praxis, kritisches Potential und ein sozial integratives Moment.[547] Die Begrifflichkeit ist zudem Gegenstand zahlreicher Theorien und Philosophien und ist somit nicht klar definierbar. Die Auslegung wird unterschiedlich konzipiert und bewertet. Eine genaue Funktionsabgrenzung gilt als umstritten. Sie variiert zwischen dem Anspruch, Freiraum gegenüber dem Staat zu bieten (liberales Verständnis) bis zur kulturellen Sphäre, um Veränderungen gesellschaftlicher Hegemonialstrukturen (herrschaftskritische Konzeption) herbeizuführen.[548]

---

543 Abkürzung im englischen: NGO → Non Governmental Organisation.
544 Habermas (1992), S. 443.
545 Nohlen (2001), S. 593; zur Verfassung der Zivilgesellschaft vgl. auch Frankenberg (1996), S. 41 ff und ders. (2004), S. 21 ff.
546 Nohlen (2001), S. 593.
547 Schade (2002), S. 33.
548 Nohlen (2001), S. 594.

2. Zielsetzungen

Staat und NGOs verfolgen unabhängig von ihren jeweiligen inhaltlichen Zielsetzungen verschiedene Strategien bei der Gestaltung des allgemeinen Zusammenlebens. Staatliche Akteure streben nach eigener politischer Macht in staatlichen Institutionen oder politischen Parteien, um selbst und unmittelbar als Entscheidungsträger an der Ausformung der Durchführung verbindlicher und institutionalisierter Regeln mitzuwirken. Ihre Zuständigkeit richtet sich darüber hinaus auf die Gestaltung des tagespolitischen Geschehens und bedient ein gesellschaftsumfassendes Themenspektrum.[549]

Nichtregierungsorganisationen dagegen suchen (politische) Einflussnahme auf staatliche Institutionen oder Parteien ausschließlich durch Medien und Öffentlichkeit, nicht durch das Streben nach eigenständiger Macht. Sie beteiligen sich also mittelbar an konkreten Entscheidungsprozessen und zeichnen sich durch Bürgernähe aus, sie bieten einen öffentlichen Raum der Meinungs- und Willensbildung für Jedermann und erfüllen eine Kommunikationsfunktion als Mittler zwischen Individuum und Staat. Ihre Themen sind selbst gewählt und daher oft auf populäre Bereiche wie Umweltschutz, Menschenrechte oder Globalisierungskritik beschränkt, da ihre Organisationen hauptsächlich auf freiwillige Mitarbeit engagierter und interessierter Menschen angewiesen sind.

Weil NGOs im Idealfall keine direkte Macht anstreben und finanziell und organisatorisch unabhängig sind, kommt ihnen im demokratischen Prozess die wichtige Rolle eines „Watchdog“ zu. In den verschiedenen demokratietheoretischen Lagern hat die Zivilgesellschaft, also auch NGOs, die Aufgabe, als Motor der demokratischen Grundordnung Missstände des gesellschaftlichen Zusammenlebens herauszufinden und in die Öffentlichkeit zu tragen. Die liberale Theorie spricht ihnen sogar das Recht zu, politische Autorität zu errichten, zu begrenzen und in Extremfällen eventuell zu stürzen.[550]

Allerdings besteht erst dann eine existenzielle Wechselwirkung zwischen Staat und Zivilgesellschaft, wenn ein pluralistischer und demokratischer Staat der Zivilgesellschaft rechtsstaatliche Handlungsbedingungen und gesicherte Bürgerrechte bietet, diese zumindest duldet. Ein aktuelles Negativbeispiel, bei dem eine demokratische Regierung eben diese existenzielle Wechselwirkung zu verhindern versucht, stellt Russland dar. Vertreter russischer Nichtregierungsorganisationen drücken äußerste Besorgnis im Zusammenhang mit der Behandlung des Gesetzes „Über einige Änderungen an Gesetzesakten der Russischen Föderation" aus. Die Zielsetzung dieses Gesetzes beinhaltet die Verschärfung der Kontrolle über die Organisationen der Zivilgesellschaft und führt im Ergebnis

---

[549] Nohlen (2001), S. 477.
[550] Nohlen (2001), S. 841f.

sogar zu Untersagungen inländischer sowie ausländischer NGOs in Russland.[551] Vertreter der russischen aber auch der internationalen Zivilgesellschaft warnen davor, dass die vorgeschlagenen Gesetzesänderungen den Erklärungen der russischen Staatsführung widersprächen, in denen sie angeben, die Entwicklung der Zivilgesellschaft unterstützen zu wollen. Anstelle der von den Autoren des Gesetzes deklarierten „Stabilisierung" und „Gleichberechtigung" führe die Annahme solcher Änderungen allein zur Lähmung des gesellschaftlichen Lebens, zur Destabilisierung und zur Rechtswillkür.[552]

NGOs befassen sich seit über 50 Jahren auf nationaler und internationaler Ebene sowie auf unterschiedlichen gesellschaftlichen Ebenen zunehmend mit den Angelegenheiten des Menschenrechtsschutzes. Sie decken Menschenrechtsverletzungen auf und üben Druck auf Regierungen und die Vereinten Nationen aus, um auf die Wichtigkeit des Menschenrechtsschutzes aufmerksam zu machen. Außerdem beteiligen sie sich an der Ausformulierung wichtiger Menschenrechtsverträge und nehmen Einfluss auf die Errichtung und Stärkung nichtvertraglicher Instrumente zum Schutz der Menschenrechte.[553] Die fortschrittliche Entwicklung von Menschenrechtsstandards in demokratischen Rechtsstaaten ist zu einem beachtlichen Teil dem entschiedenen und unermüdlichen Einsatz der Menschenrechtsorganisationen zuzuschreiben. Die Anerkennung und Akzeptanz von Menschenrechten wäre ohne die Unterstützung der NGOs niemals auf dem Stand von heute.[554]

3. Kooperationen

Der demokratische Staat duldet NGOs nicht mehr nur als Mahner, sondern bindet sie aufgrund ihrer Expertise immer mehr in Entscheidungsprozesse ein. Die-

---

[551] Ein Gericht in Nischnij Nowgorod hat am 13. Oktober 2006 die Zwangsauflösung der Bürgerrechtsbewegung „Gesellschaft für Russisch-Tschetschenische Freundschaft" angeordnet. Damit wurde einer Klage der örtlichen Staatsanwaltschaft stattgegeben. Mit dem Verbot des Vereins wendeten die russischen Behörden erstmals das neue Anti-Extremismus-Gesetz gegen eine Bürgerrechtsorganisation an. (FAZ vom 14.10.2006, S. 4)

[552] Der Beitrag von Vertretern der russischen Zivilgesellschaft ist im Internet zu finden unter der russichsprachigen Website http://hro.org/ngo/about/2005/11/10-2.php. Deutsche Übersetzung Jens Siegert.

[553] Hamm (2003), S. 111.

[554] Hamm (2003), S. 115. Der ehemalige Bundesinnenminister Gerhart Baum beschreibt die Wirkung von NGOs wie folgt: „Ein wirksamer Menschenrechtsschutz ist ohne Nichtregierungsorganisationen nicht vorstellbar. Die NGOs erarbeiten wichtige Informationen und Bewertungen, sie haben starken Einfluss auf die öffentliche Meinungsbildung, sie setzten Regierungen und internationale Organisationen unter Druck, sie sind ein Netzwerk von Menschenrechtsaktivisten in der Gesellschaft – sie geben den Opfern Hoffnung und versuchen, sie durch praktische Solidarität zu schützen. Am Einzelschicksal sind Menschenrechtsschutz und Verletzung der Menschenwürde abzulesen, nicht nur an allgemeinen Statistiken und Lagebeschreibungen" (Baum, 2003, S. 194).

se positive Entwicklung „von einer Staatenwelt zu einer Gesellschaftswelt“[555], in der das politische Gewicht der Gesellschaft wächst, macht deutlich, dass der Zivilgesellschaft eine immer größere Rolle zuerkannt wird. Die für die formellen Beziehungen maßgeblichen Regelungen sind im Laufe der Zeit mehrfach verändert worden, beruhen aber gegenwärtig auf der Erkenntnis, dass eine ständige sensible Berücksichtigung der öffentlichen Meinung zur Umsetzung des Grundziels der Organisation - d.h. der Herstellung einer engeren Verbindung zwischen den Mitgliedern - notwendig ist und dass aus dem nichtstaatlichen Bereich kommende Initiativen, Ideen und Vorschläge als wahrer Ausdruck des Willens der Bürger betrachtet werden können.[556]

4. Schwachstellen von NGOs

(1) Dieser rasanten Entwicklung stehen auch Schwächen gegenüber.[557] Gerade die ansteigende Anzahl von NGOs, zu beobachten seit den 90er Jahren und seit der Beendigung des Ost-West-Konfliktes, bringt eine Unüberschaubarkeit mit sich, die an verengten Sichtweisen oder nur punktueller Problembearbeitung der jeweiligen Organisation liegen kann. Ein weiterer Schwachpunkt kann die finanzielle Abhängigkeit von Spendengeldern oder Projektmitteln darstellen, wodurch die Aktivitäten von NGOs gesteuert und eine kontinuierliche Arbeit gefährdet sein kann.[558] Das Hauptaugenmerk jedoch muss auf innere Demokratie- und Legitimationsdefizite gelegt werden, da sie sich nicht durch Wahlen gegenüber der Bevölkerung legitimieren müssen, sondern allenfalls gegenüber ihrer zum Teil zahlenmäßig kleinen Mitgliedschaft.[559]

(2) Die Berichterstattung der NGO ‚Amnesty International‘[560] wurde wiederholt von verschiedenen Stellen kritisiert. Die Beanstandung einiger Journalisten, Polizeipräsidenten oder Innenminister bezog sich auf die Recherchearbeit von Menschenrechtsverletzungen in Deutschland. Amnesty International entgegnet in einem Informationsblatt, dass für Ermittlungen das internationale Amnesty International-Sekretariat in London zuständig sei, die Recherche sei also nationenübergreifend organisiert und die Recherche über Deutschland werde nicht weniger genau ausgeführt als die für andere Länderberichte.[561]

---

555 Czempiel (1999), S. 69.
556 Europahandbuch: Quelle 19 / Anhang C II.
557 Vgl. zu Kritik auch unten Abschnitt II 2: Kritik an Amnesty International.
558 Hamm (2003), S. 117.
559 Hamm (2003), S. 117.
560 In der vorliegenden Arbeit ist der Einfachheit halber mit Amnesty International immer die Deutsche Sektion gemeint, es sei denn, es wird ausdrücklich auf eine andere hingewiesen.
561 Informationsblatt Amnesty International (1996).

5. Fehlende staatliche Anerkennung von NGOs – ein Nachteil?

Ein Nachteil für alle NGOs ist, dass die Regierungen ihnen gegenüber keine Verbindlichkeiten durch internationale Verträge ratifiziert haben. Die Regierung ist nicht gezwungen, auf Forderungen einzugehen, sondern eher genötigt, sich erst bei entsprechender Anteilnahme und Missbilligung der Öffentlichkeit zu äußern. Damit stellen sie ein Druckmittel dar, das durch die Verfolgung des Umgangs von mutmaßlichen Menschenrechtsverletzungen seitens der Behörden Verantwortliche daran hindert, Anschuldigungen und Forderungen von mutmaßlichen Opfern das Gehör zu verweigern. Auch ist anhand veröffentlichter Fallbeschreibungen zu beobachten, dass die Kommunikation zwischen NGOs und beschuldigten Behörden oder der Regierung nicht reibungslos funktioniert. In einigen Fällen äußerte sich die Regierung erst öffentlich zu Vorwürfen, nachdem auch Ausschüsse der Vereinten Nationen oder des Europarats um Stellungnahmen baten. Dennoch hat eine systematische Berichterstattung von NGOs wie Amnesty International den Vorteil, dass geforderte Prozesse über Jahre nachzuvollziehen sind und somit übersichtlich zu erfassen ist, welchen Bitten und Empfehlungen von der Bundesregierung nachgegangen wird.

Damit möglichst zahlreiche Menschenrechtsverletzungen verhindert werden können, ist die Koexistenz verschiedener Institutionen zum Schutz von Menschenrechten unabdingbar. Um möglichst auszuschließen, dass Einzelfälle von Menschenrechtsverletzungen durch das Überwachungsraster fallen, ist neben innerstaatlichen Sicherungsmechanismen das Bestehen verschiedener externer Überwachungsinstanzen mit unterschiedlichen Schwerpunkten von Bedeutung. Derartige Strukturerleichterungen (Zugangsverbesserungen, Einsichtsmöglichkeiten, Nachweispflichten) sind für die „Watch-Dog“-Funktion von NGOs wichtiger als vertragliche Anerkennung, die höchstens größere Einbindungs- und Anpassungszwänge nach sich ziehen könnte.

II. Jahresberichte, Protokolle und Dokumentationen von Amnesty International

Ein herausragender Tätigkeitsbeleg für Amnesty International sind deren Jahresberichte. Im Folgenden soll ein Bericht exemplarisch ausgewertet werden, insbesondere im Hinblick auf seine „Watchdog“-Funktion.

1. Beispiel: Jahresbericht 2003

Im Jahresbericht 2003 von Amnesty International über Deutschland im Berichtszeitraum vom 1. Januar bis zum 31. Dezember 2002 wurden folgende Themen angesprochen: Todesfall in Haft, Vorwürfe über Misshandlungen durch die Polizei, Vorwürfe über Misshandlungen im Strafvollzug, Todesfall bei Abschiebung, Abschiebung und die zwangsweise Verabreichung von Brechmitteln.[562] Auch der Jahresbericht 2004 enthielt ähnliche oder auch gleiche Themen: die Folterdebatte, Todesfall in Haft, Vorwürfe über polizeiliche Misshandlungen, Gewalt gegen Frauen, Flüchtlinge, der Hamburger „Terrorprozess" und Todesfall bei Abschiebung.[563] Der Aufbau der Jahresberichte kennzeichnet sich durch Auflistungen und Beschreibungen von mutmaßlichen Menschenrechtsverletzungen. Nicht nur die Verletzungen an sich werden kritisiert, vielmehr wird deren strafrechtliche Verfolgung verlangt. Amnesty International verfolgt, ob beispielsweise Polizeibeamte vor Gericht gebracht werden und damit eine Prüfung des jeweiligen Falles garantiert wird oder zeigt auf, wenn nach Vorwürfen über Menschenrechtsverletzungen keine weitere Verfolgung des Falles stattfindet.

(1) So wurden auch die Ermittlungen über den Todesfall des aus dem Sudan stammenden Aamir Ageeb seit einigen Jahren beobachtet. Der 30-jährige Asylbewerber war während seiner Abschiebung Ende Mai 1999 vom Frankfurter Flughafen über Kairo nach Khartum ums Leben gekommen, nachdem er auf Grund seines Widerstandes gegen die Polizisten so an seinen Sitz gefesselt wurde, dass er keine Luft mehr bekam. Amnesty International machte es sich zur Aufgabe, das Vorgehen der Staatsanwaltschaft zu beobachten und setzte sich mit der Bundesregierung in Verbindung.[564] Außerdem veröffentlichte und verdeutlichte Amnesty International in seinem Bericht „Erneut im Fokus" die Empfehlung des Europäischen Komitees gegen Folter vom März 2002. Das CPT forderte alle mit der Abschiebung beauftragten Behörden auf, neue Richtlinien für die Rückführung von ausländischen Staatsbürgern umzusetzen.[565]

In der Urteilsbegründung, in dem die drei beschuldigten Beamten des Bundesgrenzschutze zu jeweils neun Monaten Freiheitsstrafe auf Bewährung verurteilt wurden, wies der Richter daraufhin, dass die Beamten in den neunziger Jahren für Abschiebungen kaum ausgebildet wurden. Zum einen litt ein fünftägiger Kurs darunter, dass am zweiten Tag eine Impfung auf dem Programm stand, die dazu führte, dass die Teilnehmer im Anschluss nicht mehr zu praktischen Übungen im Stand waren. Außerdem kam den Beamten ein Merkblatt des Bundesgrenzschutzes nie zu, in dem über Gefahren des „Hinunterdrückens" informiert wird und in dem im Zweifel zum Abbruch der Abschiebung aufgefordert wird. Der zuständige Richter erhob Kritik gegen die Praxis des BGS und den damali-

---

[562] Quelle 12/ Anhang C II. / Zur Frage der Verfassungswidrigkeit des Brechmitteleinsatzes vgl. auch Dallmeyer (2000), S. 252 ff. Zur Feststellung der Menschenrechtswidrigkeit vgl. EGMR Urteil vom 11.7.2006, nachzulesen unter www.egmr.org.

[563] Quelle 13/ Anhang C II.

[564] Amnesty International (2004), S. 77.

[565] CPT/Inf (2003) 20, 12. März 2003, Punkt 24.

gen Chef des BGS-Amtes am Frankfurter Flughafen, der mittlerweile Präsident des Grenzschutzpräsidiums Ost ist.[566]

(2) Weiterhin berichtet Amnesty International im Jahresbericht 2003 über den fünften periodischen Bericht der Bundesregierung[567] gegenüber dem VN-Ausschuss für die Beseitigung der Diskriminierung der Frau. In ihrem Bericht weist die Bundesregierung auf ein 2002 in Kraft getretenes Gewaltschutzgesetz hin, mit dem eine Rechtsgrundlage geschaffen wurde, um gegen Männer, die ihren Partnerinnen Gewalt angetan oder angedroht haben, ein Kontaktverbot zu verhängen.

(3) Ferner äußerte Amnesty International Kritik an dem Umgang mit Asylsuchenden, die auf der Flucht vor nichtstaatlicher Verfolgung sind. Hier wirft Amnesty International der Bundesregierung vor, dass diese Menschen in der Entscheidungspraxis weder unter den Schutz der Flüchtlingskonvention von 1951 noch unter den Schutz der Europäischen Menschenrechtskonvention fallen und die Behörden somit gegen internationale Standards verstießen. Als Beispiele werden abgelehnte Asylanträge von Tschetschenen und die Rückführung von ethnischen Minderheiten in den Kosovo aufgeführt, deren mögliche Menschenrechtsverletzungen in ihren Herkunftsländern nach Ansicht von Amnesty International nicht berücksichtigt wurden.

2. Kritik an Amnesty International

(1) Die Berichterstattung von Amnesty International ist wiederholt von verschiedenen Stellen kritisiert worden, weil im internationalen ai-Sekretariat lediglich Zeitungsberichte und Informationen von NGOs den Ausgangspunkt für Nachforschungen bildeten. Amnesty International entgegnet demgegenüber, dass sich viele mutmaßliche Opfer von Menschenrechtsverletzungen direkt an Amnesty International wenden würden, deren Vorwürfe mit Hilfe von juristischen und medizinischen Experten, Zeugenaussagen und ärztlichen Attesten auf Glaubwürdigkeit geprüft würden. Zusätzlich beruft sich Amnesty International auf Erfahrungswerte, die die Organisation seit 35 Jahren in Bezug auf Menschenrechtsverletzungen und Opferaussagen sammelt. Als ein weiteres Argument für die Gründlichkeit der Recherche nennt die Organisation den Umstand, dass in jüngster Zeit kein Deutschlandbericht soweit widerlegt worden sei, dass sie sich gezwungen sah, die dokumentierten Vorwürfe öffentlich zu korrigieren.[568]

---

[566] Süddeutsche Zeitung Nr. 243 vom 19. Oktober 2004, S. 5.
[567] Vgl. zur Kritik der Humanistischen Union am 7. Bericht der Bundesregierung: MITTEILUNGEN der Humanistischen Union e.V. Nr. 193 (Juni 2006), S. 14.
[568] Informationsblatt Amnesty International 1996.

(2) Auch wird der Vorwurf erhoben, Amnesty International beleuchte die Fälle zu einseitig aus der Opferperspektive. Mit den Veröffentlichungen von schriftlichen Verfügungen der Staatsanwaltschaften und gerichtlichen Entscheidungen entgegnet Amnesty International dem Vorwurf der einseitigen Berichterstattung. Nach der Sammlung von Informationen wendet sich die Organisation an die Behörden, meistens die Justiz- und Innenministerien der Länder. Erst nachdem den Behörden die Möglichkeit gegeben worden ist, zu reagieren, veröffentliche Amnesty International-Berichte und später dann Jahresberichte, im besten Falle zusammen mit den Erkenntnissen der ermittelnden Behörden.

Amnesty International weiß nicht, wie sich ein Vorgang tatsächlich abgespielt hat. Es muss aber darauf hingewiesen werden, dass das Interesse der Organisation gerade darin besteht, auch auf ungeklärte und zweifelhafte Fälle aufmerksam zu machen. Opfer in den von Amnesty International dokumentierten Fällen sind oft Menschen aus sozialen Randgruppen: Obdachlose, Drogenabhängige, Prostituierte oder Ausländer, deren Beschwerdemacht eher gering ist.[569] Die Aufklärung der Fälle ist und bleibt den zuständigen Behörden überlassen. Amnesty International versucht lediglich, den Fällen Gehör in der Öffentlichkeit zu verschaffen und signalisiert in den einzelnen Fällen Klärungsbedarf gegenüber den verantwortlichen Stellen.

3. Fazit zur Watch-Dog-Funktion

Jahresberichte, Protokolle und Dokumentationen von Amnesty International zeichnen sich durch präzise Einzelfall-Dokumentationen aus. Mutmaßlich Geschädigte werden namentlich benannt, die Eingriffe in der Sache präzise nachgezeichnet. Die Berichte sind weniger theoretisch, sie sind unpolitisch, dafür unerschrocken und staatsfern. Nicht der Bürger, nicht „Personen“ werden bürokratisch in Bezug genommen, sondern „Menschen aus Fleisch und Blut“ (Teubner), also ein genuin zivilgesellschaftlicher Bezug steht im Mittelpunkt der Watch-Dog-Funktion.

III. Deutschlandberichte des Europäischen Ausschusses zur Verhütung von Folter und unmenschlicher oder erniedrigender Behandlung oder Strafe (CPT) (Europarat)

Amnesty International als zivilgesellschaftliche NGO kann kontrastiert werden mit einem Beispiel zwischenstaatlicher Institutionen des Europarats: des Europäischen Ausschusses zur Verhütung von Folter und unmenschlicher oder erniedrigender Behandlung oder Strafe (CPT). Der CPT ist keine Nichtregierungsorganisation, sondern eine zwischenstaatliche Institution des Europarates,

[569] Diederichs (1999), S. 194.

der zur Selbstkontrolle der angeschlossenen Staaten errichtet worden ist[570]. Dieses Komitee soll auf seine spezifische Wirkungskraft hin in den Blick genommen werden. Ist die NGO Amnesty International dem CPT überlegen? Wie unterscheiden sich die Zugriffe in ihren Methoden?

1. Periodische Besuchskontrollen der CPT

Im Dezember 2000 besuchte eine Delegation des Europäischen Ausschusses zur Verhütung von Folter und unmenschlicher oder erniedrigender Behandlung oder Strafe (CPT) die Bundesrepublik Deutschland das vierte Mal. Der Besuch war Teil des Programms periodischer Besuche des Ausschusses für das Jahr 2000. Drei der bisherigen vier Besuche waren periodische Besuche.[571]

Nach jedem der Besuche verfasste die Delegation einen Bericht für die Bundesrepublik Deutschland, indem kritische Empfehlungen, Bemerkungen und Informationswünsche verzeichnet sind. Hierauf muss die Bundesrepublik innerhalb eines halben Jahres mit einer Stellungnahme reagieren.

Die Delegation des Ausschusses suchte bei jedem der Besuche verschiedene Orte auf, an denen Menschen die Freiheit entzogen ist. Dieses sind unter anderem Vollzugsanstalten und Jugendhaftanstalten, Einrichtungen der Polizei, Abschiebehafteinrichtungen, psychiatrische Einrichtungen und in jüngster Zeit auch Pflegeheime. Es wurden verschiedene Bundesländer besucht. Geprüft wird vor Ort, wie die Gesundheitsfürsorge der Menschen und die Haftbedingungen im Allgemeinen sind. Hierzu gehört die Unterbringung, das Wachpersonal und auch Schutzmaßnahmen im Zusammenhang mit Asylanten oder Personen mit zwangsweiser Unterbringung in psychiatrischen Anstalten.[572]

So besuchte die Delegation 1996 die Gefängnisse Moabit und Tegel in Berlin, um den Prozess der schon beim ersten Besuch 1991 empfohlenen Veränderungen zu beobachten. Zu ihrer Zufriedenstellung wurde ein Großteil der Zellen in beiden Haftanstalten gereinigt, neu gestrichen und mit Steckdosen für Leselampen ausgestattet. Außerdem wurden neue Duschvorrichtungen eingerichtet und in Moabit der Besuchsraum renoviert. Jedoch kritisierte die Delegation in ihrem Bericht die Arbeits-, Bildungs- und Sportmöglichkeiten für die Gefangenen, hier stünden zu wenige Plätze zur Verfügung. Seit dem letzten Bericht über den Besuch von 1991 wären zwar 50 Plätze hinzugekommen, dies sei aber noch nicht ausreichend, denn weniger als 14 % der Inhaftierten hätten so die Gelegenheit an Kursen teilzunehmen. Das Ergebnis dieser geringen Beschäftigungsmöglich-

---

[570] Die Zusammenarbeit innerhalb des Europarates basiert auf einer Europäischen Konvention zwischen Vertragsparteien (vgl. dazu oben 3. Teil A II 2 b).
[571] Quelle 14 / Anhang C II.
[572] Periodischer Bericht CPT 2000 / Quelle 15 / Anhang C II.

keiten sei der Umstand, dass die meisten Menschen im Gefängnis bis zu 23 Stunden am Tag in ihren Zellen säßen.

Zur Gesamtsituation der Gefängnisse äußert die Delegation keine Kritik, sondern stellt eher Fortschritte fest. Sie weist aber die Bundesrepublik daraufhin, den Prozess fortzuführen und sie in Zukunft über die weiterführenden Pläne zur Modernisierung und zum Ausbau der Beschäftigungsangebote zu unterrichten.[573]

Zur Situation der sich in Abschiebehaft befindenden Personen in Berlin-Köpenick fordert die Delegation in ihrem Bericht von 1996, dass sofortige Maßnahmen eingeleitet werden müssen, um zumindest halbtags einen Arzt sowie einen oder eine Krankenpfleger/in vor Ort zu haben, ebenso wie psychiatrische und psychologische Hilfe für die Inhaftierten und zu jeder Zeit eine Person zur Einleitung von Erste-Hilfe-Maßnahmen. Außerdem wird gefordert, dass bei Ankunft in die Abschiebehaft jeder einer medizinischen Untersuchung unterzogen wird, entweder von einem Arzt selber oder einer ähnlich ausgebildeten Person. Auch wird auf die verbesserte Kommunikation zwischen medizinischen Personal und ausländischen Inhaftierten hingewiesen, bei deren Untersuchungen nach Möglichkeit kein Wachpersonal anwesend sein soll.[574]

2. Länder-Berichte mit Reaktionen der Regierungen

Im Deutschlandbericht des CPT von 2000 wird erbeten, der Kommission Auskunft über den Zugang ausländischer Inhaftierter zu unentgeltlicher Rechtsberatung in Brandenburg und anderen Bundesländern zu geben. Die Bundesregierung kommentiert hier die Situation in ihrer Stellungnahme wie folgt: „In Ermangelung anderer seriöser Angebote (z.B. der Rechtsanwaltskammer) kann eine Rechtsberatung in Eisenhüttenstadt nur durch die in der Abschiebungshafteinrichtung selbst, in der zentralen Ausländerbehörde und in der Außenstelle tätigen Mitarbeiter erfolgen. Intensive Bemühungen, kompetente Institutionen für diese Aufgabe zu gewinnen, bleiben bisher erfolglos. Für eine unentgeltliche Rechtsberatung können jedoch auch die Ausländerbeauftragte, der Jesuitenflüchtlingsdienst oder karitative Einrichtungen in Anspruch genommen werden“.[575]

Zusätzlich bekräftigt die Regierung in ihrem Antwortbericht, dass in Baden-Württemberg in den Abschiebehafteinrichtungen und in den Justizvollzugsanstalten Mannheim und Rottenburg regelmäßige Beratungen durch die zuständige Ausländerbehörde (Bezirksstelle für Asyl) vorgenommen würden. Die Beratun-

[573] Periodischer Bericht CPT 1996 / Quelle 16 / Anhang C II.
[574] Periodischer Bericht CPT 1996.
[575] CPT/Inf (2003) 21/ Quelle 17.

gen fänden einmal wöchentlich statt. In Berlin würde einmal pro Woche eine Rechtsberatung eigenständig durch den Republikanischen Anwältinnen- und Anwaltsverein durchgeführt und finanziert, außerdem erhielten die Abschiebungshäftlinge bei ihrer Einlieferung ein Informationsmerkblatt der Ausländerbehörde über die Rechtsberatung. In der Berliner Justizvollzugsanstalt Moabit könnten darüber hinaus ausländische Inhaftierte jeden Monat an einer Sprechstunde von Mitarbeitern des Büros der Ausländerbeauftragten teilnehmen und Probleme und Fragen aus dem Bereich des Ausländerrechts (Aufenthaltsstatus, Abschiebung etc.) besprechen. Bei Bedarf würden Sprachmittler hinzugezogen. Auch in allen drei Abschiebungshafteinrichtungen des Landes Nordrhein-Westfalen hätten die Abschiebungsgefangenen Zugang zur für sie unentgeltlichen Rechtsberatung. Auch in Bremen würde ausländischen Inhaftierten im Vollzug unentgeltliche Rechtsberatung durch einen gemeinnützigen Verein angeboten. Mittellose Abschiebungsgefangene könnten darüber hinaus in jedem Falle auch Beratungshilfe und, soweit erforderlich, anwaltliche Vertretung nach dem Gesetz über Rechtsberatung und Vertretung für Bürger mit geringem Einkommen (Beratungshilfegesetz) in Anspruch nehmen.[576]

3. Kritikpunkte der Zusammenarbeit

Über die allgemeine Zusammenarbeit zwischen den deutschen Behörden und dem CPT äußert sich die Delegation in dem Bericht von 2000 unzufrieden über den zeitverzögerten Zugang zum Polizeipräsidium Frankfurt am Main und verweist darauf, in Zukunft den problemlosen Zugang für den CPT sicherzustellen. Die Bundesregierung reagierte in ihrer Stellungnahme mit einer Entschuldigung und schildert stattgefundene Maßnahmen zur Sensibilisierung der betroffenen Dienststellen, um unbegrenzten Zugang zu jedem Ort der Freiheitsentziehung in jedem Bundesland von nun an zu garantieren.

Ferner bat der CPT die deutschen Behörden, Fragen zum Zugang zu ärztlichen Unterlagen für die Besuchsdelegation zu prüfen. Hier verweist die Bundesregierung jedoch auf die ärztliche Schweigepflicht bzw. auf die Entbindung der Schweigepflicht durch die betroffene Person sowie auf die Hinzuziehung des behandelnden Arztes und erklärt somit einen möglichen Zeitverzug, bemüht sich aber in Zukunft, den Umgang mit den aufgezeigten Mängeln zu verbessern.[577]

Allgemein wird in allen drei periodischen Berichten positiv über die Kooperation zwischen dem CPT und den deutschen Behörden berichtet und die Besuchsdelegationen äußern sich zufrieden über die Zusammenarbeit und über die Dialoge mit den Verantwortlichen der Regierung. Die Reaktion der Bundesre-

[576] CPT/Inf (2003) 21/ Quelle 17.
[577] CPT/Inf (2003) 21/ Quelle 17.

gierung wird als zufriedenstellend in Bezug auf Art. 3 der Konvention gewertet.[578]

Anhand der im Bericht aufgeführten Mängel und Empfehlungen wird deutlich, dass sich die Arbeit des CPT nicht ausschließlich auf die Garantierung der Einhaltung von Menschenrechten von Personen, denen die Freiheit entzogen ist, beschränkt. Der CPT befasst sich insbesondere mit ihrer detaillierten Umsetzung.

4. Die offiziös-diplomatische Methodik zwischenstaatlicher Institutionen

Anders als die Methodik der Skandalisierung von Amnesty International geht der CPT eher offiziös und diplomatisch, dafür aber konkret beobachtend vor. Während Amnesty International von außen – von Betroffenen informiert – die Öffentlichkeit direkt über den Verdacht eines menschenrechtlichen Verstoßes unterrichtet, werden hier offizielle Besuchsberichte gefertigt, auf die die Bundesregierung – der Konvention gehorchend – reagiert. Zutrittsrechte zu Institutionen sozialer Kontrolle erlauben eine unmittelbare Wahrnehmung. Dabei sind Besuche mit Vorbereitungen beider Seiten verbunden, so dass durch diese periodischen Besuche Menschenrechtsverletzungen kaum aufgedeckt werden können. Nur wenn es „den Umständen nach erforderlich erscheint", führt der CPT Ad-hoc-Besuche durch.[579] Gemäß dem Typus „zwischenstaatlicher Vereinbarungen" handelt es sich beim CPT also um eine offiziöse diplomatische Mission.

IV. Zum Umgang mit Menschenrechten in der deutschen Polizei – ein konkretes Beispiel externer Kritik durch Amnesty International

Ein immer wieder im Vordergrund stehender Bereich externer Überwachung ist die Polizei in der Bundesrepublik Deutschland. Diese Überwachungsarbeit soll im Folgenden konkret belegt werden. Auch wenn nach Statistiken von Amnesty International die Zahl der bekannt gewordenen Vorwürfe über Misshandlungen und exzessive Gewaltanwendung durch die Polizei eine rückläufige Tendenz verzeichnet, werden die deutschen Behörden weiterhin aufgefordert, ihre Anstrengungen zu intensivieren und alle denkbaren Maßnahmen zur Verhütung und Bestrafung derartiger Praktiken zu ergreifen.[580] Nicht nur Amnesty International (1), sondern auch der Europarat (2) beobachten regelmäßig die polizeiliche Arbeit, wenn auch beide mit je unterschiedlichen Akzenten.

---

[578] Art. 3: „Bei der Anwendung dieses Übereinkommens arbeiten der Ausschuss und die zuständigen innerstaatlichen Behörden der betreffenden Vertragspartei zusammen." (CPT Bericht 1997)
[579] Vgl. oben 3. Teil A II 2 b.
[580] Amnesty International (2004), S. 5.

1. Kritik von Amnesty International an der deutschen Polizei

a) Einzellfälle von Misshandlungen (ohne Foltervorwürfe)

(1) Im Jahresbericht 2003 dokumentiert Amnesty International den Fall des mutmaßlichen Opfers Stefan Neisius, der im Mai 2002 auf einer Kölner Polizeiwache von mehreren Polizeibeamten mit Schlägen misshandelt worden sein soll. Gegen die Beamten wurde Anklage wegen Körperverletzung mit Todesfolge erhoben, da der 31-jährige, nachdem er auf der Wache ins Koma fiel, im später eingelieferten Krankenhaus - ohne das Bewusstsein wiedererlangt zu haben - an den Verletzungen starb. Dieser Vorfall mutmaßlicher Polizeibrutalität stützt sich auf die Aussagen zweier Kollegen der beschuldigten Kölner Beamten. Diese sagten gegenüber einem Vorgesetzten aus, dass sie in der Nacht der Festnahme von Stefan Neisius Zeuge geworden waren, wie fünf oder sechs ihrer Kollegen um den am Boden liegenden und an den Händen gefesselten Häftling herumgestanden und ihm wiederholt Fußtritte gegen Kopf, Körper, Arme und Beine versetzt hätten. Anschließend, so die beiden Zeugen, hätten drei oder vier Polizisten Stefan Neisius an den Füßen gepackt und ihn durch den Flur in eine Zelle geschleift, wo er erneut mit Schlägen und Fußtritten traktiert worden sei, während er hilflos am Boden lag. Kurz nach Bekanntwerden des Vorfalls wurden sechs Polizeibeamte vom Dienst suspendiert. Amnesty International stellt in dem Jahresbericht jedoch fest, dass die Ermittlungen zur Aufklärung der Ereignisse zum Ende des ai-Berichtszeitraums noch nicht abgeschlossen waren und somit auch noch kein Prozesstermin feststand.[581]

(2) Auch im Jahresbericht 2004 berichtet Amnesty International erneut über Vorwürfe polizeilicher Misshandlungen. So soll der 30-jährige Andre Heech auf einer Polizeiwache in Frankfurt am Main misshandelt worden sein, nachdem der körperbehinderte Mann wegen angeblicher Trunkenheit festgenommen wurde. Amnesty International beruft sich auf vorliegende Meldungen, welche beinhalten, dass ein Polizeibeamter mit einem länglichen Metallgegenstand auf den Oberschenkel des amputierten Beins des mutmaßlichen Opfers einschlug. In Folge musste sich der Häftling im Krankenhaus einer Operation unterziehen. Auch hier betont amnesty international, dass bis Ende des Berichtjahres die Behörden auf Anfrage zu dem Fall nicht reagiert hätten.

(3) Im Zusammenhang mit der mutmaßlichen Misshandlung eines 19-jährigen Mannes auf einem Kölner Polizeipräsidium wurde ein Ermittlungsverfahren eingeleitet. Es hieß, ein im Gewahrsamsdienst des Polizeipräsidiums tätiger Angestellter habe dem Häftling ins Gesicht geschlagen, weil dieser wiederholt die Alarmklingel betätigt hatte. Das mutmaßliche Opfer trug dabei einen Nasenbeinbruch und eine Beschädigung von einem seiner Schneidezähne davon.

---

[581] Quelle 12/ Anhang C II.

(4) Außerdem berichtet Amnesty International in seinem Jahresbericht über Deutschland von drei Polizisten aus Thüringen, die angeklagt waren, zwei Kollegen verprügelt zu haben. Diese wurden zu Bewährungsstrafen verurteilt. Das Amtsgericht Hamburg sprach die drei Beamten der gefährlichen Körperverletzung im Amt schuldig, weil sie während einer Demonstration in Hamburg auf zwei Zivilkollegen aus Schleswig-Holstein wiederholt mit ihren Knüppeln eingeschlagen hatten. Der Vorsitzende Richter soll sich dahingehend geäußert haben, dass die Opfer, wären sie gewöhnliche Demonstranten und keine Polizeibeamten gewesen, die drei Angreifer wohl niemals hätten identifizieren können. Die Polizeiführung Thüringens wurde während des Prozesses wegen des Versuchs, den Vorfall zu vertuschen, scharf kritisiert[582]

(5) Neben den Jahresberichten veröffentlichte Amnesty International im Januar 2004 unter anderem einen Bericht zu den Vorwürfen über polizeiliche Misshandlungen und den Einsatz unverhältnismäßiger Gewalt in Deutschland. „Erneut im Fokus" bezieht sich auch auf die zwei maßgeblichen Menschenrechtsgremien der Vereinten Nationen: den Menschenrechtsausschuss und den Ausschuss gegen Folter. Amnesty International klagt an, dass diese beiden Ausschüsse schon in den vergangenen Jahren die gleichen Kritikpunkte an die Bundesrepublik Deutschland herangetragen hätten, wie sie immer noch in dem neu erstellten Bericht von Amnesty International vorkämen.[583] So fordert Amnesty International die Bundesrepublik dazu auf, „ihre Anstrengung zu intensivieren und alle nur denkbaren Maßnahmen zur Verhütung und Bestrafung derartiger Praktiken zu ergreifen". Weiterhin ruft Amnesty International die deutschen Behörden auf, jegliche Missstände zu beseitigen und Maßnahmen zu treffen, die polizeilichen Misshandlungen und der Anwendung übermäßiger Gewalt entgegenwirken.[584]

b) Forderungen

Überdies fordert die Organisation in dem Bericht die Umsetzung von drei konkreten Empfehlungen für die Vermeidung bzw. die Wiedergutmachung von Menschenrechtsverletzungen.

(1) Zum einen soll eine amtliche zentrale Stelle eingerichtet werden, die regelmäßig in einheitlicher Form umfassende Statistiken über Misshandlungsbeschwerden gegen Beamte der Polizeibehörden in Bund und Ländern erstellt und veröffentlicht. Amnesty International hält es für notwendig, dass in diesen Statistiken folgende Angaben beinhaltet sind: Anzahl der gegen Polizisten in einem bestimmten Zeitraum eingereichten Beschwerden, Angaben über die in Reaktion

[582] Quelle 13 / Anhang C II.
[583] Amnesty International (2004), S. 5.
[584] Amnesty International (2004), S. 4, 5.

auf jede der erhobenen Misshandlungsvorwürfe getroffenen Maßnahmen und den Ausgang etwaiger straf- und disziplinarrechtlicher Ermittlungen, statistische Erhebung von Vorwürfen über rassistisch motivierte Übergriffe und Erfassung der nationalen Herkunft der Beschwerdeführer.

(2) Ferner fordert Amnesty International ein unabhängiges Gremium, welches umfassende Statistiken über Menschenrechtsverletzungen führt, etwaigen Mustern von Menschenrechtsverletzungen nachgeht und Beschwerden von Einzelpersonen untersucht. Denn eine der effektivsten Maßnahmen bestünde in der unverzüglichen und unparteiischen Untersuchung der Misshandlungsvorwürfe und der Wiederherstellung von Gerechtigkeit, einschließlich einer Entschädigung der Opfer. Ohne die Einrichtung eines solchen Gremiums fürchtet Amnesty International, dass der Verfolgung von Menschenrechtsverletzungen weiterhin all die Faktoren im Wege stünden, welche sie momentan für die Gefahr der Straflosigkeit von Verletzungen verantwortlich machen. Hierzu zählt die oftmals übermäßig lange Dauer der strafrechtlichen Ermittlungen, die sich über Monate oder sogar Jahre hinweg ziehen können ebenso wie das von Amnesty International genannte Widerstreben mancher Staatsanwaltschaften, in Fällen mutmaßlicher polizeilicher Misshandlungen Anklage zu erheben und die Wahrheitsfindungen Gerichten zu überlassen. Angesichts der mangelhaften Ermittlungen vieler Staatsanwaltschaften sollten dort Sonderabteilungen eingerichtet werden, die ausschließlich für Ermittlungen gegen Polizeibeamte zuständig sind.

Weiterhin beanstandet Amnesty International die große Anzahl von Gegenanzeigen der Polizei, durch die Misshandlungsopfer abgeschreckt werden könnten, ihr Recht auf Wiedergutmachung und Entschädigung einzuklagen. Zusätzlich kritisiert Amnesty International, dass häufig die Strafen, die vor Gericht gegen Polizeibeamte verhängt werden, der Schwere der Tat nicht gerecht würden und befürchtet sogar, dass die hier genannten Defizite bei Polizisten, die sich mutmaßlich einer Menschenrechtsverletzung schuldig gemacht haben könnten, zu einer Straflosigkeit führen könnten.[585] Jedoch, so schreibt die Organisation in dem Bericht, hat die Bundesregierung wiederholt Vorschläge zurückgewiesen, ein solches Gremium einzurichten. Obwohl auch der VN-Menschenrechtsausschuss 1996 einen solchen unabhängigen Mechanismus anregte, äußerte sich der Leiter des Arbeitsstabes Menschenrechte im Auswärtigen Amt in einem Antwortschreiben für Amnesty International dahin gehend, dass die Bundesregierung keine Notwendigkeit für zusätzliche Maßnahmen bei der Untersuchung und strafrechtlichen Verfolgung von Fällen behaupteter polizeilicher Misshandlung erkennen könne.[586] Diese Entscheidung wiederholte die Bundesregierung 2002, als sie in ihrem 5. Bericht an den VN-Menschenrechtsausschuss ausdrücklich bekräftigte: „Die Einrichtung eines weiteren unabhängigen Mechanismus

[585] Amnesty International (2004), S. 4.
[586] Amnesty International (2004), S. 87.

auf nationaler Ebene zur Untersuchung von Verdachtsfällen der Misshandlung durch Polizeibeamte auf örtlicher Ebene [...] erscheint angesichts der anderen vielfältigen Mechanismen nicht zwingend erforderlich".[587]

(3) Schließlich bezieht sich Amnesty International mit einer Empfehlung auf das Zusatzprotokoll zum UN-Übereinkommen gegen Folter. Amnesty International fordert[588] eine unverzügliche Unterzeichnung und Ratifizierung, um auf diese Weise einen innerstaatlichen Mechanismus zur Inspektion sämtlicher Gewahrsamseinrichtungen im Land zu schaffen.

Bei den meisten Fällen von mutmaßlichen Misshandlungen und dem behördlichen Umgang mit den Vorwürfen kann Amnesty International ein Muster zuordnen. Die von Amnesty International erhobenen Daten verzeichnen häufig Fälle, in denen mutmaßliche Opfer Ausländer oder Angehörige ethnischer Minderheiten seien, die von den Polizeibeamten oft auch mit fremdenfeindlichen Ausdrücken beschimpft würden. Dieses fände oft schon während oder kurz nach der Festnahme statt. Weiterhin würden die Opfer selten sofort umfassend über den Grund für ihre Festnahme und ihre Rechte unterrichtet werden und meist keine Möglichkeit erhalten, einen Rechtsbeistand oder Familienangehörige zu unterrichten. Zusätzlich kritisierte Amnesty International schon früh (Mai 1995) in dem Bericht „Ausländer als Opfer: Polizeiliche Misshandlungen in der Bundesrepublik Deutschland", dass die erhobenen Beschwerden oder Anzeigen der mutmaßlichen Opfer wegen Misshandlungen durch Polizeibeamte häufig mit einer Gegenanzeige (Widerstand gegen die Vollstreckungsbeamten) der beschuldigten Beamten beantwortet würden und schließlich viele Verfahren spätestens von der Staatsanwaltschaft nach oft sehr langer Zeit unter Hinweis auf sich widersprechende Aussagen der mutmaßlichen Opfer und der Polizeibeamten mangels hinreichenden Tatverdachts gemäß § 170 Abs. 2 StPO eingestellt und deshalb selten von unabhängigen Gerichten überprüft würden – oft lägen solchen Einstellungen unzureichende, teilweise sogar parteiische Ermittlungen zugrunde.[589]

2. Die Kritik vom Europarat (CPT) an der deutschen Polizei (ohne Foltervorwürfe)

Die Länderberichte des CPT über seine periodischen Besuche von 1992, 1997 und 2000 enthalten hingegen kaum Kritik am Umgang zwischen Polizeibeamten und Festgenommenen. Die befragten Festgenommenen oder Inhaftierten äußerten sich bezogen auf ihre Behandlung seitens der Beamten in keinem negativen Wortlaut.

---

[587] UN Doc. CCPR/C/DEU/2002/5, 4. September 2002, Punkt 151.
[588] Amnesty International (2004), S. 5.
[589] Amnesty International (1995).

Im Bericht von 1992 bittet der CPT die zuständigen Behörden Stellung zu nehmen, über die Vorwürfe einer Gruppe von Demonstranten in München, die der Polizei schlechte Behandlung bei der Festnahme und der Untersuchungshaft nachsagten. Hier berichtet der CPT über die ihm zugegangene Information, dass Ausländer oder Deutsche ausländischer Herkunft schlechter behandelt worden seien als deutsche Festgenommene.[590] Im Bericht von 2000 werden die verantwortlichen deutschen Behörden um die Aufklärung zweier Fälle gebeten, in denen die Festgenommenen den Vorwurf erhoben hätten, sie seien mit unverhältnismäßiger Gewalt verhaftet und trotz angelegter Handschellen weiterhin körperlich misshandelt worden.[591]

Klare Kritik äußert der Bericht jedoch bezogen auf die vorgefundene Situation einiger Untersuchungshaftzellen in deutschen Polizeipräsidien. Auch wenn der Großteil der besuchten Orte sehr zufrieden stellend gewesen sei, wird an einigen Stellen der Vorwurf erhoben, dass in den Zellen keine Decken oder Matratzen vorgefunden worden seien und in einem Fall auch die Temperaturregulierung nur Hitze oder Kälte ermögliche, obwohl sich in den Zellen Menschen aufhielten, denen die Freiheit für mehrere Stunden entzogen wurde und sie die Nacht bei der Polizei verbringen mussten. Auch sei die Verteilung der Menschen ihrer Meinung nach nicht nach vorhandenen Zellen vorgenommen worden, sondern vielmehr nach Bequemlichkeit für die Beamten. So hätten sich teilweise viel zu viele Menschen auf kleinem Raum befunden, obwohl andere Zellen frei gewesen wären.[592]

Positiv bewertet der Länderbericht des CPT von 1993 die sofortige Hinzuziehung medizinischer Hilfe auf Geheiß eines Verhafteten. Die Möglichkeit medizinischer Betreuung auf den Polizeirevieren sei sehr befriedigend und Schulungen und Training für Polizeibeamte zur frühen Erkennung einiger Krankheitsbilder wie beispielsweise Diabetes und Epilepsie oder Schulungen über den Umgang mit psychisch Kranken, Alkoholikern, Drogenabhängigen und auch alten Menschen seien gegeben.[593] Andererseits wurden in Zusammenhang mit Festnahmen Missstände bei der Garantie des Rechts auf Benachrichtigung eines Anwalts und eines Familienangehörigen aufgedeckt. An dieser Stelle fordert der CPT, dass die deutschen Behörden die Rechte der Festgenommenen garantieren sollen und bat um weitere Informationen.[594]

---

590 CPT Länderbericht (1993), S. 16 / Quelle 18.
591 CPT Länderbericht (2000), S. 11 / Quelle 15.
592 CPT Länderbericht (1993), S. 17 / Quelle 18.
593 CPT Länderbericht (1993), S. 21 / Quelle 18.
594 CPT Länderbericht (1993), S. 20 / Quelle 18.

3. Fazit: Unterschiedliche Informationsflüsse und Informationsverwertung

Nach Betrachtung der Vorgehensweise der beiden externen Überwachungsinstanzen fallen deutliche Unterschiede auf.

a) Amnesty International

Amnesty International beschäftigt sich hauptsächlich mit mutmaßlichen Opfern und bringt deren Einzelfälle durch Publikationen an die Öffentlichkeit, um die betroffenen Behörden auf ihre Zuständigkeit hinzuweisen. Die Organisation nutzt ihren Bekanntheitsgrad, um einzelnen Menschen ein Forum zu geben. Erst an zweiter Stelle steht eine Analyse der Gesamtsituation bezogen auf staatliche Institutionen und allgemeine Kritik gegenüber deren Vorgehensweise. So befasst sich der jüngste Bericht von Amnesty International über polizeiliche Misshandlungsvorwürfe ‚Erneut im Fokus' überwiegend mit der detaillierten Berichterstattung über die jeweiligen Einzelfälle und nur zusammenfassend darüber hinaus mit gewonnenen Erkenntnissen über das allgemeine Verhalten der Polizeibehörden.[595]

Die Regierungen sind – wie bei allen NGOs - nicht gezwungen, auf Forderungen von Amnesty International einzugehen. Sie sehen sich höchstens genötigt, sich erst bei entsprechender Anteilnahme und Missbilligung der Öffentlichkeit zu äußern. Damit stellt Amnesty International ein Druckmittel dar, das durch die Verfolgung des Umgangs von mutmaßlichen Menschenrechtsverletzungen seitens der Behörden Verantwortliche daran hindert, Anschuldigungen und Forderungen von mutmaßlichen Opfern das Gehör zu verweigern. Auch ist anhand der hier beschriebenen Fälle zu beobachten, dass die Kommunikation zwischen Amnesty International und beschuldigten Behörden oder der Regierung nicht reibungslos funktioniert. In einigen Fällen äußerte sich die Regierung erst öffentlich zu Vorwürfen, nachdem auch Ausschüsse der Vereinten Nationen oder des Europarats um Stellungnahmen baten.

Ein Vorteil gegenüber dem Ausschuss des Europarats ist jedoch der Umstand, dass Amnesty International sich in Form von Ansprechpartnern in ai-Büros dauerhaft vor Ort befindet und somit eine regelmäßige Arbeit und Verfolgung einzelner Fälle vornehmen kann. Die deutsche ai-Sektion ist mit ihrer Arbeit und möglicher Weiterleitung von berechtigten Fällen somit nur auf ein Land beschränkt und ist dadurch in der Lage, benötigten Zeitaufwand bei der Recherche aufzubringen. So kann sie zu jeder Zeit berechtigte Vorwürfe an das internationale ai-Sekretariat in London weiterleiten, um eine sofortige Verfolgung des Falles einzuleiten. Diese Vorgehensweise beschränkt sich nicht auf periodische

[595] vgl. Amnesty International (2004).

Abstände von mehreren Jahren oder Ad-hoc-Besuchen in besonders schwerwiegenden Fällen, sondern hat den Vorteil einer beständigen Regelmäßigkeit.

b) Kommission des Europarats zur Verhütung von Folter (CPT)

Im Gegensatz zu Amnesty International hat die Vorgehensweise des CPT eher präventiven Charakter im Rahmen diplomatisch angelegter Verfahren. Das Hauptaugenmerk des CPT liegt nicht auf individuellen, mutmaßlichen Opfern von Menschenrechtsverletzungen, sondern bezieht sich vielmehr auf die gegebenen Umstände in den Institutionen sozialer Kontrolle. Im besten Fall weist der CPT, schon bevor Verletzungen begangen werden können, verantwortliche Behörden darauf hin, dass die Umstände verändert werden müssen, um den Schutz der Menschenrechte noch zu verbessern.

Die systematische Berichterstattung – Aufbau und Themenauswahl werden in allen Berichten ähnlich gestaltet – hat den Vorteil, dass geforderte Prozesse über Jahre nachzuvollziehen sind und somit übersichtlich zu erfassen ist, welchen Bitten und Empfehlungen von der Bundesregierung nachgegangen wird. Da das besuchte Land verpflichtet ist, innerhalb eines halben Jahres zu zweifelhaften Fällen und Beobachtungen Stellung zu nehmen, wird garantiert, dass das Augenmerk des Staates auf eben diese gelegt wird. Im Gegensatz zu der ausschließlichen Skandalisierungsfunktion von Amnesty International können auf diese Weise angesprochene mutmaßliche Menschenrechtsverletzungen oder Hinweise des CPT von den verantwortlichen Behörden nicht kommentarlos übergangen werden. Ob tatsächlich eine Menschenrechtsverletzung gegeben war, kann aber auch der CPT nicht belegen oder selbständig untersuchen.

Ein weiterer Vorteil des Ausschusses ist, dass ein regelmäßiger Prozess mit Hilfe eines beständigen Dialoges – wenn auch nur alle paar Jahre – bezüglich der Verbesserung zum Schutz der Menschenrechte stattfindet, und durch die Verfolgung der kritisierten Umstände garantiert wird, dass dieser Prozess nicht zum Erliegen kommt. So ist eine Beständigkeit der beobachteten Fälle in allen bisher erstellten Berichten des CPT zu verzeichnen. Auch werden positive Veränderungen festgehalten und damit verdeutlicht, welche Wirksamkeit die Arbeit des Komitees auf eine längere Zeitspanne ausmacht.

Allerdings sind der Öffentlichkeit nicht immer eindeutige Stellungnahmen der Bundesregierung gegenüber dem CPT bekannt. Vertraulichkeit ist in der Konvention vereinbart.[596] Bezüglich einiger Punkte wird zwar seitens des CPT um weiterführende Information gebeten, in der deutschen Stellungnahme jedoch nicht gesondert aufgeführt, sondern auf internen Schriftwechsel verwiesen.[597]

---

[596] Vgl. hierzu 3. Teil A II 2 b.

[597] vgl. Stellungnahme 2000: 5 / Quelle 17 Anhang C II.

Durch die transparente Berichterstattung von Amnesty International, in der Handlungen aller beteiligten Behörden und mutmaßlichen Opfer sowie Handlungen von Amnesty International selbst genau aufgeführt werden, ist die Berichterstattung über den Umgang mit Vorwürfen für die Öffentlichkeit insgesamt informativer. Auch wenn die Dialoge zwischen Regierung und CPT – laut vertraglicher Regelung - an sich vertraulich behandelt werden könnten, wäre eine vollständige Transparenz wünschenswert.

Ferner ist anhand der Dialoge zwischen dem CPT und der Regierung zu beobachten, dass auf gewisse Forderungen des Komitees wenig bis gar nicht eingegangen wird. Ebenso wie Ausschüsse der Vereinten Nationen und auch seit Jahren Amnesty International bittet der CPT um Auskünfte über die Anzahl der Beschwerden wegen Misshandlungen bei der Durchführung von Abschiebungen (nach den entsprechenden Stellen aufgeschlüsselt) und die Anzahl der Disziplinar- bzw. Strafverfahren, die infolge dieser Beschwerden eingeleitet wurden. Weiter wird um einen Bericht über disziplinarische und strafrechtliche Sanktionen, die wegen Misshandlungen bei der Durchführung von Abschiebungen verhängt wurden, gebeten.[598] An dieser Stelle erwidert die Bundesregierung in ihrer Stellungnahme lediglich, dass diese Zahlen nicht gesondert erfasst werden und somit keine Auskunft erteilt werden kann.[599]

Gerade da die Herangehensweise der beiden externen Überwachungsinstanzen unterschiedliche Schwerpunkte setzt, ergeben sich für jede der Institutionen unterschiedliche Vor- und Nachteile. Damit möglichst effektiv Vorbeugung vor Menschenrechtsverletzungen geleistet werden kann, ist die Koexistenz verschiedener Institutionen wünschenswert. Um möglichst auszuschließen, dass Einzelfälle von Menschenrechtsverletzungen durch das Überwachungsraster fallen, ist, wie die oben aufgeführten Beispiele zeigen, neben innerstaatlichen Sicherungsmechanismen das Bestehen verschiedener externer Überwachungsinstanzen mit unterschiedlichen Schwerpunkten von nicht zu unterschätzender Bedeutung.

V. Menschenrechtsüberwachung durch NGOs in Kooperation mit dem Europarat

Ein weiteres Aufgabenfeld von Nichtregierungsorganisationen liegt in der Zusammenarbeit mit Institutionen des internationalen Menschenrechtsschutzes. So arbeiten hauptsächlich supranationale Institutionen wie die Vereinten Nationen und auch der Europarat eng mit Nichtregierungsorganisationen zusammen, denen sie eine wesentliche Rolle im demokratischen Prozess zugestehen.[600] Insbesondere der Europarat hat schon seit seiner Gründung Arbeitsbeziehungen zu

[598] Deutschlandbericht des CPT 2000: 12 / Punkt 22 / Quelle 15 Anhang C II.
[599] Stellungnahme 2000: 9 / Quelle 17 Anhang C II.
[600] vgl. Homepage der VN: Quelle 20 / Anhang C II.

internationalen NGOs unterhalten, bis heute steht mehr als 380 von ihnen ein beratender Status beim Europarat zu.[601]
Die für die formellen Beziehungen maßgeblichen Regelungen sind im Laufe der Zeit mehrfach verändert worden, beruhen aber gegenwärtig auf der Erkenntnis, dass eine ständige sensible Berücksichtigung der öffentlichen Meinung zur Umsetzung des Grundziels der Organisation - d.h. der Herstellung einer engeren Verbindung zwischen den Mitgliedern - notwendig ist und dass aus dem nichtstaatlichen Bereich kommende Initiativen, Ideen und Vorschläge als wahrer Ausdruck des Willens der europäischen Bürger betrachtet werden können.[602]

Wenn NGOs einen offiziellen Status erhalten, können die zwischenstaatlichen Expertenausschüsse und andere Gremien des Ministerkomitees, die Ausschüsse der Parlamentarischen Versammlung, die Ausschüsse des Kongresses der Lokalen und Regionalen Gebietskörperschaften und das Generalsekretariat diese Organisationen in Fragen gegenseitigen Interesses entweder schriftlich oder in Form einer Anhörung konsultieren.

Dies bedeutet in der Praxis, dass diese Organisationen Memoranden an den Generalsekretär zur Vorlage bei den genannten Ausschüssen schicken können. Außerdem können sie die Tagesordnung und öffentliche Dokumente der Parlamentarischen Versammlung erhalten, um ihre Teilnahme an öffentlichen Sitzungen der Versammlung zu erleichtern. Zu diesen öffentlichen Sitzungen des Kongresses der lokalen und regionalen Gebietskörperschaften Europas können die NGOs eingeladen werden, sogar zu der vom Sekretariat jährlich abgehaltenen allgemeinen Informationsveranstaltung. Auch hält das Sekretariat sektorale Sitzungen ab, an denen die Organisationen teilhaben können.

Dieser beratende Status bringt allerdings auch Verpflichtungen für die NGOs mit sich. Informationen, Dokumente oder Stellungnahmen, die sich auf ihren Aufgabenbereich beziehen, müssen auf Ersuchen des Generalsekretärs zur Verfügung gestellt werden. Außerdem verpflichten sich die Organisationen mit offiziellem Status, den Initiativen bzw. den Leistungen des Europarates in ihren eigenen Aufgabenbereichen ein Höchstmaß an Öffentlichkeit zu verschaffen. Zusätzlich soll dem Generalsekretär alle zwei Jahre einen Bericht vorgelegt werden, in dem folgende Punkte behandeln werden:

- Beteiligung an der Arbeit der verschiedenen Organe des Europarates (Expertenausschüsse, parlamentarische Ausschüsse usw.);
- Teilnahme an Veranstaltungen, die vom Sekretariat organisiert worden sind (allgemeine Informationsveranstaltungen, sektorale Sitzungen);

[601] Europahandbuch: Quelle 19 / Anhang C II.
[602] Europahandbuch: Quelle 19 / Anhang C II.

- Teilnahme an Sitzungen der Interessenvertretungen der NGOs, die Beziehungen zu den entsprechenden sektoralen Abteilungen des Sekretariats unterhalten;
- von ihnen selbst organisierte Sitzungen, zu denen der Europarat eingeladen worden ist;
- von ihnen durchgeführte Maßnahmen, um die Arbeit des Europarats einer größeren Öffentlichkeit bekannt zu machen.[603]

1977 wurde ein NGO-Verbindungsausschuss mit beratendem Status beim Europarat gegründet. Dieser NGO-Verbindungsausschuss besteht aus 25 Mitgliedern und tagt normalerweise viermal im Jahr. Eine Vollversammlung, zu der alle NGOs mit beratendem Status beim Europarat eingeladen werden, wurde ebenfalls 1977 ins Leben gerufen. Abgesehen von der Wahl der Mitglieder des Verbindungsausschusses und der Behandlung anderer administrativer Fragen setzt sich die Vollversammlung einen Themenbereich als Schwerpunkt ihrer Debatten: 1994 veranstaltete die Versammlung z.B. einen Runden Tisch zu kindheitsbezogenen Problemen und diskutierte über Probleme der Kinder, Familien und der Gemeinschaft; sie verabschiedete auch eine Entschließung bezüglich der humanitären Hilfe für Bosnien-Herzegowina.

Außerdem erhielten internationale Nichtregierungsorganisationen einen ad hoc-Beobachterstatus bei verschiedenen Expertenausschüssen, die sich mit Themen aus ihrem Aufgabenbereich befassen. Drei internationale Menschenrechtsorganisationen, nämlich amnesty international, die Internationale Juristenkommission und die Internationale Föderation der Menschenrechtsligen halten einen Sonderbeobachterstatus beim Lenkungsausschuss für Menschenrechte des Europarates. Damit haben sie die Möglichkeit, sich an den Diskussionen über die Entwicklung neuer Standards und Verfahren im Bereich der Menschenrechte zu beteiligen.

Nichtregierungsorganisationen können sich jedoch an der Menschenrechtsarbeit des Europarates nicht nur aufgrund eines solchen offiziellen Status oder durch ihre faktische Präsenz in Straßburg beteiligen, sondern es gibt vielschichtige Formen der Zusammenarbeit mit einer steigenden Zahl von sowohl internationalen wie auch nationalen NGOs zur Förderung und zum Schutz der Menschenrechte.[604]

Die geschilderten Kooperationsformen auf zwischenstaatlicher Ebene können sich auf die öffentliche Meinung, die Politik und sogar auf die Rechtsprechung auswirken und sind deshalb in ihrer Wirkung nicht zu unterschätzen.

---

[603] Europahandbuch: Quelle 19 / Anhang C II.
[604] Europahandbuch: Quelle 19 / Anhang C II.

B. Amnesty International in der deutschen Folterdebatte: ein Beispiel zivilgesellschaftlicher Reaktion

Amnesty International unterstützt selbstlos den Schutz für und den Kampf um Menschenrechte in aller Welt. Ein Hauptaugenmerk im Allgemeinen behandelt das Thema Folter und dessen Auswirkung weltweit. So ist auch ein immer wieder im Vordergrund stehender Bereich der Menschenrechtsarbeit - zumindest der deutschen Sektion - die Beobachtung der Einhaltung des absoluten Folterverbotes in der Bundesrepublik Deutschland. Aufgrund dieser langjährigen Erfahrung im Bereich der Arbeit zum Thema ‚Folter' ist Amnesty International eine – wenn nicht die bedeutendste - Organisation, deren Beitrag zur Folterdebatte in Deutschland an dieser Stelle unverzichtbar ist. Im Folgenden sollen deshalb die Erkenntnisse und die Vermittlungsstrategien von Amnesty International im Kampf gegen die Folter analysiert werden.

Vor dem Hintergrund eines aktuellen Falles in der deutschen Polizei (Fall Daschner[605]) hat Amnesty International das gesamte Arsenal der Aktivitäten einer zivilgesellschaftlichen Reaktion eingebracht. Mit einem Memorandum, das Erkenntnisse von rechtswissenschaftlichen und sozialwissenschaftlichen Diskussionsständen vermittelt, wurde eine öffentliche Debatte kundig entfacht (I).

Diese Gewinnung von Erkenntnissen ist das eine. Erst die Vermittlung von Einsichten und Wissen in die öffentliche Meinung schafft die Voraussetzung für die schwierige Frage nach der Wirkungsebene. Vermittlungsmethoden von Amnesty International sind folgende: Kampagnen und Aktionen wie Prozessbeobachtungen und allgemeine Polizeibeobachtungen. Ferner werden regelmäßig Pressemitteilungen und Themenberichte an Presseagenturen vermittelt. Schließlich unterhält Amnesty International ein eigenes Journal und betreibt Informationsstände auf Straßen und Plätzen (II).

I. Rechts- und sozialwissenschaftliche Erkenntnisse innerhalb der Amnesty International-Debatte

Amnesty International hat der Debatte um die Folter ein Memorandum „NEIN ZUR FOLTER. JA ZUM RECHTSSTAAT" [606] zugrunde gelegt. Dieses orientiert sich an sechs Leitlinien:

- Relativierungstendenzen des absoluten Folterverbotes,
- uneinschränkbares Folterverbot im Völkerrecht,
- Diskussion um die Garantie der Unantastbarkeit der Menschenwürde,
- Lehren geschichtlicher Erfahrungen,
- Gefahren des „Präventionsstaates",

[605] Vgl. oben zum Fall Daschner den Sachverhalt in Fn. 481.
[606] Amnesty International (2005).

- „Für ein absolutes Folterverbot!".

Es wird angestrebt, dass Informationen aus verschiedenen wissenschaftlichen Bereichen (Recht, Sozialwissenschaft, Philosophie, Geschichte) auf hohem Niveau miteinander verbunden und allgemeinverständlich vermittelt werden. Amnesty International stellt ein hohes Anschlussniveau der Debatte her: Die Erkenntnisse knüpfen sowohl an der rechtsdogmatischen Folterdebatte (vgl. oben 3. Teil B) als auch an der sozialwissenschaftlichen Erosionsdebatte (vgl. oben 2. Teil A und B) und schließlich am Wesen der Menschenrechte einschließlich ihrer philosophischen und rechtlichen Ableitung aus der Menschenwürde an (vgl. oben 1. Teil).

1. Relativierungstendenzen des absoluten Folterverbotes

Amnesty International stellt im Memorandum heraus, dass durch polizeiliche Androhungen, aber auch durch offene Angriffe auf die Garantie der Unantastbarkeit der menschlichen Würde in der verfassungstheoretischen Rechtslehre das absolute Folterverbot aufgeweicht und somit die Legitimationsgrundlage des Rechtsstaats in Frage gestellt wird. Als Beispiel wird der Standardkommentar zum Grundgesetz von Maunz-Dürig (Herdegen) zitiert, wonach die gängigen *Lehrbuchprobleme* der körperlichen Schmerzzufügung zur Rettung von Menschenleben nicht ausreichend geprüft würden, "*wenn jede Anwendung derart willensbeugender oder willenskontrollierender Eingriffe rein modal beurteilt und deshalb stets – in völliger Abstraktion vom intendierten Lebensschutz – als Würdeverletzung beurteilt*" werde. Daraus könne sich im Einzelfall ergeben, „*dass die Androhung oder Zufügung körperlichen Übels, die sonstige Überwindung willentlicher Steuerung oder die Ausforschung unwillkürlicher Vorgänge wegen der auf Lebensrettung gerichteten Finalität eben nicht den Würdeanspruch verletzen*".[607] Amnesty International weist darauf hin, dass Gerichte in ihrer Urteilsfassung auch Rücksicht auf renommierte Grundgesetzkommentare wie diesen nehmen, rechtswissenschaftliche Kommentierungen also Auswirkungen auf die Rechtsprechung haben können: „*Diese Kommentierung in Verbindung mit dem Fall Daschner ist ein ernstzunehmendes Anzeichen für die Aufweichung des Folterverbotes in Deutschland und erfordert eine eindeutige Verteidigung dieses Verbotes.*"[608]

Amnesty International zeigt sich besorgt, dass von Verfassungsrechtslehrern keine offensiven und vernehmbaren Gegenpositionen gegen diese praktischen und theoretischen Angriffe auf das Folterverbot verlautbaren und fürchtet somit,

---

[607] Herdegen (2005), S. 3.
[608] Amnesty International (2005), S. 3.

dass dieses Verhalten als bedenkliches Anzeichen für den Beginn der „Legitimation der Folter im Rechtsstaat“ zu bewerten sei.[609]

2. Das uneinschränkbare Folterverbot im Völkerrecht

Das Memorandum verweist auf eine internationale Einbindung Deutschlands in eine Globalverfassung und mahnt seitens der Bundesrepublik Deutschlands das Einhalten völkerrechtlicher Abkommen an. Denn die Bundesrepublik Deutschland habe durch die Ratifizierung unterschiedlicher internationaler sowie nationaler Übereinkommen das Folterverbot manifestiert. Dieses Verbot sei unter anderem Kernbestand des Völkerrechts, des deutschen Rechts und darüber hinaus auch in Abkommen mit den Vereinten Nationen und in der Europäischen Konvention zum Schutze der Menschenrechte und Grundfreiheiten (EMRK) zugrunde gelegt. Allein hier werde nochmals deutlich, dass weder die Androhung noch Einschränkungen unter keinen Umständen, d.h. auch nicht im Fall eines Krieges oder eines anderen öffentlichen Notstandes, zulässig seien.[610] Schmerzzufügungen, die in ihrer Intensität nicht das erforderliche Ausmaß des Folterbegriffs erreichen, fielen unter den Begriff der unmenschlichen, grausamen oder erniedrigenden Behandlung oder Strafe: *„Beides ist nach geltendem Völkerrecht – und damit durch Ratifizierung der entsprechenden internationalen Übereinkommen (Art. 59 Abs. 2 GG) und als Völkergewohnheitsrecht (Art. 25 Satz 2 GG) auch nach deutschem Recht – gleichermaßen verboten. Dem Foltervorwurf wohnt darüber hinaus aber eine besondere Stigmatisierung inne, die das Ansehen des Staates, der Folter anwendet oder zulässt, in der Öffentlichkeit beschädigt. Dies belegen auch die Debatten in den entsprechenden Gremien der Vereinten Nationen.“*[611] Als Folge geschichtlicher Unrechtserfahrungen, die ihren Ausdruck auch im Internationalen Pakt über bürgerliche und politische Rechte von 1966 gefunden haben, gehöre das absolute Folterverbot ohnehin zum Kernbestand des Völkerrechts.

Amnesty International hat nachdrücklich der deutschen Rechtspolitik eines vor Augen geführt: Das absolute Verbot der Folter und Misshandlung ist sowohl in internationalen als auch in innerstaatlichen Rechtsvorschriften fest verankert. Innerstaatliche Rechtsvorschriften wie das Grundgesetz und das deutsche Strafgesetzbuch, aber eben auch das Kriegsvölkerrecht (humanitäres Völkerrecht), Bestimmungen des allgemeinen Völkerrechts und internationale Menschenrechtsnormen verpflichten die Staaten darüber hinaus, nicht nur Maßnahmen zu ergreifen, die die Folter, Misshandlung und deren Androhung verhindern, son-

---

[609] Amnesty International (2005), S. 3.
[610] Amnesty International (2005), S. 2.
[611] Amnesty International (2005), S. 2.

dern auch mutmaßliche Vorkommnisse zu untersuchen, um die Täter vor Gericht zu bringen und die Opfer zu entschädigen.[612]

3. Diskussion um die Garantie der Unantastbarkeit der Menschenwürde

Amnesty International geht von einem absoluten Würdebegriff aus und sieht in dem Eingreifen des Staates in die von ihm zu schützende Würde ein Eingreifen in das höchste Rechtsgut, welches die deutsche Verfassung kenne: *„Die Menschenrechte setzen notwendigerweise voraus, dass es im Rechtsverhältnis zwischen Staat und Individuum etwas gibt, was nicht erst vom Gesetzgeber gewährt wird, sondern von ihm als vorgängig anerkannt und als nicht verfügbar respektiert werden soll. Wenn der Staat foltert, nimmt er dem einzelnen Menschen seine Würde. Folter zielt darauf ab, einen Menschen innerlich zu unterwerfen, seine Psyche verfügbar zu machen und ihn seiner Würde zu berauben. Der Gefolterte wird zu einem Objekt gemacht, das keinerlei Möglichkeiten mehr hat, die eigenen Rechte wahrzunehmen. Lässt ein Staat foltern, greift er somit in das höchste Rechtsgut ein, das unsere Verfassung kennt.“* [613]

Bilanzierendes Denken und Abwägungen wie „Würde gegen Würde“ oder „Leben gegen Leben“, welches ein Eingreifen des Staates in die menschliche Würde mit sich brächte, unterliefen den demokratischen Rechtsstaat und zerstörten ihn von innen heraus. Menschlich Würde sei unverfügbar. Die Würde von „Täter“ und „Opfer“ sei je für sich unantastbar und somit niemals aufzurechnen:[614] *„Das Folterverbot gilt absolut wie wenige andere Prinzipien im Völkerrecht. Es darf unter keinen denkbaren Umständen aufgehoben werden. Die Stimmen, die eine Einschränkung des absoluten Folterverbotes fordern, nehmen zu.*[615]

Die Rechtslage wird von Amnesty International auch im Hinblick auf die verfassungsrechtliche Zulässigkeit des so genannten finalen Rettungsschusses geprüft. Die Anordnung dieser polizeilichen Letztmaßnahme ist danach völkerrechtlich nicht als solche verboten. Ihr müsse eine rationale Analyse der Gefahrensituation und der verfügbaren sowie geeigneten Schutzvorkehrungen voraus-

---

[612] In dieser Position wird Amnesty International auch durch den Generalsekretär des Europarats, Walter Schwimmer, unterstützt. Dieser stellte in Reaktion auf die in Deutschland entfachte Folterdebatte in einer Pressemitteilung des Europarats vom 21. Februar 2003 – also lange vor dem Urteilsspruch des Frankfurter Landgerichts - klar: „Die Europäische Menschenrechtskonvention ächtet die Folter ausnahmslos und unter allen Umständen. Wenn wir ein Europa bauen wollen, dass die Menschenrechte umfassend achtet, müssen wir dieses Prinzip vehement verteidigen. Ich werde das Anti-Folter-Komitee des Europarates bitten, diese Angelegenheit zu prüfen“ (Amnesty International (2004), S. 30 / vgl. auch Interview mit der Vorsitzenden des Anti-Folter-Komitees, Silvia Casale im Pressedienst des Europarats ebd.).

[613] Amnesty International (2005), S. 3.

[614] Amnesty International (2005), S. 3, 4.

[615] Amnesty International (2005), S. 7

gehen. Die Berücksichtigung des Prinzips der Verhältnismäßigkeit könne bei der Folter – im Gegensatz zum finalen Rettungsschuss – nicht geregelt werden, deshalb sei Folter unter Beachtung des Verhältnismäßigkeitsprinzips nicht denkbar: *„Folter wohnt stets ein zerstörerischer Überschuss inne, der über die bloß präventiv motivierte Aussageerzwingung weit hinausgeht und dazu führt, dass zur Berechung des Willens des Aussageunwilligen dessen Psyche gezielt zerstört wird. Sie zielt mehr als alles andere direkt auf die Zerstörung der Persönlichkeit des Gefolterten (...) Die Folter erfasst den Menschen total, kehrt sein Innerstes mit unbedingtem Zwang nach außen. Der Betroffene wird zum grenzenlos verfügbaren Objekt gemacht, das keinerlei Möglichkeiten mehr zur Wahrnehmung eigener Rechte hat. Die Folter zerreißt die auf Vernunft und Achtung des Gegenübers aufbauenden Grundlagen des menschlichen Zusammenlebens, ersetzt also Sprache durch unbedingte Gewalt, welche auf Erniedrigung, Unterwerfung und Vernichtung des Individuums zielt.“*[616] Das ist eine Interpretation von Menschenwürde mit hoher Anschlussfähigkeit an ideengeschichtliche und philosophische Begründungen im wissenschaftlichen Diskurs, der im ersten Teil der Arbeit umfassend dargestellt wurde.[617]

4. Die Lehren geschichtlicher Erfahrungen

Die Ableitung des absoluten Folterverbotes in Deutschland sieht Amnesty International fortan nicht mehr allein dadurch legitimierbar, dass die Erfahrungen mit dem Umgang der Folter während des Nationalsozialismus gezeigt haben, welche Ausmaße eine Relativierung des Folterverbotes mit sich bringen kann. Dieses allein reiche zur Begründung nicht mehr aus, sondern die Ableitung des absoluten Folterverbotes müsse in einen größeren Kontext gesetzt werden: *„In Deutschland leitet das Folterverbot bislang seine Legitimität aus dem kollektiven Entsetzen über die Barbareien des Nationalsozialismus ab. Der Verweis auf das historische Unrecht, das noch kein Menschenalter zurückliegt, reicht offenbar nicht länger aus, zu begründen, warum Folter absolut verboten ist und weiterhin verboten bleiben muss. Wir sehen deshalb auch eine große Chance, uns über die Bedeutung der grundlegenden demokratischen Werte unserer Gesellschaftsordnung erneut zu vergewissern und diese auch im Zeitalter vielfältiger und komplexer Bedrohungen zu verteidigen.“*[618] Der allgemeine Fortbestand der Rechtsordnung überhaupt und auch der der universellen Menschenrechtsordnung müsse in diese Debatte mit einfließen.[619]

---

[616] Amnesty International (2005), S. 5.
[617] Vgl. 1. Teil C II.
[618] Amnesty International (2005), S. 1.
[619] Amnesty International (2005), S. 1.

5. Die Gefahren des „Präventionsstaates"

Das Memorandum geht auf die Probleme des Präventions- und Sicherheitsstaates explizit ein: *„Unter den Bedingungen des „Krieges gegen den Terrorismus" beschleunigt sich die Umwandlung vieler demokratischer Rechtsstaaten zu präventionsorientierten „Sicherheitsstaaten", in denen das Ziel der Gefahrenabwehr zu Lasten der Grund- und Menschenrechte überhöht wird. In der Konsequenz dieser Entwicklung liegt es, dass in einigen westlichen Staaten Misshandlungen und auch Folteranwendungen zugelassen werden.*"[620]

Argumentationen, bei denen „rechtsstaatlich geregelte" Folter anwendbar ist, verwirft Amnesty International strikt mit dem Verweis auf die nicht kontrollierbaren Grenzen und damit entstehenden Grauzonen. Diese Grauzonen würden Sicherheitsorganen Ermessensspielräume eröffnen, in denen Folter fortan zur Gefahrenabwehr erlaubt wäre und somit automatisch zu Dammbrüchen führte.[621]

„Domestizieren" von Folter sei in sich widersprüchlich und historisch nicht belegbar und zerstöre vielmehr die menschenrechtliche Kernsubstanz der Verfassung:[622] *„Eine Abwägung des Rechts auf Leben einer Person zulasten der Verletzung der menschlichen Würde einer anderen Person ist nicht zulässig. Die staatlichen Organe sind zwar zu einem effektiven Schutz des menschlichen Lebens verpflichtet, doch diese grundsätzliche Wahlfreiheit findet eine nicht zu überschreitende Grenze in der Garantie der Unantastbarkeit der Menschenwürde. Sie darf trotz der zentralen Aufgaben des Staates, menschliches Leben zu schützen, nie verletzt werden. Die Zulassung von Ausnahmen vom Folterverbot würde jene Grenze überschreiten, die dem demokratischen Rechtsstaat um seiner selbst Willen gesetzt sind und aus deren Beachtung er zugleich seine Legitimation schöpft. Mit dem Tabubruch stellt der Staat seine Grundlage zutiefst in Frage."*[623]

Amnesty International warnt vor der Entwicklung hin zu einer präventionsorientierten Gesellschaft und sieht gerade in ihr eine Gefahr für das absolute Folterverbot: *„Derzeit vollzieht sich ein Wandel in den demokratischen Gesellschaften in Richtung auf „präventionsorientierte" Gesellschaften hin, die nicht mehr die in Schutznormen verdichteten historischen Unrechtserfahrungen als stete Mahnung für das gesellschaftliche Miteinander begreifen. Die Funktionslogik des „Präventionsstaates" lässt die Befürchtung aufkommen, dass insbesondere unter den Bedingungen eines vorrangig auf die „Gefahrenabwehr" bzw. Sicherheit*

---

620 Amnesty International (2005), S. 7.
621 Amnesty International (2005), S. 6.
622 Amnesty International (2005), S. 6.
623 Amnesty International (2005), S. 5.

gerichteten Staates die Zulassung von Ausnahmen vom Folterverbot unumkehrbare Auswirkungen haben und die demokratische Substanz der Verfassungsstaaten von innen heraus zersetzen kann. Scheinbar neuartige terroristische Bedrohungen und die bisherigen staatlichen Gegenreaktionen hierauf haben eine komplexe gesellschaftliche und politische Gemengelage hervorgebracht."[624]

6. Für ein absolutes Folterverbot

Amnesty International wirbt offensiv und öffentlich dafür, das absolute Folterverbot - trotz erschwerter Umstände für Staaten durch neue Herausforderungen wie Terrorismus - weiterhin zu beachten und damit die gesamte Verfassungsordnung aufrecht zu erhalten. Alle Gruppen der Zivilgesellschaft und alle Bürger, die den demokratischen Rechtsstaat erhalten wollen und die Menschenrechte als universellen Wert der deutschen Rechtsordnung verstehen, werden aufgefordert, jegliche Relativierungen des absoluten Folterverbotes abzuwehren.[625] Ein spezieller Aufruf ist an Verfassungsrechtler gerichtet:[626] *„Der allgemeine Konsens über das absolute Verbot der Folter scheint erschüttert worden zu sein. Wir wollen deshalb offensiv und öffentlich für diesen Konsens werben und jene, die verunsichert sind, mit diesem Memorandum überzeugen, dass unsere gesamte Verfassungsordnung auf der strikten Beobachtung des absoluten Folterverbotes beruht. Wir wenden uns an alle Gruppen der Zivilgesellschaft und alle Personen, die den demokratischen Rechtsstaat erhalten und fortentwickeln wollen sowie die Menschenrechte als unverbrüchlichen universellen Wert unserer Rechtsordnung verstehen. Wir fordern sie auf, mit uns entschieden Relativierungen des absoluten Folterverbotes abzuwehren und dieses Verbot mit aller Kraft und allem persönlichen Engagement zu schützen.“*[627]

7. Fazit zur Ankopplung an die wissenschaftliche Erkenntnisebene

(1) Amnesty International zeigt zur sozialwissenschaftlichen Debatte über Präventions- und Sicherheitsgesellschaften hohe Anschlussrationalität. Die Entwicklung vom Präventionsstaat zur Sicherheitsgesellschaft wird in den wesentlichen Schritten nachgezeichnet und die staats-, gesellschafts- und rechtsstaatsspezifischen Gefährdungen werden deutlich formuliert, ähnlich wie sie im zweiten Teil dieser Untersuchung im Einzelnen hergeleitet wurden. Amnesty International schlägt sich argumentativ und wertend ganz auf die Seite fundamentaler Absagen an einen rechtsstaatlichen Abbau, weist die ambivalente Position des Abwägungsneutralismus zurück und sieht in der Fixierung auf die Produktion (scheinbarer) maximaler Sicherheit den Kern der Gefahren für Rechtsstaat und

---

[624] Amnesty International (2005), S. 7.
[625] Amnesty International (2005), S. 8.
[626] Der Aufruf ist zu finden unter: www.amnesty.de/stopfolter
[627] Amnesty International (2005), S. 8.

Freiheit der Gesellschaft. Die NGO ist als zivilgesellschaftlicher Reaktionsansatz prinzipiell globalisierungskritisch orientiert. Eine explizite Ankopplung im Rahmen der Folterdebatte erfolgt hieran im Memorandum nicht, es sei denn, man setzt die Gefahren, die aus gewandelter Staatlichkeit resultieren, als kritisches Basisverständnis der Zivilgesellschaft (implizit) voraus.

(2) Amnesty International sieht sich offen für unabhängige Kooperation mit formellen Systemen, wenn es um den Kampf gegen die Folter geht. Das zeigt sich nicht zuletzt in der Zusammenarbeit mit dem Europarat, wenn es um Menschenrechtsfragen geht - zum Beispiel im Rahmen des Sonderbeobachtungsstatus beim Lenkungsausschuss für Menschenrechte des Europarates.[628] Die grundsätzliche Distanz zu nationalen und internationalen zwischenstaatlichen formellen Systemen erlaubt Amnesty International ein prinzipiell kritisches, unabhängiges und wissenschaftlich orientiertes öffentliches Engagement. Das zeigt sich besonders am hohen Anschlussniveau zur strafrechtsdogmatischen Debatte, die wir im dritten Teil der Untersuchung dokumentiert haben.[629] Den normativen Relativierungsversuchen wird strikt widersprochen, die Strenge internationale Einbindung in das absolute Folterverbot wird hervorgehoben, die geschichtlichen Erfahrungen des NS-Staates und europäischer Foltererfahrungen ist handlungsleitend für Amnesty International. Ferner werden die Gefahren der Präventions- und Sicherheitslogik transparent gemacht und vor allem wird die Absolutheit des Folterverbotes durch den internationalen Fixpunkt in der Globalverfassung deutlich markiert: die Menschenwürde.

(3) Amnesty International und Menschenwürde sind so verkoppelt, dass die NGO fast als Synonym für die absolute Logik des Tabus gelten kann. In der offenen rechtswissenschaftlichen und rechtstheoretischen Diskussion ist Amnesty International „festes Ufer“ in dem unverbindlichen Diskus von relativer und absoluter Geltung der Menschenwürde. Die Positionen im analysierten Memorandum lassen Amnesty International als unbeirrbaren Vertreter einer strikten Interpretation der Menschenwürde im Sinne einer staatskritischen Absolutheitsregel gelten, die innerhalb des rechtswissenschaftlichen und philosophischen Diskurses ihresgleichen nicht findet.

II. Methoden der Vermittlung von Wissen und Einsichten in die öffentliche Meinung

Wissenschaftliche Erkenntnisse sind das eine, ohne ausgefeilte Vermittlungstechniken erreichen sie keine breite Öffentlichkeit, in der sie wirken müssen. Amnesty International nutzt hierzu Kampagnen und Aktionen in denen bestimmte Methoden und Techniken Anwendung finden.

---

628 Vgl. oben 4. Teil A V.

629 Vgl. oben 3. Teil B.

1. Informationsträger Flyer

Amnesty International verfasst regelmäßig zu menschenrechtsrelevanten Themen so genannte Flyer zu ihren Kampagnen und Aktionen. Sie behandeln die Folgen des Terrorismus, die Anwendung und Androhung von Folter seitens der Polizei, den Umgang mit Asylbewerbern oder Themen im Zusammenhang mit Ausländern in Deutschland. Hiermit versucht Amnesty International nicht nur eine Fachöffentlichkeit, sondern vor allem möglichst viele Bevölkerungsschichten über Missstände zu informieren und Interesse an der Verhinderung von Menschenrechtsverletzungen zu wecken. Die Flyer informieren auch über den Stand von nationalen und internationalen Abkommen zugunsten der Verhinderung von Menschenrechtsverletzungen.

Seit mehreren Jahren weist Amnesty International in den Flyern darauf hin, dass eine unabhängige Einrichtung zur Prüfung von Vorkommnissen zwischen Polizei und Festgenommenen eingerichtet werden müsse. Auch die Ratifizierung Deutschlands des Zusatzprotokolls zur UN-Anti-Folter-Konvention wird immer wieder thematisiert. Hier informiert Amnesty International darüber, dass die Bundesrepublik Deutschland eine vehemente Befürworterin während der Verhandlungen um dieses Protokoll war und für dessen Verabschiedung stimmte, eine Unterzeichnung und Ratifizierung ihrerseits aber immer noch aussteht.

Die Flyer über Aktionen und Kampagnen können im Internet auf der offiziellen Homepage angesehen werden und liegen in den Büros von Amnesty International kostenlos aus. Vor allem aber verteilen ehrenamtliche Mitarbeiter die Flyer auf öffentlichen Plätzen, um möglichst effizient viele Bevölkerungsschichten zu erreichen. Die aktuellen Themen, die diese Flyer behandeln, schließen an öffentliche Debatten an und sollen den Bürgern oft komplexe und fachbezogene Diskussionen transparent und verständlich vermitteln. Hierzu wird eine einfache Sprache verwendet und der Aufbau eines Flyers wird zum Beispiel durch Frage-Antwort-Schemata gestaltet. In einem aktuellen Flyer, der eine Ankopplung an das jüngst veröffentlichte Memorandum „Nein zur Folter. Ja zum Rechtsstaat." beinhaltet, werden die Fragen so formuliert, dass sich der Leser inhaltlich - soweit er themenfremd und skeptisch gegenüber der menschenrechtsrelevanten Diskussion ist - mit ihnen identifizieren kann. Es werden Fragen aufgeworfen wie: *„Warum ist Folter absolut verboten?"* oder *„Hat nicht die Rettung eines Lebens Vorrang vor dem Schutz der Würde eines anderen Menschen"?* oder *„Man könnte Folter doch in engen, gesetzlich genau festgelegten Grenzen erlauben, um ihren Missbrauch vorzubeugen?"*.[630]

Es wird nicht vorausgesetzt, dass der Leser über Fachvokabular oder wissenschaftliche Kenntnisse verfügt, sondern ihm wird ein unkomplizierter Einstieg in

---

[630] Flyer von Amnesty International im Internet unter: www2.amnestyinternational.de

die gesamte Thematik geboten, welcher im besten Fall ein weiterführendes Interesse zur Folge haben soll.

2. Prozessbeobachtungen als Methode der Wissensvermittlung

Amnesty International berichtet über Strafverfahren, in denen es um Menschenrechtsverletzungen durch staatliche Institutionen geht. Hierbei sind zwei Aspekte besonders hervorzuheben: zum einen die Kontinuität, zum anderen die wissenschaftlich geleitete Beobachtungsmethodik.

Amnesty International beobachtet aufgegriffene Menschenrechtsverletzungen vom Augenblick des Bekanntwerdens bis zur rechtsförmigen Verfahrenserledigung. Diese Prozesse werden nicht nur passiv begleitet, sondern Amnesty International informiert sich selbst und die Öffentlichkeit laufend über den Sachstand des Verfahrens, begleitet hierbei die Betroffenen und drängt auf zügige Verfahrensabwicklungen mittels eigener Medien und mittels Skandalisierung in anderen Medien. Mit besonderem Nachdruck werden Verfahrenseinstellungen oder Niederschlagungen von Ermittlungen beobachtet und später immer wieder zur erneuten Überprüfung angemahnt. Methodisch leitet Amnesty International gerade aus den Niederlagen beim Schutz der Menschenrechte die Dauerforderung zentraler Registrierung von Beschuldigungen und unabhängiger Überprüfungskommissionen ab.

Die besondere Methode der Prozessbeobachtung ist dadurch zu charakterisieren, dass Amnesty International wissenschaftlich geschulte Beobachter einsetzt. Prozesse werden nicht nur deskriptiv nachgezeichnet, sondern analytisch kommentiert. Ein herausragendes Bespiel ist die Prozessbeobachtung zum Fall Daschner[631]. Der Pressesprecher der deutschen ai-Sektion hat sich bei der Berichterstattung zu dem Prozess von derselben wissenschaftlichen Systematik leiten lassen, wie sie im späteren Memorandum zum Schutz des absoluten Folterverbots in wissenschaftlicher Präzision aufzufinden ist[632]. Alle einschlägigen Aspekte der Menschenwürde, der Relativierungstendenzen, des völkerrechtlichen Verbotes, der geschichtlichen Erfahrungen, der Gefahren aus präventiver Übersicherung, der Gefahren der Sicherheitsgesellschaft und selbst die Ambivalenz zwischen milder und strenger Urteilserwartung werden sachgerecht, allgemeinverständlich und zugleich komplex vermittelt. Es ist offenbar ein durchgängiges Qualitätsmerkmal der Erkenntnisvermittlung seitens Amnesty International, sich von wissenschaftlichen Standards konsequent leiten zu lassen und diese höchst öffentlichkeitswirksam zu platzieren.

---

[631] Vgl. oben zum Fall Daschner den Sachverhalt in Fn. 481.

[632] Die Prozessbeobachtung zu dem Fall Daschner ist dokumentiert im ai-Journal vom 1. Februar 2005 von Dawid Bartelt: Fall Daschner „Instrumente zeigen".

3. Pressemitteilungen, Themenberichte für die Presse und Amnesty International-Journal

Regelmäßig verfasst Amnesty International Pressemitteilungen und Themenberichte für die Presse. Zu aktuellen Anlässen informieren sie über Vorkommnisse oder über den Verlauf von an die Öffentlichkeit gelangter Fälle. Anzeigen, Gerichtsurteile, aber auch Aufrufe von Amnesty International selbst werden an die Presse weitergeleitet. Für Nachfragen und Interviewwünsche steht eine eigene Pressestelle zur Verfügung. Der Aufruf „Nein zur Folter. Ja zum Rechtsstaat." erschien z.B. am 14. Mai 2005 in der Frankfurter Allgemeinen Zeitung sowie in der Süddeutschen Zeitung.

Amnesty International erstellt regelmäßig Journale, in denen ein umfassender Überblick über das gesamte Engagement der Organisation geboten wird. Alle Themen mit denen sich die Organisation befasst, werden aufgeführt und durch Interviews und Gastkommentare von Prominenten unterstützt. Hier nutzt Amnesty International den Bekanntheitsgrad der Prominenten in der Bevölkerung, um mehr Aufmerksamkeit auf menschenrechtsrelevante Themen zu lenken. Im Journal kommen auch Betroffene zu Wort und haben somit in vielen Fällen die einmalige Möglichkeit, öffentlich über ihre Lage zu sprechen. Außerdem veröffentlicht Amnesty International jeden Monat drei internationale Einzelschicksale von Menschenrechtsverletzungen und ruft zugleich dafür auf, sich mit Appellen an die jeweiligen Regierungen und Behörden zu wenden. Diese internationalen Appelle sollen dazu führen, Menschenrechtsverletzungen anzuprangern und zu beenden.

4. Fazit zu den Vermittlungsmethoden

Inhalts- und Vermittlungsebenen zivilgesellschaftlicher Reaktionen im Hinblick auf die Folterdebatte lassen sich nicht getrennt betrachten. Die staatskritische Position von Absolutheitsregeln gegenüber Verletzungen der Menschenrechte und Menschenwürde basiert auf einem breiten und bewährten System anerkannter Jahresberichte, Protokolle und Dokumentationen, die im vierten Teil vorgestellt worden sind.[633] Amnesty International beobachtet die Praxis polizeilichen Umgangs mit Menschenrechten nicht nur allein, sondern auch in unabhängiger Kooperation mit formellen Institutionen des Europarates. Diese Methoden der Watch-Dog-Funktion führen zur öffentlich erhobenen Forderung der NGO nach amtlichen zentralen Stellen für die Registrierung von Beschwerden über polizeiliche Misshandlungen und nach einem unabhängigen Gremium für Untersuchungen von Menschenrechtsverletzungen.

---

[633] Vgl. oben 4. Teil A II, IV.

In der Folterdebatte vermittelt Amnesty International Erkenntnisse mit spezifischen Methoden: Kampagnen und Aktionen bedienen sich ausgefeilter, öffentlichkeitswirksamer Flyer-Technik, gezielter Prozessbeobachtung, aufbereiteter Presseinformationen und eines selbst herausgegebenen „ai-Journals". Hierin werden Memoranden publiziert und öffentliche Aufrufe verbreitet. In dieser Kombination hoch verdichteter Informationen aus dem aktuellen wissenschaftlichen und philosophischen Diskurs einerseits und elaborierten Vermittlungsmethoden andererseits liegt die Erklärung für die öffentliche Wirkung der Arbeit von Amnesty International.

Es ist das Verdienst von Amnesty International, auf die Absolutheit des Verbotes staatlicher Folter kompromisslos und wachsam bestanden zu haben. Am Tage des Gerichtsurteils des Landgerichts Frankfurt im Fall des Vizepräsidenten der Polizei wurde in allen Medien, einschließlich der zentralen Nachrichtensendung von *ARD* und *ZDF*, die Kommentierung seitens Amnesty International an herausragender Stelle in die Aufmerksamkeit der Öffentlichkeit gestellt. Die im rechtsstaatlichen Sinne bewusstseinsbildende Funktion von Nichtregierungsorganisationen dürfte darin einen eindrucksvollen Beleg finden.

Damit ist nicht gesagt, dass die innerstaatliche Sicherung der Menschenrechte ausfällt. Im Gegenteil: Das Frankfurter Landgericht hat mit seinem Schuldspruch gemäß § 59 StGB die Nötigung durch den Polizeivizepräsidenten als tatbestandsmäßig, rechtswidrig und schuldhaft sanktioniert. Damit ist eine konsequente Feststellung von geschehenem Unrecht erfolgt, und der Aufweichung des Folterverbots durch justizförmige Rechtsstaatlichkeit wurde begegnet. Den Motiven der Verurteilten wurde durch die moderaten Rechtsfolgen (Verwarnung, Geldstrafe zur Bewährung) Rechnung getragen. Zugleich wurde das absolute Folterverbot seitens der Judikative eindeutig bestätigt.

Die externen Institutionen der Menschenrechtsüberwachung haben dabei mit ihren vielfältigen Methoden in der öffentlichen und veröffentlichten Meinung das Klima geschaffen, welches den rechtsstaatlich verbindlichen Urteilsspruch in den Augen der Öffentlichkeit mit Verständnis und Akzeptanz hat aufnehmen lassen. Auch wird seitens der externen Überwachungsinstitutionen die weitere rechtspolitische Debatte neben kritischen Fachstimmen aus der Rechtswissenschaft *öffentlichkeitswirksam* begleitet werden. Die externe Menschenrechtsüberwachung hat deutliche Kontrollfunktionen für die innerstaatliche Rechtspolitik, auch für deren öffentliche Wahrnehmung, und unterstützt eine rechtsstaatlich ausgerichtete Menschenrechtsprechung.

Im Aufruf aus dem Memorandum „Nein zur Folter. Ja zum Rechtsstaat"[634] werden das hohe rechts- und sozialwissenschaftliche sowie philosophische und his-

[634] Amnesty International (2005).

torische Erkenntnisniveau und die Methoden der Vermittlung von Wissen und Einsichten als ein herausragendes Beispiel zivilgesellschaftlicher Reaktion deutlich:

„In Deutschland mehren sich die Stimmen, die dem Staat in bestimmten Ausnahmesituationen das Recht zugestehen wollen, Folter anzudrohen und anzuwenden. Anlass für die Debatte war das Vorgehen des ehemaligen Polizeivizepräsidenten von Frankfurt/M., Wolfgang Daschner. Dieser ließ einem Kindesentführer Folter androhen, um das Leben des Kindes zu retten. In seinem Urteil vom Dezember 2004 in diesem Fall stellte das Frankfurter Landgericht unmissverständlich fest, dass es für den Staat keine Rechtfertigung geben kann, Menschen in seinem Gewahrsam zu foltern oder zu misshandeln. Das Gericht bestätigte damit die geltende Rechtslage: Folter ist nach deutschem wie nach Völkerrecht absolut verboten, selbst in Zeiten von Notstand, Krieg oder besonderer Gefahr. Kein Zweck, keine Absicht, ein anderes Rechtsgut schützen zu wollen - und sei es das Recht auf Leben -, rechtfertigt Folter. Denn Folter verletzt die Menschenwürde. Diese darf der Staat nicht antasten, das ist die Grundlage unseres Rechtsstaats.

Die Bürgerinnen und Bürger können danach darauf vertrauen und im Zweifel einfordern, dass der Staat sein Gewaltmonopol unter Beachtung dieser Grenzen ausübt. Doch dieser Gewissheit scheint der gesellschaftliche Konsens verloren zu gehen. Weite Teile der Bevölkerung wie auch hochrangige Politiker und Juristen wollen Folter in begründeten Einzelfällen zulassen. Neben Kindesentführung gibt hier vor allem der „Krieg gegen den Terror“ das Stichwort. Mehrere Neukommentierungen zum Grundgesetz sowie zur Strafprozessordnung haben in jüngster Zeit der Aufweichung des Folterverbots das Wort geredet. Die Menschenwürde soll abwägbar, ihre Unverfügbarkeit aufgehoben werden.

Gerade in Deutschland resultiert das absolute Folterverbot auch aus einer historischen Erfahrung, die noch kein Menschenalter zurückliegt. Dass diese Erfahrung eine Lehre für die Gegenwart sein muss, scheint in unserer Gesellschaft nicht mehr selbstverständlich zu sein. Das absolute Folterverbot braucht jetzt eine gestärkte gesellschaftliche Basis. Klar muss sein: Wer Folter – und sei es in Ausnahmesituationen – zulassen will, der ruft nach einem anderen Staat.

Dieser Entwicklung treten wir entschieden entgegen. Folter untergräbt den Rechtsstaat. Die Unantastbarkeit der Menschenwürde bleibt sein Fundament. Wir rufen alle Bürgerinnen und Bürger dazu auf, allen Tendenzen zur Aufweichung des absoluten Folterverbotes und zur Relativierung der Menschenwürde entgegenzutreten.“

5. Teil: Conclusionen zu den Erosionen

A. Der formelle und informelle Schutzrahmen für Menschenrechte

Im dritten und vierten Teil der Untersuchung sind formelle und informelle Reaktionen des Menschenrechtsschutzes vorgestellt worden. Abschließend soll mit Hilfe einer Mehrebenenanalyse eine Zusammenfassung der Schutzreaktionen erfolgen. Die Wirkungsansätze der einzelnen Institutionen des Menschenrechtsschutzes sind komplex und unterschiedlich. Einfache Kausalitäten sind kaum feststellbar. Daher soll auf unterschiedlichen Wirkungsebenen gefragt werden, ob und welche Auswirkungen feststellbar sind.

Als organisationssoziologischer heuristischer Ansatz bieten sich für die Frage von Auswirkungen drei innerstaatliche Ebenen an: Die Systemebene, die Organisationsebene und die Handlungsebene. Auswirkungen, die nicht die konkrete Praxis des Menschenrechtsschutzes, sondern das politische System, also Regierung, Parlament, Rechtsordnung, Wirtschaft etc., erreichen, werden im Folgenden der *Systemebene* zugeordnet. Auswirkungen, die die praktisch-konkreten Umsetzungen der Menschenrechte betreffen, also die gesamte Exekutive des Staates, seine Justiz-, Polizei- und auch sozialen Apparate betreffen, fallen im Folgenden unter die Kategorie *Organisationsebene*. Auswirkungen schließlich, die den Menschenrechtsschutz als individuelle Hilfe ansehen, also für Betroffene, Opfer, Zeugen etc., werden der Kategorie *Handlungsebene* zugeordnet.

Auch eine Mehrebenen-Analyse lässt keine eindeutigen kausalen Aussagen zu, sondern höchstens eine Auswirkung im Sinne des ‚Mehr oder Weniger', also im Sinne eines *Kontinuums*. Deshalb ist auch die Zuordnung zu den (und innerhalb der) drei Ebenen nicht trennscharf möglich. Zuzuordnen ist nach dem Schwerpunkt der Auswirkungen auf den Schutz der Menschenrechte. Überschneidungen sind ebenso möglich wie das Tangieren mehrerer Ebenen.

I. Formelle internationale und zwischenstaatliche Systemreaktionen

1. Vereinte Nationen

(1) Die Vereinten Nationen (VN) haben einen weltweiten, internationalen Einfluss auf politische Systeme, insbesondere auf Grund völkerrechtlich verbindlicher Verträge. Freilich gilt dieses nur für jene Staaten, die durch Ratifizierung den entsprechenden Vertragswerken verpflichtet sind. Die Haupteinwirkung zeigen die VN in Staaten ohne rechtsstaatlich fundierte Rechtssysteme, dort haben sie durch ihre kritischen Staatenberichte die Möglichkeit des politischen Drucks. Deutschland, das sich auf ein entwickeltes rechtstaatliches System stützen kann, ist selten – was die Menschenrechte betrifft - im Blickfeld der VN.

(2) Die Vereinten Nationen erreichen die Organisationsebene innerstaatlichen Menschenrechtschutzes über formelle Untersuchungsmöglichkeiten und das Einrichten von Untersuchungskommissionen, die selbst den Besuch betreffender Vertragsstaaten einschließen. Dieses vertraglich eingeräumte Untersuchungsrecht der Vereinten Nationen muss aber in entwickelten Rechtsstaaten nur sehr selten greifen. Durch Konventionen, denen sich die Bundesrepublik unterworfen hat, werden positive Auswirkungen für den Menschenrechtsschutz auf der Organisationsebene - wenn auch eher mittelbar - erzielt.

(3) Die übrigen Institutionen externer Menschenrechtsüberwachung, also der Europarat, die Europäische Union und die Vereinten Nationen, bieten auf der Handlungsebene nur geringe Hilfestellungen an. Deren Einsatz ist eher den formellen Reaktionen auf System- und Organisationsebene verpflichtet. Das Anrufen der entsprechenden Gerichtsbarkeiten, selbst bei einigen Ausschüssen der Vereinten Nationen, ist erst nach Erschöpfung des innerstaatlichen Rechtsweges möglich.

2. Europarat

(1) Der Europarat als supranationale Institution hat mit der EMRK eine feste normative Verankerung im politischen System gefunden. Durch die EMRK, die durch den deutschen Gesetzgeber als nationales Recht schon früh ratifiziert worden ist, herrscht ein normativ gesicherter Grund- und Menschenrechtsschutz, auf den sich jede Bürgerin und jeder Bürger - allerdings erst nach Ausschöpfung des innerstaatlichen Rechtsweges - berufen kann.

(2) Der Europarat deckt mit dem Europäischen Menschengerichtshof mittels des Instituts der Individualbeschwerde (Art. 34 EMRK) die – zumindest subsidiäre – Rechtsverfolgung von Menschenrechtsverstößen ab. Eine unmittelbare Auswirkung auf die innerstaatliche Organisationsebene bewirken allerdings erst die Europarats-Kommission zur Verhütung von Folter (CPT) sowie die Kommission gegen Rassismus und Intoleranz (ECRI). Durch die Möglichkeit von periodischen Länderbesuchen und Ad-hoc-Inspektionen, bei denen das Komitee zur Verhütung von Folter und unmenschlicher und erniedrigender Behandlung oder Bestrafung Gefängnisse, Jugendstrafanstalten, Polizeikommissariate, Kasernenarreste oder psychiatrische Anstalten aufsuchen darf, um zu sehen, wie die Menschen behandelt werden, kann es den Schutz der Häftlinge verbessern und so auch Menschenrechtsverletzungen verhindern. Die Exekutive des Staates wird trotz eigener Kontrollmechanismen zusätzlich gezwungen, Wachsamkeit im Umgang mit Menschenrechten zu zeigen. Auch die Möglichkeit der Veröffentlichung der Staatenberichte der Ausschüsse stellt ein politisches Druckmittel dar und zwingt Behörden und Akteure zur Zusammenarbeit und somit zur Vermeidung von Menschenrechtsverletzungen. Vor allem der Vergleich und die Erfah-

rungen mit anderen europäischen Rechtsstaaten sind bei den Kontaktbesuchen von Vorteil. Die Wirksamkeit des Europarats ist auf der Organisationsebene daher unmittelbar und somit höchst präsent.

3. Europäische Union

(1) Die Europäische Union (EU) hat eine starke transnationale normative Plattform in den politischen Systemen Europas gefunden. Auch hier kann sich jeder Rechtsunterworfene auf Grund- und Menschenrechtsschutz berufen, allerdings – und diese Einschränkung ist beträchtlich – zurzeit nur in den Rechtsbereichen der so genannten ersten Säule, die sich ausschließlich auf transnational abgetretene Souveränität in wirtschaftlichen Bereichen stützen kann. Gerade im Bereich von Polizei und Justiz, der so genannten dritten Säule, herrscht im Bereich der EU ausschließliche Souveränität der Einzelstaaten, soweit die nationalen Gesetzgeber nicht durch Rahmenbeschlüsse diese Umsetzungsakte in innerstaatliches Recht transferieren müssen. Der normative Menschenrechtsschutz ist damit gegenüber dem aus der EMRK nur ein eingeschränkter. Es bleibt der europäischen Verfassungsentwicklung noch vorbehalten, einen komplexen und flächendeckenden Menschenrechtsschutz zu entwickeln.

(2) Die Europäische Union ist über den Europäischen Gerichtshof in Luxemburg für die wirtschaftliche Entwicklung und damit für die Rechtsordnung der Wirtschaft rechtsprägend. Für die Funktionsbereiche der inneren Sicherheit sind nach wie vor die Einzelstaaten in der Gesetzgebungskompetenz zuständig. Hierfür gilt das europarechtliche Institut des Mehrheitsbeschlusses der EU-Organe (noch) nicht. Insofern ist der Bereich der Menschenrechte auch nicht umfassend von der Rechtsprechung des EuGH geschützt. Die Auswirkungen der Europäischen Union auf die Pflege der Menschenrechte innerhalb staatlicher Gerichtsorganisationen sind daher eher als gering anzusehen. Es bleibt der weiteren Entwicklung der Europäischen Verfassung vorbehalten, durch die Stärkung von Justizrechten auch im Rahmen des Bereichs innerer Sicherheit und Justiz eine europaweite Verbesserung des gerichtlichen Menschenrechtsschutzes unmittelbar herbeizuführen.

II. Nationaler Schutz von Menschenrechten

Die formellen juristischen Institutionen des Menschenrechtsschutzes in demokratischen Rechtsstaaten funktionieren nach Maßgabe organisatorischer Voraussetzungen einer gesicherten Rechtspflege. Die formale und materiale Rechtsstaatlichkeit gewährt im Prinzip optimalen Menschenrechtsschutz. Das Urteil des Landgerichts Frankfurt im Fall polizeilicher Folterandrohung ist ein rechtsstaatlich überzeugendes Beispiel für die prinzipielle Achtung der Menschenwürde im Alltag der Dritten Gewalt. In der Realität des Rechtsschutzes ist die konsequente Wahrung der Menschenrechte allerdings eine Frage der Wahrnehmbarkeit, der Verfolgungsintensität und der Beweisbarkeit.

Als fraglich stellt sich indes die Aufgabe der Exekutive dar, sich selbst bei der Einhaltung von Menschenrechten zu kontrollieren. Das ist vermutlich gut gemeint. Am Beispiel des Amtes des Menschenrechtsbeauftragten der Bundesregierung, der die Regierung vor externen formellen Schutzorganisationen vertreten und gegebenenfalls verteidigen soll, lässt sich allerdings zeigen, dass die gut gemeinte Idee in der Praxis nicht umsetzbar ist. Das „Forum Menschenrechte", deren Mitglieder regelmäßig zur Diskussion regierungsamtlicher Menschenrechtsberichte eingeladen werden, hat die Mängel bei der Selbstwahrnehmung bezüglich der Gesetze, die gegen Menschenrechte verstoßen (am Beispiel des Luftsicherheitsgesetzes und des europäischen Haftbefehlgesetzes), deutlich kritisch hervorgehoben. Aber wie soll es auch anders sein? Wie kann eine Regierung, die menschenrechtswidrige Gesetze erlässt, sich bei dieser Tätigkeit selbst kontrollieren? Es ist die Aufgabe der Dritten Gewalt, hier rechtsförmig einzugreifen. Allerdings: Wo kein Kläger, da kein Richter. Selbstanklage ist in der Demokratie kein normatives Gebot. Skandalisierungspflichtig und zur Überwachung berufen ist im Bereich der Menschenrechte genuin die Zivilgesellschaft.

III. Informelle Reaktionen der Zivilgesellschaft

(1) Stellvertretend für zivilgesellschaftliche Reaktionen ist Amnesty International in dieser Untersuchung analysiert worden. Amnesty International hat einen sehr komplexen Schutz der Menschenrechte im Blick. Selbst im Hinblick auf politische Systeme und Parlamente von Einzelstaaten wird Amnesty International aktiv, indem die Organisation zusammen mit anderen Instanzen des Menschenrechtsschutzes Informationen sammelt und weitergibt. Ausschüsse des Europarats und der Vereinten Nationen arbeiten bei der Erstellung ihrer Länder- und Staatenberichte institutionell Hand in Hand mit Amnesty International. Auf diesem Weg erreicht Amnesty International auch mittelbar Regierungen und Parlamente. Allerdings gibt es keinen innerstaatlichen institutionellen Ansatz, Amnesty International hat keine unmittelbaren Einwirkungen auf das politische System der Bundesrepublik. Amnesty International erwirkt Wirksamkeit eher über Skandalisierung und Protest, insbesondere weil diese NGO eine prominente und international anerkannte Beschwerdemacht darstellt.

(2) Amnesty International hat auf der Organisationsebene keine unmittelbaren Einwirkungsmöglichkeiten auf die Arbeit von Polizei, Justiz und anderen Institutionen sozialer Kontrolle. Allerdings stehen gerade staatliche Organisationen im besonderen Beobachtungsinteresse von Amnesty International. In entwickelten Rechtsstaaten ist - vom Prinzip her gesehen - der Schutz der Menschenrechte Aufgabe der Dritten Gewalt, der Justiz. Die Aufgabe externer Menschenrechts-

überwachung ist hier eher eine unterstützende: sie fördert insbesondere die Beweisbarkeit von Übergriffen der Exekutive. Oft steht im Justizalltag Aussage gegen Aussage. Dann ist die Reaktion der Gerichte rechtsstaatlich programmiert: im Zweifel für den Angeklagten. Die Skandalisierungsfunktion externer Menschenrechtsüberwachung sensibilisiert aber die Judikative und hilft insofern die wünschenswerte Waffengleichheit zwischen Justizsystem und Rechtsunterworfenem zumindest zu verbessern.

Hier setzt die Beschwerdemacht von Amnesty International mit besonderer Kompetenz und mit Nachdruck ein. Auch wenn einmalige Ereignisse als nicht beweisbar abgetan werden können, wird es im Wiederholungsfall für staatliche Institutionen schwierig, Menschenrechte als geschützt auszuweisen. Auch die Zusammenarbeit und gemeinsame Informationssammlung mit den Ausschüssen des Europarats (CPT und ECRI) und den Ausschüssen des Menschenrechtsbeobachtungssystems der Vereinten Nationen verleihen den veröffentlichten Vorwürfen von Amnesty International besondere Aufmerksamkeit. Die Beschwerdemacht von Amnesty International wirkt sich auf der Organisationsebene daher - wenn auch eher mittelbar - als besonders wirksam aus.

(3) Amnesty International erreicht auf der Handlungsebene hohe Wirksamkeit. Im Falle der Verletzung von Menschenrechten können beschwerdeführende Bürger jederzeit Amnesty International-Büros aufsuchen und um Unterstützung ihrer Anliegen bitten. Die Hilfe von dort ist in aller Regel kostenlos, unmittelbar, auch für Randgruppen erreichbar und verleiht gerade hier besondere Beschwerdemacht. Gleichwohl hat Amnesty International keine eigene juristische Eingriffskompetenz, sondern begleitet die Beschwerdeführer auf dem innerstaatlich vorgesehenen Rechtsweg. Die unmittelbare Wirkung von Amnesty International auf der Handlungsebene ist damit die Skandalisierung des Vorwurfs, das Schaffen öffentlicher Wahrnehmung, mithin die Mobilisierung von Beschwerdemacht. Diese informelle Kompetenz von Amnesty International ist somit deren ausgesprochene Stärke. Damit ist diese NGO auf der Handlungsebene den übrigen institutionellen Überwachungsinstanzen weit überlegen. Zu den zentralen Aufgabenfeldern auf der Handlungsebene gehört das Öffentlichmachen von Menschenrechtsverletzungen, ihr Einsatz für konkret von Folter bedrohte Menschen und die Hilfestellung für Folteropfer und deren Familien. Auch der Einsatz für faire Asylverfahren und für von Abschiebung bedrohte Flüchtlinge fällt in ihren Bezugsraum.

Vor allem kann Amnesty International in zweifelhaften Fällen öffentlich unabhängige Untersuchungen einfordern und so Aufklärung über Menschenrechtsverstöße ermöglichen. Hierfür hat die Analyse der „Kampagne und Aktion" gegen die Folter den Beleg erbracht, dass Amnesty International eine hohe wissenschaftliche Anschlussrationalität aufweist und elaborierte Vermittlungsmethoden für die Aufklärung einer meist ahnungslosen Öffentlichkeit bereithält. Gerade wegen dieser politisch gefährlichen Aufklärungsfunktion ist die Gefahr der Unterdrückung, des Verbots und der Repression der Zivilgesellschaft aber global latent.

B. Auf dem Weg zur Auflösung von Menschenrechten

I. Stationen der Erosion und des Verfalls von Menschenrechten

Auch wenn die nationalen und supranationalen Institutionen formellen Zugriff zum Schutz der Menschenrechte bereithalten, besteht die reale Gefahr – was diese Untersuchung belegen wollte –, dass die aufgezeigten Erosionen der Menschenrechte nicht traditionell justiziabel sind. Was ist angesichts einer ungebremsten neoliberalen Globalisierung, der Ressourcengerechtigkeit fremd ist und die menschenrechtsverzehrende Sicherheitsgesellschaften produziert, für die Zukunft der Menschenrechte vor dem Hintergrund globaler Transformationsprozesse überhaupt zu erwarten?

Die gesellschaftlichen Transformationsprozesse finden ihre Ursachen in entfesselten globalisierten Wirtschaftsaktivitäten. Eine zweite Ebene von Transformation liegt im weltweiten Rück- und Abbau des wohlfahrtsstaatlichen Modells, die das Individuum mit dem Risiko und der Gefährlichkeit in weltweiten Prozessen sozialer Desintegration allein lassen. Zusätzlich erlebt ein religiös-konservativer Unilateralismus eine Renaissance und führt zu Verunsicherung und Individualisierung – nicht Armut, sondern der Arme ist gefährlich für die Gesellschaft und soll verschwinden.

Diese globalen Transformationsprozesse führen zu folgenden Konsequenzen:

- Zum einen sind Erosionen der Menschenrechte - bedingt durch präventive Strategien, Anforderungen der Sicherheitsgesellschaft und Transformationsprozesse im Gefolge von Globalisierung - für den Menschenrechtsschutz schwer sichtbar zu machen (fehlende Visibilität). Prävention wird zumeist als Lösung struktureller Probleme und nicht als deren Ursache angesehen. Sicherheit wird zumeist als erstrebenswerte Orientierung empfunden und nicht als Verzehr der Grund- und Menschenrechte.

- Zum anderen besteht die Gefahr, dass der Rechtsschutz für die Menschenrechte deshalb nicht greift, weil das traditionelle Rechtssystem zunehmend durch eine ökonomistische Logik überlagert wird: Damit ist die „Überlagerung“ des Rechtscodes (Recht vs. Unrecht) durch den Code der Ökonomie (Kosten vs. Nutzen) gemeint (Sack). Letzteres kann man auch als reduktionistische und systemische Transformation der Gesellschaft in eine Vielzahl anonymer Matrices (Teubner) bezeichnen. In dieser Auflösung staatlicher Regulierungskraft muss das Recht sich neu positionieren, weil traditionelle Zugriffs- und Erfassungskoordinaten verschwinden. Rechtsinstitutionen sind dann nicht selten selbst Akteure der Menschenrechtsverletzungen.

- Schließlich sind Menschenrechte normativen Transformationsprozessen ausgesetzt. Was im rechtsdogmatischen Diskurs gestern undenkbar war (Anwendung präventiver Folter), scheint heute - im Gefolge globaler Transformationsprozesse - nicht nur rechtlich erlaubt, sondern sogar rechtlich geboten (Luhmann, Brugger). Auch wenn ein Landgericht im Einzelfall den Menschenrechtsschutz noch wahrnimmt, hat die Rechtspolitik – sogar mit breiter öffentlicher Zustimmung – durch den Rückgriff auf prominent bereitgestellte rechtsdogmatische Konstruktionen unmittelbaren Zugriff auf die Legalisierung des Unrechts. Auf diesem Wege wird die Menschenwürde auf einen praktisch irrelevanten und abstrakten Kern heruntergebrochen. Vor diesem Hintergrund hat die ‚Logik des Tabus' alle Mühe, sich gegen die ‚Logik der Abwägung' noch zu behaupten.

II. Der Hoffnungsträger: Die Zivilgesellschaft

An dieser Stelle richtet sich die Hoffnung auf die Reaktion der Zivilgesellschaft. Zwar ist der formelle Rahmen für die Verfolgung von Menschenrechtsverletzungen – sei er nun global oder regional abgesteckt –gegeben. Die Zivilgesellschaft konkurriert aber damit nicht, sondern mit ihren informellen Schutzmöglichkeiten wird sie „zum demokratischen Hoffnungsträger in einer Weltgesellschaft, deren große Politikarenen weit entfernt davon sind, demokratische Partizipations- und Kontrollmöglichkeiten zu institutionalisieren."[635] Die Stärke von Nichtregierungsorganisationen liegt in deren investigativer und informeller Kontroll- und Beschwerdemacht und in ihrer Aufklärungsfunktion. Letztere ist besonders wichtig, weil die Zivilgesellschaft und die aus ihrer Mitte entstehenden Nichtregierungsorganisationen in der Lage sind, die Abhängigkeiten des Menschenrechtsschutzes im Kontext gesellschaftlicher Transformationsprozesse wahrzunehmen. Das sind formelle Institutionen häufig schon deshalb nicht, weil sie Bestandteile der verselbständigten kommunikativen Subsysteme, der Matrices, sind. Der formelle Menschenrechtsschutz hat - und in dieser Differenzierung ist Teubner zu folgen - „Personen" (= Adresse und Erwartungsbündel) im Blick, der informelle Ansatz der Zivilgesellschaft engagiert sich für „Menschen aus Fleisch und Blut".

Die Aufklärungsfunktion der Nichtregierungsorganisationen ist in keiner Weise durch die Medien – die Vierte Gewalt – zu ersetzen. Im Gegensatz zu den Me-

[635] Fischer-Lescano (2005), S. 257.

dien, die zumeist nur kurzfristige Empörung zeigen und zudem von den Abhängigkeiten der Einlagerung in ökonomische Subsysteme getragen sind, liegt die Stärke der Aufklärungskompetenz der Nichtregierungsorganisationen in deren Kontinuität, Unabhängigkeit und Nachdrücklichkeit.

III. Erosionen der Menschenrechte sind nicht vermeidbar, höchstens zeitweilig aufhaltbar

Vor diesem Hintergrund „unmenschlicher gesellschaftlicher Praktiken ist die Gerechtigkeit der Menschenrechte ein brennendes Problem – aber ein Problem ohne jede Aussicht auf Lösung. Das sollte in aller Härte angesprochen werden.“[636] Auch wenn man mit Teubner keine Alternative zu zerstörerischen Konflikten zwischen anonymen Kommunikationsprozessen und konkreten Individuen sieht, bedeutet dieses nicht, dass man juristisch passiv bleibt. Denn selbst Teubner sieht Menschenrechte zumindest „als negative Schranken gesellschaftlicher Kommunikation“[637] an. Die Gerechtigkeit der Menschenrechte könne allenfalls negativ formuliert werden: „Sie ist auf Beseitigung ungerechter Zustände, nicht auf Perfektion gerechter Zustände, gerichtet“[638]. Sind Menschenrechte zumindest „Protest gegen Unmenschlichkeiten der Kommunikation“ (Teubner), dann trifft sich diese Perspektive mit der Orientierung freiheitssichernder Menschenrechte als staats- und gesellschaftskritische Absolutheitsregeln (Naucke)[639], die außer- bzw. vorrechtlich gelten.[640]

Gegen die Zerstörungswirkungen globalisierter Sicherheitsgesellschaften hilft nur ein Menschenrechtsschutz, der absolute (Politik-)Sperren errichtet. Die Positivität des Gesetzes hilft nicht, sie ist blitzschnell zu beseitigen. Ob man nun mit Naucke auf „vor-säkulare Kontrollmechanismen“, auf „von außen kommende rechtliche und moralische Kontrolle“,[641] auf „freiheitssichernde Menschenrechte als staatskritische Absolutheitsregeln“,[642] auf „absolut verbindliche Menschlichkeit“[643] oder auf einen „fundamentalen nicht-säkularen Begriff des Unrechts“[644] setzt: für die Sicherung des Menschenrechtsschutzes helfen offenbar nur prinzipielle Abwehrmittel.

---

636 Teubner (2006), S. 185.
637 Teubner (2006), S. 181.
638 Teubner (2006), S. 186.
639 Naucke (2006), S. LIII.
640 Teubner mahnt hier zu äußerster Vorsicht: „Dies sind nicht Rechte im juristischen, politischen oder moralischen Sinn, sondern Tendenzen zur Selbsterhaltung einer Differenz gegenüber ihrer Umwelt“ (Teubner, 2006, S. 171 Fn. 44).
641 Naucke (2006), S. LIII.
642 Naucke (2006), S. LIII.
643 Naucke (2006), S. XLVI.
644 Naucke (2006), S. LXIV.

Relativierungen der Menschenwürde lassen sich aber nicht nur mit scharfer begrifflicher Abwehr immer wieder von neuem begegnen[645], sondern ihre vorpolitische und vorrechtliche Basis – ob nun naturrechtlich oder systemtheoretisch legitimiert – ist festes Substrat im Sinne einer humanen Errungenschaft: Menschenrechte bauen auf „dem ‚lebenden Recht der Menschenrechte' auf, das aus kommunikativen Konflikten in Politik, Moral, Religion, Recht und ihren dort erkämpften Ergebnissen entsteht."[646]

Neben diesem unabdingbaren Festhalten an einem absoluten Würdebegriff im Sinne staats- und gesellschaftskritischer Absolutheitsregeln ist aber auch eine komplexe, dauerhafte Kritik der Sicherheitsgesellschaft erforderlich, die die gesellschaftlichen Bedingungen und die herrschende Risikologik und herrschende Rationalität der Sicherheit in den Blick nimmt. Nur über kritische Aufklärung lässt sich Demokratisierung, Partizipation und Gleichberechtigung anstreben. Nur über Ressourcengerechtigkeit sind Freiheit und Autonomie möglich. Vorraussetzung ist die Kritik der hegemonialen Risikologik. Die Hoffnung konzentriert sich also auf die Zivilgesellschaft, die absolute Grenzen jedweden Zugriffs auf Menschenrechte und Menschenwürde reklamieren muss und der Gesellschaft kritische Aufklärung über die destruktiven Wirkungen von Transformationsprozessen schuldig ist. Nur zivilgesellschaftliche Selbstbeobachtungen sind in der Lage, Verletzungen der Menschenrechte durch kommunikative Netzwerke festzustellen: *„Entscheidend ist der ‚Moment': die Simultaneität von Bewusstsein und Kommunikation: der Schrei, der den Schmerz ausdrückt. Daher die Nähe der Gerechtigkeit zu spontanen Empörungen, Unruhen, Protesten und ihre Ferne zu philosophischen, politischen und juristischen Diskursen."*[647]

[645] Naucke (2006), S. XLV Fn. 76.
[646] Teubner (2006), S. 173.
[647] Teubner (2006), S. 187.

Literatur (I) und Internetquellen (II)

I. Literatur

AAWANI, Shahin (2003): Menschenwürde als ethisches Prinzip der Kodifikation von Menschenrechten. Diss. Universität Bonn 2003.

ABBEG, Andreas (2006): Regulierung hybrider Netzwerke im Schnittpunkt von Wirtschaft und Politik, in: Kritische Vierteljahresschrift für Gesetzgebung und Rechtswissenschaft 2006, S. 266 ff.

ADDY, David Nii (2003): Diskriminierung und Rassismus. Internationale Verpflichtungen und nationale Herausforderungen für die Menschenrechte in Deutschland. Deutsches Institut für Menschenrechte (Hrsg.), Berlin.

AHRENS, Jörn (2006): Rechtswissenschaft als Anthropotechnik: Bioethik und Menschenwürde, in: Kritische Vierteljahresschrift für Gesetzgebung und Rechtswissenschaft 2006, S. 368 ff.

ALBRECHT, Peter-Alexis (1986): Prävention als problematische Zielstellung im Kriminaljustizsystem, in: Kritische Vierteljahresschrift für Gesetzgebung und Rechtswissenschaft 1986, S. 55 ff.

ALBRECHT, Peter-Alexis (2003): Die vergessene Freiheit. Strafrechtsprinzipien in der europäischen Sicherheitsdebatte, Berlin.

ALBRECHT, Peter-Alexis (2005): Kriminologie. Eine Grundlegung zum Strafrecht. 3. Auflage, München.

ALBRECHT, Peter-Alexis (2006a): Das nach-präventive Strafrecht: Abschied vom Recht, in: Humanistische Union 2006, im Druck.

ALBRECHT, Peter-Alexis (2006b): Die Normgenese des Europäischen Haftbefehlsgesetzes: Eine demokratietheoretische Depression, in: Frederik Roggan (Hrsg.), Mit Recht für Menschenwürde und Verfassungsstaat – Festgabe für Burkhard Hirsch, Berlin, S. 115 ff.

AMBOS, Kai (2006): Internationales Strafrecht, München.

Amnesty International (1995): Ausländer als Opfer: Polizeiliche Misshandlungen in der Bundesrepublik Deutschland. Mai, ai-Index: EUR 23/ 06/ 95.

Amnesty International (1996): Informationsblatt von Uwe Kirchner: Gründliche Recherche bei der Suche nach der Wahrheit. ai-Index: 32320.

Amnesty International (2004): Erneut im Fokus. Vorwürfe über polizeiliche Misshandlungen und den Einsatz unverhältnismäßiger Gewalt in Deutschland. Januar, ai-Index: EUR 23/001/2004.

Amnesty International (2005): Nein zur Folter. Ja zum Rechtsstaat. Memorandum für den Schutz des absoluten Folterverbotes.

APONTE, Alejandro (2004): Krieg und Feindstrafrecht, Überlegungen über das effiziente Feindstrafrecht anhand der Situation in Kolumbien, Baden-Baden.

APPEL, Ivo (2005): Staatliche Zukunfts- und Entwicklungsvorsorge, Tübingen.

ARNOLD, Jörg (2005a): Menschenrechtsschutz durch Strafrecht oder Zum Verhältnis von Strafrecht und Politik, AD Legendum 4/2005, S. 183 ff.

ARNOLD, Jörg (2005b): Karl Marx und das Holzdiebstahlsgesetz, in: Menschengerechtes Strafrecht, Festschrift für Albin Eser, S. 25 ff.

ARNOLD, Jörg (2006): Entwicklungslinien des Feindstrafrechts in fünf Thesen. In: Onlinezeitschrift für Höchstrichterliche Rechtsprechung im Strafrecht (HRRS), 7. Jahrgang, Ausgabe 8-9/2008, S. 303 ff.

AZZELLINI, Dario / Boris KANZLEITER (Hrsg.) (2003): Das Unternehmen Krieg. Berlin/Hamburg/Göttingen.

BADURA, Peter / Horst DREIER (2001) [Hrsg.]: Festschrift 50 Jahre Bundesverfassungsgericht. Band I-II, Tübingen.

BALDUS, Manfred (2004): Streitkräfteeinsatz zur Gefahrenabwehr im Luftraum. Sind die neuen Luftsicherheitsgesetzlichen Befugnisse der Bundeswehr kompetent- und grundrechtswidrig? In: NVwZ, S. 1278ff.

BALDUS, Manfred (2005): Freiheit und Sicherheit nach dem 11. September 2001 – Versuch einer Zwischenbilanz, in: Kritische Vierteljahresschrift für Gesetzgebung und Rechtswissenschaft 2005, S. 364 ff.

BARTELT, Dawid (2005): Fall Daschner. „Instrumente Zeigen“. In: ai-Journal vom 1. Februar 2005.

BAUM, Gerhard (2003): Perspektiven der Menschenrechtsentwicklung und der weiteren Arbeit. 40 Jahre Amnesty International, in: 40 Jahre für die Menschenrechte.

BECK, Ulrich (1986): Risikogesellschaft. Auf dem Weg in eine andere Moderne. Frankfurt am Main 1986.

BERGMANN, Jan Michael (1995): Das Menschenbild der Europäischen Menschenrechtskonvention. Saarbrücker Studien zum Internationalen Recht. Baden-Baden.

BESTE, Hubert (1996): Kontrollpolitik zwischen Privatisierung und staatlicher Herrschaftssicherung. In: BUSSMANN, Kai-D. / Reinhard KREISSL (Hrsg.): Kritische Kriminologie in der Diskussion. Opladen. S. 311-332.

BIELEFELDT, Heiner (1990): Menschenrechte und Menschenrechtsverständnis im Islam, in: Europäische Grundrechte Zeitschrift (EuGRZ), S. 489 ff.

BIELEFELDT, Heiner (1998): Philosophie der Menschenrechte. Grundlagen eines weltweiten Freiheitsethos, Darmstadt.

BIELEFELDT, Heiner (2004): Das Folterverbot im Rechtsstaat. Deutsches Institut für Menschenrechte, Berlin.

BRAUM, Stefan (2003): Europäische Strafgesetzlichkeit, Frankfurt am Main.

BRAUM, Stefan (2005): Erosionen der Menschenwürde – auf dem Weg zur Bundesfolterordnung (BFO)? Anmerkungen zum Urteil des Landgerichts Frankfurt am Main im ‚Fall Daschner', in: Kritische Vierteljahresschrift für Gesetzgebung und Rechtswissenschaft 2005, S. 283-298.

BRAUM, Stefan (2006): Menschenrechte in der europäischen Rechtspflege, in: Kritische Vierteljahresschrift für Gesetzgebung und Rechtswissenschaft 2006, S. 332 ff.

BRAUM, Stefan / Marianne VARWIG / Christine BADER (1999): Die „Privatisierung des Strafvollzugs" zwischen fiskalischen Interessen und verfassungsrechtlichen Prinzipien, in: ZfStrVo 2/1999, S. 67 ff.

BRUGGER, Winfried (1997): Menschenwürde, Menschenrechte, Grundrechte. In: DREIER, Horst / Edgar Michael WENZ / Dietmar WILLOWEIT (Hrsg.): Würzburger Vorträge zur Rechtsphilosophie, Rechtstheorie und Rechtssoziologie, Baden-Baden.

BRUGGER, Winfried (2000): Vom unbedingten Verbot der Folter zum bedingten Recht auf Folter? In: Juristen Zeitung (JZ) 4, 55. Jahrgang, 18. Februar 2000, S. 165-216.

BRUGGER, Winfried / Christoph GUSY (2004): Gewährleistung von Freiheit und Sicherheit im Lichte unterschiedlicher Staats- und Verfassungsverständnisse. Veröffentlichungen der Vereinigung der Deutschen Staatslehrer (VVDStRL), Bd 63, 2004, S.153 ff.

BRUNKHORST, Hauke (2005): Folter vor Recht. Das Elend des repressiven Liberalismus, in: Blätter für deutsche und internationale Politik, 2005.

BUCKEL, Sonja / John KANNANKULAM (2002): Zur Kritik der Anti-Terror-Gesetze nach dem ‚11. September'. „Sicherheit" im postfordistischen Präventionsstaat, in: Das Argument 244/2002, S. 34 ff.

BUNG, Jochen (2006): Zurechnen-Können, Erwarten-Dürfen und Vorsorgen-Müssen – Eine Erwiderung auf Günther Jakobs, in: HRSS (8-9 / 2006), S. 317 ff.

BUNGARTEN, Pia / Ute KOCZY (1996): Handbuch der Menschenrechtsarbeit, Bonn.

CASTEL, Robert (2005): Die Stärkung des Sozialen. Leben im neuen Wohlfahrtsstaat, Hamburg.

CZEMPIEL, Ernst-Otto (1999): Kluge Macht: Außenpolitik für das 21. Jahrhundert, München.

DALLMEYER, Jens (2000): Die Integrität des Beschuldigten im reformierten Strafprozess – Zur zwangsweisen Verabreichung von Brechmitteln bei Drogendealern, in: Kritische Vierteljahresschrift für Gesetzgebung und Rechtswissenschaft, S. 252 ff.

DEGENHART, Christoph (1999): Staatsrecht I. Staatsorganisationsrecht. 15. Neubearbeitete Auflage, Heidelberg.

DENKOWSKI, Charles von (2006): Mehrmonatiger Sicherheitsgewahrsam: Staatsschutz im Geiste des Grundgesetzes oder präventiver Schutz neuer Art durch Feindmaßnahmen, in: Kriminalistik 2006, S. 11 ff.

DENNINGER, Erhard (2002): Freiheit durch Sicherheit? Wie viel Schutz der inneren Sicherheit verlangt und verträgt das deutsche Grundgesetz? KJ 2002, S. 467 ff.

DENNINGER, Erhard (2003): Thesen zur „Sicherheitsarchitektur", insbesondere nach dem 11. September 2001, in: Kritische Vierteljahresschrift für Gesetzgebung und Rechtswissenschaft 2003, 313ff.

Deutsches Institut für Menschenrechte (2003a) [Hrsg.]: Jahresbericht 2002, Berlin.

Deutsches Institut für Menschenrechte (2003b) [Hrsg.]: Menschenrechtsschutz Vereinte Nationen. Individualbeschwerdeverfahren. Berlin.

Deutsches Institut für Menschenrechte (2004) [Hrsg.]: Allgemeine Informationen zu Menschenrechtsabkommen der Vereinten Nationen vom 20.08.2004.

DIEDERICHS, Otto (1999): Die deutsche Polizei und die Menschenrechte. In: HUTTER, Franz-Josef/Carsten TESSMER (1999): Menschenrechte und Bürgergesellschaft in Deutschland, Opladen.

DIETLEIN, Johannes (1992): Die Lehre von den grundrechtlichen Schutzpflichten, Berlin.

DREIER, Horst (Hrsg.) (2004): Grundgesetz-Kommentar, Band 1, 2. Auflage München.

DÜRIG, Günter (2002): Der Grundrechtssatz von der Menschenwürde und Theodor Maunz / Günter Dürig (Hg.): Grundgesetz. Kommentar, Bd. 1, München (41. Lieferung).

DÜX, Heinz (2003): Globale Sicherheitsgesetze und weltweite Erosion von Grundrechten – Statt „Feindstrafrecht" globaler Ausbau demokratischer Rechte, in: ZRP 2003 Heft 6, S. 189 ff.

EKARDT, Felix (2006): Folterverbot, Menschenwürde und absoluter Lebensschutz, in: Neue Justiz 2/2006, S. 64 ff.

EKARDT, Felix / Daniel KORNACK (2006): Embryonendebatte auf verfassungsrechtlichen Abwegen? In: Kritische Vierteljahresschrift für Gesetzgebung und Rechtswissenschaft, 2006, S. 349 ff.

EICK, Volker (2006): Raumgreifender Neoliberalismus. Kriminalpolitik und Privatisierung öffentlicher Räume. In: Lange, Hans-Jürgen (Hrsg.): Kriminalpolitik im 21. Jahrhundert. Wiesbaden.

EISENBERG, Ulrich (2005): Kriminologie, 6. Auflage, München.

ELLENBOGEN, Klaus (2005): Zur Unzulässigkeit von Folter (auch) im präventiven Bereich – zugleich Besprechung des Urteils des Landgerichts Frankfurt am Main vom 20.12.2004, in: Jura Heft 5/2005, S. 339 ff.

ELLWEIN Thomas / Joachim Jens HESSE (2004): Das Regierungssystem der Bundesrepublik Deutschland, 9. Vollständig bearbeitete Auflage, Opladen.

ENDERS, Christoph (1997): Die Menschenwürde in der Verfassungsordnung: Zur Dogmatik des Artikel 1 GG, Tübingen.

ERB, Volker (2004): Stellungnahme zum „Fall Daschner". Zu finden im Internet unter www.jura.uni-mainz.de/index.php?id=322

ERB, Volker (2005a): Nothilfe durch Folter? In: Juristische Ausbildung Heft 1/2005, S. 24 ff.

ERB, Volker (2005b): Notwehr als Menschenrecht - zugleich eine Kritik der Entscheidung des LG Frankfurt am Main im „Fall Daschner". In: Neue Zeitschrift für Strafrecht Heft 11/2005, S. 593 ff.

EUROPA-HANDBUCH (2002): Werner Weidenfeld (Hrsg.). Bundeszentrale für politische Bildung Band 373. Bonn.

EUROPARAT 1 (2002): Europäische Konvention zur Verhütung von Folter und unmenschlicher oder erniedrigender Behandlung oder Strafe. Text der Konvention und des erläuternden Berichts. Sammlung der europäischen Verträge – Nr. 126. CPT/Inf/C (2002) 1.

EUROPARAT 2 (2002): Europäisches Komitee zur Verhütung von Folter und unmenschlicher oder erniedrigender Behandlung oder Strafe. Das CTP in Kürze. CPT/Inf/E (2002) 2.

EUROPARAT 3 (2002): Europäisches Komitee zur Verhütung von Folter und unmenschlicher oder erniedrigender Behandlung oder Strafe. Die Standards des CPT. „Inhaltliche" Abschnitte des Jahresberichts des CPT. CPT/Inf/E (2002) 1 - Rev. 2003.

FENSKE, Hans / Dieter MERTENS (1996): Geschichte der politischen Ideen. Von der Antike bis zur Gegenwart, aktualisierte Neuausgabe, Frankfurt am Main.

FISCHER-LESCANO, Andreas (2005): Globalverfassung – Die Geltungsbegründung der Menschenrechte, Göttingen.

FISCHER-LESCANO, Andreas / Andreas MAURER (2006): Grundrechtsbindung von privaten Betreibern öffentlicher Räume. NJW 20/2006, S. 1393 ff.

FOUCAULT, Michel (1979): Überwachen und Strafen. Die Geburt des Gefängnisses, Frankfurt am Main.

FRANKENBERG, Günter (1996): Die Verfassung der Republik. Autorität und Solidarität in der Zivilgesellschaft, Baden-Baden.

FRANKENBERG, Günter (2004): Ambivalenzen zivilgesellschaftlicher Praxis im transnationalen Kontext. Kritische Justiz 2004, S. 21 ff.

FUCHS, Peter (2000): Codes of Conduct – neue Handlungsoption zur Re-Regulierung transnationaler Konzerne „von unten"? In: DÖRRENBACH, Christoph / Dieter PLEHWE (Hrsg.): Grenzenlose Kontrolle? Organisatorischer Wandel und politische Macht multinationaler Unternehmen, Berlin, S. 286 ff.

GAREIS, Sven / Johannes VARWICK (2003): Die Vereinten Nationen. Bundeszentrale für politische Bildung, Opladen.

GEDDERT-STEINACHER; Tatjana (1990): Menschenwürde als Verfassungsbegriff. Tübinger Schriften zum Staats- und Verwaltungsrecht, Band 5, Berlin.

GIMBAL, Anke (2002): Europarat und Europäische Menschenrechtskommission. In: Weidenfeld, Werner / Wolfgang Wessel (Hrsg.): Jahrbuch der Europäischen Integration 2001/2002, Bonn.

GARLAND, David (2001): The Culture of Control, Oxford.

GRANDE, Edgar (1998): Privatisierung und Regulierung aus Politikwissenschaftlicher Sicht. In: GUSY, Christoph (Hrsg.) (1998): Privatisierung von Staatsaufgaben: Kriterien – Grenzen – Folgen. Baden-Baden, S. 37 ff

GRIMM, Dieter (1991): Die Zukunft der Verfassung, Frankfurt am Main.

GUSY, Christoph (2004): Auswirkungen des Lauschangriffsurteils außerhalb der strafprozessualen Wohnungsüberwachung. Vortrag gehalten in Berlin.

GUSY, Christoph / ZIEGLER (1996): Der Schutz der Privatsphäre durch Artikel 8 EMRK. In:109. Journal für Rechtspolitik 1996.

HABERMAS, Jürgen (1973): Legitimationsprobleme im Spätkapitalismus. Frankfurt am Main.

HABERMAS, Jürgen (1992): Faktizität und Geltung: Beiträge zur Diskurstheorie des Rechts und des demokratischen Rechtsstaats. Frankfurt am Main.

HABERMAS, Jürgen (2001): Die Zukunft der menschlichen Natur. Auf dem Weg zur liberalen Eugenetik? Frankfurt am Main.

HALLER, Gret (2003): Deregulierung der Menschenrechte? In: Menschenrechte konkret – Die Rolle der lokalen NGOs. BUSER u.a. (Hrsg), Basel, Genf, München.

HALLER, Gret (2004): Die Grenzen der Solidarität. Europa und die USA im Umgang mit Staat, Nation und Religion, Berlin.

HAMM, Brigitte (2003): Menschenrechte. Ein Grundlagenbuch, Opladen.

HAMM, Rainer (2006): Ist die Entformalisierung des Strafrechts und des Prozessrechts unaufhaltsam? In: Jenseits des Strafrechts, Band 100 der Kriminalwissenschaftlichen Studien des Instituts für Strafrecht (Hrsg.), Frankfurt am Main, S. 520 ff.

HANSEN, Ralf (1999): Eine Wiederkehr des „Leviathan"? Starker Staat und neue Sicherheitsgesellschaft – „Zero Tolerance" als Paradigma „Innerer Sicherheit"? In: Kritische Justiz 1999, S. 231 ff.

HARDT, Michael / Antonio Negri (2002): Empire. Die neue Weltordnung. Frankfurt – New York.

HASE, Friedhelm (2006): Das Luftsicherheitsgesetz: Abschuss von Flugzeugen als ‚Hilfe bei einem Unglücksfall'?, in: Die Öffentliche Verwaltung (DÖV), S. 213 ff.

HASSEMER, Winfried (2006): Sicherheit durch Strafrecht - Eröffnungsvortrag Strafverteidigertag 24.3.2006, Frankfurt am Main., Paulskirche, in: Strafverteidiger Heft 6/2006, S. 321 ff.

HECKER, Wolfgang (2006): Die Entscheidung des Bundesverfassungsgerichts zum Luftsicherheitsgesetz, in: Kritische Justiz 2006, S. 179 ff.

HEINZ, Wolfgang / Werner LOTTJE (2001): Deutsche Menschenrechtspolitik. Zur Arbeit des Bundestagsausschusses für Menschenrechte und humanitäre Hilfe und zur Einrichtung eines Deutschen Menschenrechtsinstituts. In: Jahrbuch Menschenrechte 2001, Frankfurt am Main.

HERDEGEN, Mathias (2005): Grundgesetzkommentar Artikel 1 Abs. 1. In: Maunz, Theodor / Günther Dürig (Hrsg.): Grundgesetzkommentar, Band I, Lieferung 44, München.

HERZBERG, Rolf Dietrich (2005): Folter und Menschenwürde. In: Juristen Zeitung (JZ) Heft 7/2005, S. 321 ff.

HERZOG, Felix (2006): Die Menschenwürde als absolute Grenze instrumenteller Vernunft – Zur Frage von Abwägungsverboten aus Anlass des Luftsicherheitsgesetzes, in: Frederik ROGGAN (Hrsg.): Mit Recht für Menschenwürde und Verfassungsstaat, Festgabe für Dr. Burkhard Hirsch. Berlin, S. 89 ff.

HIRSCH, Fred (1980): Die sozialen Grenzen des Wachstums, Hamburg.

HIRSCH, Joachim (1998): Vom Sicherheitsstaat zum nationalen Wettbewerbsstaat, Berlin.

HOFMANN, HASSO (1993): Die versprochene Menschenwürde, in: Archiv des öffentlichen Rechts (AöR), 118. Band (1993), S. 353 ff.

HOFFMANN-Riem, Wolfgang (2002): Freiheit und Sicherheit im Angesicht terroristischer Anschläge, in: ZRP 2002, S. 497 ff.

HOHMEYER, Christine (1999): Kommunale Kriminalpolitik in Deutschland. In: Bürgerrechte und Polizei / CILIP 3/1999, S. 60 ff.

HOLERT, Tom (2004): Sicherheit. In: Bröckling, Ulrich; Susanne Krassmann; Thomas Lemke (Hrsg.): Glossar der Gegenwart. Frankfurt am Main, S. 222 ff.

HORN, Hans Detlef (2003): Recht im Pluralismus. In: Festschrift für W. Schmitt Glaeser.

HÖFLING, Wolfram (1995): Die Unantastbarkeit der Menschenwürde – Annäherung an einen schwierigen Verfassungsrechtssatz. In: Juristische Schulung.

Zeitschrift für Studium und praktische Ausbildung. 35. Jahrgang, Heft 10, S. 857 ff.

ISENSEE, Josef (1983): Das Grundrecht auf Sicherheit, Berlin.

JAHN, Matthias (2004): Gute Folter – Schlechte Folter? Straf- verfassungs- und völkerrechtliche Anmerkungen zum Begriff „Folter“ im Spannungsfeld von Prävention und Repression, in: Kritische Vierteljahresschrift für Gesetzgebung und Rechtswissenschaft 1/2004, S. 24ff.

JAKOBS, Günther (2004): Bürgerstrafrecht und Feindstrafrecht, in: Höchstrichterliche Rechtsprechung Strafrecht 2004, S. 88 ff.

JARASS, Hans D. (2001): Die Grundrechte: Abwehrnormen und objektive Grundsatznormen – insbes. Schutzpflichten und privatrechtsgestaltende Wirkung, in: Festschrift 50 Jahre Bundesverfassungsgericht, Band II, Tübingen.

JASCH, Michael (2003): Kommunale Kriminalprävention in der Krise, in: Monatsschrift für Kriminologie und Strafrechtsreform 2003, S. 411 ff.

JEROUSCHEK, Günter / Ralf KÖLBEL (2003): Folter von Staats wegen? In: Juristen Zeitung 12/2003, S, 613ff.

KÄLIN, Walter (1998): Die Allgemeine Erklärung der Menschenrechte – geschichtliche Bedeutung und politischer Anspruch. In: Amnesty International, Menschenrechte im Umbruch: 50 Jahre Allgemeine Erklärung der Menschenrechte, Neuwied/ Kriftel.

KANT, Immanuel (1785): Grundlegung zur Metaphysik der Sitten. Hrsg.: KRAFT, Bernd / Dieter SCHÖNECKER, Hamburg 1999.

KARGL, Walter (1992): Das politische Tribunal – eine Strafjustiz im Schafsfell? In: Kritische Vierteljahresschrift für Gesetzgebung und Rechtswissenschaft 1992, S. 66 ff.

KARGL, Walter (1998): Friede durch Vergeltung, in: GA, S. 53 ff.

KARGL, Walter (1991): Handlung und Ordnung im Strafrecht, Grundlagen einer kognitiven Handlungs- und Straftheorie, Berlin.

KIMMINICH, Otto (1993): Einführung in das Völkerrecht, 5. Auflage. Tübingen.

KIßLER, Leo (1998): Privatisierung von Staatsaufgaben. Kriterien und Grenzen aus sozialwissenschaftlicher Sicht. In: GUSY, Christoph (Hrsg.) (1998): Privatisierung von Staatsaufgaben: Kriterien – Grenzen – Folgen. Baden-Baden, S. 57 ff.

KLAWITTER, E. (1997): Die Reduktion der Verteidigungsrechte im Anti-OK-Sonderrechtssystem, Kritische Vierteljahresschrift für Gesetzgebung und Rechtswissenschaft 1997, S. 248 ff.

KÖNIG, Doris (2004): Frauenrechte sind Menschenrechte – das Übereinkommen der Vereinten Nationen zur Beseitigung jeder Form von Diskriminierung der Frau (CEDAW) Teil 1., in: Aktuelle Informationen 3/2004 Deutscher Juristinnenbund.

KREISSL, Reinhard (1987): Die Krise der Theorie des Wohlfahrtsstaates, Kritische Vierteljahresschrift für Gesetzgebung und Rechtswissenschaft 1987.

KUBINK, Michael (2002): Strafen und ihre Alternativen im zeitlichen Wandel, Berlin.

KUNZ, Karl-Ludwig (2004): Kriminologie, 4. Auflage, Bern.

KUTSCHA, Martin (2003): Mehr innere Sicherheit durch weniger Freiheit? In: Innere Sicherheit als Gefahr. Humanistische Union e.V. 2002 (Hrsg.), Berlin.

KUTSCHA, Martin / Frederik Roggan (2006): Handbuch zum Recht innerer Sicherheit, 2. Auflage, Berlin.

LADEWIG / PETZHOLD (2004): Besprechung von BVerfG. Beschl. v. 14.10.2004 – 2 BvR 1481/04, NJW 2004, S. 3407 ff.

LAMPE, von Klaus (1999): „Organized Crime". Begriff und Theorie organisierter Kriminalität in den USA.

LAUBENTHAL, Klaus (2002): Strafvollzug, 3. Auflage. Berlin.

LEGNARO, Aldo (1997): Konturen der Sicherheitsgesellschaft. Eine polemisch-futurologische Skizze, in: Leviathan 1997, S. 271 ff.

LEGNARO, Aldo (2000): Aus der neuen Welt: Freiheit, Furcht und Strafe als Trias der Regulation, in: Leviathan 2000, S. 202 ff.

LEMPKE, Thomas (1997): Eine Kritik der politischen Vernunft. Foucaults Analyse der modernen Gouvernementalität. Berlin/Hamburg.

LEPSIUS, Oliver (2004): Risikosteuerung durch Verwaltungsrecht: Ermöglichung oder Begrenzung von Innovationen, in: Veröffentlichungen der Vereinigung der Deutschen Staatslehre (VVDStRL), Band 63, 2004, S.264 ff.

LEPSIUS, Oliver (2006): Das Luftsicherheitsgesetz und das Grundgesetz, in: Frederik ROGGAN (Hrsg.): Mit Recht für Menschenwürde und Verfassungsstaat, Festgabe für Dr. Burkhard Hirsch. Berlin, S. 47 ff.

LEUTHEUSSER-SCHNARRENBERGER, Sabine (2006): Der Europäische Haftbefehl und das Prinzip der gegenseitigen Anerkennung justizieller Entscheidungen, in: Frederik ROGGAN (Hrsg.): Mit Recht für Menschenwürde und Verfassungsstaat, Festgabe für Dr. Burkhard Hirsch. Berlin, S. 103 ff.

LIMBACH, Jutta (2000): Die Kooperation der Gerichte in der zukünftigen europäischen Grundrechtsarchitektur. Ein Beitrag zur Neubestimmung des Verhältnisses von Bundesverfassungsgericht, Europäischem Gerichtshof und Europäischem Gerichtshof für Menschenrechte. Unter: http://www.europa-web.de/europa/03euinf/09eugh/limbach.htm.

LIMBACH, Jutta (2002): Ist die kollektive Sicherheit Feind der individuellen Freiheit? Festvortrag zum Anwaltstag 2002 – 53. Deutscher Anwaltstag 9-11 Mai 2002, München, in: Anwaltsblatt 52. Jahrgang 2002, S. 545 ff.

LINDENBERG, Michael / Henning SCHMIDT-SEMISCH (2000): Komplementäre Konkurrenz in der Sicherheitsgesellschaft. Überlegungen zum Zusammenwirken von staatlicher und kommerzieller Sozialer Kontrolle, in: Monatsschrift für Kriminologie und Strafrechtsreform 2000, S. 306 ff.

LISKEN / DENNINGER (2001): Handbuch des Polizeirechts. 3. Auflage. München.

LISZT, Franz von (1905): Marburger Programm, Der Zweckgedanke im Strafrecht. In: Strafrechtliche Aufsätze und Vorträge. Berlin 1905, Band I.

LOHRENSCHEIT, Claudia/ Nils ROSEMANN (2003): Perspektiven entwickeln - Menschenrechtsbildung in Deutschland. Zusammenfassung der Ergebnisse zur Bestandsaufnahme und Positionsbestimmung des Deutschen Instituts für Menschenrechte.

LUDWIG-MAYERHOFER, W. (1998): Das Strafrecht und seine administrative Rationalisierung. Kritik der informalen Justiz. Frankfurt am Main / New York 1998.

LUHMANN, Niklas (1986): Grundrechte als Institution. Ein Beitrag zur politischen Soziologie, 3. Auflage, Berlin.

LUHMANN, Niklas (1993): Gibt es in unserer Gesellschaft noch unverzichtbare Normen? In: Heidelberger Universitätsreden, Bd. 4, Heidelberg.

MACKE, Peter (1999): Die Dritte Gewalt als Beute der Exekutive, in DRiZ 1999, S. 481 ff.

MAIER-BORST, Michael (2004): Verletzungen des Folterverbots durch Polizeibeamte. In: Deutsches Institut für Menschenrechte [Hrsg.]: Menschenrechte 2004. Suhrkamp, Frankfurt am Main.

MAIHOFER, Werner (1968): Rechtsstaat und menschliche Würde, Frankfurt am Main.

MANGOLDT, v. / KLEIN / STARK, Christian (2005): Das Bonner Grundgesetz, 5. Auflage.

MARTINEZ SORIA, Jose (2005): Das Recht auf Sicherung des Existenzminimums In: Juristische Zeitung, S. 644 ff.

Menschenrechte in der BRD (o.J.): Bundesministerium der Justiz (Hrsg.), Bonn.

MEYER-LADEWIG, Jens (2003): EMRK. Konvention zum Schutze der Menschenrechte und Grundfreiheiten. Handkommentar. Nomos Verlagsgesellschaft, Baden-Baden.

MEYER-LADEWIG, Jens/ Herbert PETZOLD (2005): Die Bindung deutscher Gerichte an Urteile des EGMR. Neues aus Straßburg und Karlsruhe, in: Neue Juristische Wochenschrift (1-2/2005), S. 15 ff.

MEYER-WIECK, Hannes (2005): Der Große Lauschangriff. Eine empirische Untersuchung zu Anwendung und Folgen des § 100c Abs. 1 Nr. 3 stopp, Berlin.

MIHR, Anja/ Nils ROSEMANN (2000): Bildungsziel: Menschenrechte. Standards und Perspektiven für Deutschland, Schwalbach/Taunus.

MÖSTEL, Markus (2002): Die staatliche Garantie für die öffentliche Sicherheit und Ordnung, Band 87, Tübingen.

MÜLLER, Sebastian (2006): Präventive Sicherungshaft? Zu den rechtsstaatlichen Grenzen der Terrorismusabwehr. Essay No. 4, Deutsches Institut für Menschenrechte, Berlin.

NOROUZI, Ali B. (2005): Folter in Nothilfe – geboten?! In: JA Heft 4/2005.

NAUCKE, Wolfgang (1985): Versuch über den aktuellen Stil des Rechts, in: Kritische Vierteljahresschrift für Gesetzgebung und Rechtswissenschaft 1985, S. 189 ff.

NAUCKE, Wolfgang (1990): Über die Zerbrechlichkeit des rechtsstaatlichen Strafrechts, in: Kritische Vierteljahresschrift für Gesetzgebung und Rechtswissenschaft 1990, S. 244 ff.

NAUCKE, Wolfgang (1999): Konturen eines nach-präventiven Strafrechts, in: Kritische Vierteljahresschrift für Gesetzgebung und Rechtswissenschaft 1999, S. 366 ff.

NAUCKE, Wolfgang (2000): Eine leblose Vorschrift: Art. 103 II GG, in: Sonderheft Kritische Vierteljahresschrift für Gesetzgebung und Rechtswissenschaft 2000, S. 132 ff.

NAUCKE, Wolfgang (2002): Strafrecht. Eine Einführung, 10. Auflage. Neuwied, Kriftel.

NAUCKE, Wolgang (2004): Einführung: Beccaria, Strafrechtskritiker und Strafrechtsverstärker. In: Strafrechtswissenschaft und Strafrechtspolitik, Kleine Reihe 6, Cesare Beccaria, Von den Verbrechen und von den Strafen (1764), Berlin.

NAUCKE, Wolfgang (2006): Einführung: Rechtstheorie und Staatsverbrechen. In: Taschenbücher I, Juristische Zeitgeschichte, Karl Binding / Alfred Hoche, Die Freigabe der Vernichtung lebensunwerten Lebens, Ihr Maß und ihr Ziel (1920), Berlin.

NAUCKE, Wolfgang / Regina HARZER (2005): Rechtsphilosophische Grundbegriffe, 5. Auflage, München.

NEUMANN, Ulfrid / Frank Saliger (2006): Sterbehilfe zwischen Selbstbestimmung und Fremdbestimmung – Kritische Anmerkungen zur aktuellen Sterbehilfedebatte, in: HRRS (8-9/2006), S. 280 ff.

NOGALA, Detlef (2000): Erscheinungs- und Begriffswandel von Sozialkontrolleingangs des 21. Jahrhunderts. In: Peters, Helge (Hrsg.): Soziale Kontrolle. Zum Problem der Nonkonformität in der Gesellschaft. Opladen, S. 111 ff.

NOHLEN, Dieter (2001): Kleines Lexikon der Politik, München.

NUSCHELER, Franz (1995): Universalität und Unteilbarkeit der Menschenrechte? Zur Kakophonie des Wiener Wunschkonzerts. In: HAMM, Brigitte / NUSCHLER, Franz: Zur Universalität der Menschenrechte, INEF-Report Nr. 11, Institut für Entwicklung und Frieden, Duisburg, S. 1 ff.

PAEFFGEN, H.-U. (1995): „Verpolizeilichung" des Strafprozesses - Chimäre oder Gefahr, in: WOLTER, J. (Hrsg.): Zur Theorie und Systematik des Strafprozessrechts, S. 13 ff.

PAUL, Wolf (1998): Korruption in Lateinamerika, in: LÜDERSSEN, Klaus (Hrsg.) (1998): Aufgeklärte Kriminalpolitik oder Kampf gegen das Böse? Band III: Makrodelinquenz, Baden-Baden, S. 413 ff.

PAUL, Wolf (2002): Über Impunität und Verbrechen ohne Strafen, in: FS Klaus Lüderssen, Baden-Baden 2002, S. 305 ff.

PAUL, Wolf (2005): Brasilien auf der Suche nach einer modernen Verfassung: Die Verfassung der Republik der Vereinigten Staaten von Brasilien als kopiertes Original. Kritische Vierteljahresschrift für Gesetzgebung und Rechtswissenschaft, S. 30 ff.

PAUL, Wolf (2006): Strafrecht in Brasilien, in: Jenseits des rechtsstaatlichen Strafrechts, Band 100 der Kriminalwissenschaftlichen Studien des Instituts für Strafrecht, Frankfurt am Main, S. 203 ff.

PAWLIK, Michael (2004): § 14 Abs. 3 des Luftsicherheitsgesetzes – ein Tabubruch? JZ 2004, S. 1045 ff;

PETERS, Anne (2003): Einführung in die Europäische Menschenrechtskonvention. JuS Schriftenreihe, München.

PETERSEN, Niels (2004): Auf dem Weg zur zwecklosen Relativität des Menschenwürdeschutzes, in: Kritische Justiz, 37. Jahrgang, S. 316 ff.

PIEROTH, Bodo / Bernhard SCHLINK (2005): Grundrechte, 21. Auflage, Heidelberg.

PIETZCKER, Frank (1981): Entstehung und Entwicklung der Menschenrechte, in: Studienbücher Politik, Frankfurt, Berlin, München.

POSCHER, Ralf (2004): Die Würde des Menschen ist unantastbar, in: Juristische Zeitung (JZ), S. 756 ff.

POWER, Jonathan (2001): Like Water on Stone. The Story of Amnesty International. Northeastern University Press, Boston.

ROXIN, Claus (1998): Strafverfahrensrecht. 25. Auflage, München.

PÜTTER, Norbert (2006): Wachstumsringe innerer Sicherheit. Tampere und Den Haag in der Umsetzung. In: Bürgerrechte & Polizei, Cilip 84 Nr. 2, S. 9 ff.

Recht und Politik: Kriminalpolitisches Programm der Arbeitsgemeinschaft sozialdemokratischer Juristen 1976.

RIEDEL, Eibe (1986): Theorie der Menschenrechtsstandards, Berlin.

ROBBERS, Gerhard (1987): Sicherheit als Menschenrecht, Baden-Baden.

ROGGAN, Fredrik / Martin Kutscha (2006): Handbuch zum Recht der Inneren Sicherheit. 2. Auflage, Berlin.

ROUSSEAU, Jean-Jaques (1762): Vom Gesellschaftsvertrag, Reclam-Ausgabe, Ditzingen, 1986.

RZEPKA, Dorothea (2000): Zur Fairness im deutschen Strafverfahren. Frankfurt am Main.

SACK, Fritz (2005): Feindstrafrecht, Informationsbrief Republikanischer Anwaltsverein (RAV) 95 (2005).

SACKOFSKY, Ute (2003): Präimplantationsdiagnostik und Grundgesetz, in: Kritische Justiz 36. Jahrgang, S. 274 ff.

SALIGER, Frank (2004): Über das Folterverbot, seine Verletzung und die Folgen seiner Verletzung, Zeitschrift für die gesamte Strafrechtswissenschaft (ZStW) 116, S. 35 ff.

SCHADE, Jeanette (2002): Zivilgesellschaft – Eine vielschichtige Debatte. INEF-Report 59. Duisburg 2002.

SCHÄFER, Bernhard (2004): Die Individualbeschwerde nach dem Fakultativprotokoll zum Zivilpakt. Deutsches Institut für Menschenrechte, Berlin.

SCHENKE, Wolf-Rüdiger (2006): Das Luftsicherheitsgesetz und das Recht der Gefahrenabwehr – Kompetenz, Prognosen und Verhältnismäßigkeitsgrundsatz, in: Frederik ROGGAN (Hrsg.): Mit Recht für Menschenwürde und Verfassungsstaat, Festgabe für Dr. Burkhard Hirsch. Berlin, S. 75 ff.

SCHICK, Rupert (1987): Petitionen. Von der Untertanenbitte zum Bürgerrecht. Geschichte. Rechtliche Grundlagen. Der Petitionsausschuss. Der Petent, Heidelberg.

SCHIEDER, Alfons (2005): Anmerkungen zur Konkurrenz von Präventionsstaat und Sozialstaat, in: Kritische Vierteljahresschrift Gesetzgebung und Rechtswissenschaft 3/2005, S. 264 ff.

SCHMIDT, Linda (2001): Innenansichten – Gespräche mit Gründerinnen und Gründern der deutschen Sektion von Amnesty International. In: 40 Jahre für Menschenrechte. Amnesty International (Hrsg.), Neuwies / Kriftel.

SCHMIDT-SEMISCH, Henning (2004): Risiko. In: BRÖCKLING, Ulrich / Susanne KRASMANN / Thomas LEMKE (Hrsg.): Glossar der Gegenwart. Frankfurt am Main 2004, S. 222 ff.

SCHOCH, Friedrich (2004): Abschied vom Polizeirecht des liberalen Rechtsstaats? – Vom Kreuzberg-Urteil des preußischen Oberverwaltungsgerichts zu den Terrorismusbekämpfungsgesetzen unserer Tage, in: Der Staat. 2004, S. 347 ff.

SCHWEIZER / SPRECHER (2004): Menschenwürde im Völkerrecht. In: SEELMANN (Hrsg.): Menschenwürde als Rechtsbegriff, ARSP-Beiheft Nr. 101, S. 127 ff.

SCHWIND, Hans-Dieter / Friedhelm BERCKHAUER / Gernot STEINHILPER (Hrsg.) (1980): Präventive Kriminalpolitik – Beiträge zur ressortübergreifenden Kriminalprävention aus Forschung, Praxis und Politik. Heidelberg.

SCHWIND, Hans-Dieter (2005): Kriminologie. 15. Aufl., Heidelberg.

SHEARING, Clifford (1995): Gewalt und die neue Kunst des Regierens und Herrschens. Privatisierung und Implikationen, in: Trotha, Trutz von (Hrsg.): Soziologie der Gewalt. Opladen, S. 261 ff.

SHUE, Henry (1983): Basic Rights, Princeton.

SINGELNSTEIN, Tobias / Peer STOLLE (2006): Die Sicherheitsgesellschaft. Soziale Kontrolle im 21. Jahrhundert, Wiesbaden.

STENDER, Heike (2004): Überschneidungen im internationalen Menschenrechtsschutz. Zum Problem des *overlapping* von materiellen Garantien und Kontrollmechanismen. In: (Hrsg.) KLEIN, Eckart / Christoph MENKE; Menschenrechtszentrum der Universität Potsdam, Berlin.

STIX-HACKL, Christine (2004): Gerichtshof der Europäischen Gemeinschaft (EuGH), Luxemburg. Schlussanträge der Generalanwältin vom 18. März 2004 in der Rs. C-36/02, S. 229 ff.

STROSSEN, Nadine (2003): Der Schutz von nationaler Sicherheit und individueller Freiheit – eine amerikanische Perspektive nach dem 11. September, in: Innere Sicherheit als Gefahr. Humanistische Union e.V. 2002 (Hrsg.), Berlin.

UNRUH, Peter (1996): Zur Dogmatik der grundrechtlichen Schutzpflichten, Berlin.

TEUBNER, Gunther (1998): Nach der Privatisierung? Diskurskonflikte im Privatrecht, in: Zeitschrift für Rechtssoziologie 1/98, Opladen, S. 8 ff.

TEUBNER, Gunther (2006): Die anonyme Matrix: Zu Menschenrechtsverletzungen durch „private" transnationale Akteure, in: Der Staat. Zeitschrift für Staatslehre und Verfassungsgeschichte, deutsches und europäisches öffentliches Recht, 45. Band Heft 2, S. 161 ff.

THEISSEN, Gunnar (2006): Mehr als nur ein Namenswechsel. Der neue Menschenrechtsrat der Vereinten Nationen, in: Vereinte Nationen 54 (2006), S. 138 ff.

TOMUSCHAT, Christian (1992): Menschenrechte. Eine Sammlung internationaler Dokumente zum Menschenrechtsschutz, Bonn.

TONNDORF, Uwe (1997): Menschenrechte in Afrika. Konzeption, Verletzung und Rechtsschutz im Rahmen der OAU, Diss., Freiburg.

UNITED NATIONS (1998): Basic Facts About The United Nations. Department of Public Information, New York.

VOLKMANN, Uwe (2004): Sicherheit und Risiko als Probleme des Rechtsstaats. In: Juristen Zeitung 14/2004, S. 696 ff.

VORMBAUM, Thomas (2005) (Hrsg.): Der große Lauschangriff vor dem Bundesverfassungsgericht: Verfahren, Nachspiel und Presse-Echo, / Institut für Juristische Zeitgeschichte, Rechtsgeschichte und Rechtsgeschehen, Bd. 3, Hagen.

WAECHTER, Kay (2005): Menschenrechte und Schutz der inneren Sicherheit im 21. Jahrhundert. Neue Tendenzen im Sicherheitsrecht – Spiegel eines sich wandelnden Werte- und Verfassungsverständnisses? In: Deutsches Institut für Menschenrechte (Hrsg.): Dokumentation der Konferenz: „Menschenrechte, Innere Sicherheit, Rechtsstaat" am 27. Juni 2005. Berlin.

WEICHERT, Thilo (2004): Technik, Terror Transparenz – Stimmen Orwells Visionen? Unter www.datenschutzzentrum.de/vorträge/041118_weichert_dafta.htm

WERLE, Gerhard (2005): Völkerstrafrecht, Tübingen.

WESTON, Burns H. (1992): Human Rights in the World Community. Issues and Action. 2. Auflage.

WEßLAU, Edda (1989): Vorfeldermittlungen: Probleme der Legalisierung "vorbeugender Verbrechenbekämpfung" aus strafprozessualer Sicht. Berlin.

WETTER, Irmgard (1998): Die Grundrechtscharta des Europäischen Gerichtshofes: die Konkretisierung der gemeinschaftlichen Grundrechte durch die Rechtsprechung des EuGH zu den allgemeinen Rechtsgrundsätzen. Europäische Hochschulschriften: Reihe 2, Rechtswissenschaft; Bd. 2432. Frankfurt am Main.

WILL, Rosemarie (2006): Die Menschenwürde: Zwischen Verspreche und Überforderung, in: Frederik ROGGAN (Hrsg.): Mit Recht für Menschenwürde und Verfassungsstaat, Festgabe für Dr. Burkhard Hirsch. Berlin, S. 29 ff.

ZIEGLER, Ole (2004): Das Folterverbot in der polizeilichen Praxis. Der „Fall Daschner" als Beleg für die rechtsstaatliche Absolutheit des Folterverbots. In: Kritische Vierteljahresschrift für Gesetzgebung und Rechtswissenschaft 2004, S. 50 ff.

II. Internetquellen und Dokumentationen

Quelle 0:
www.auswaertiges-amt.de/www/de/aussenpolitik/menschenrechte/mr_inhalte_ziele/mrb6/mr_beauftragte_html

Quelle 1:
www2.amnesty.de/internet/aiallgem.nsf/7ea17bce3e650670c1256aa70051edb7/6ff6c7d22235ab65c12568fe0037beb1?OpenDocument (Stand: 10/ 2005)

Quelle 2:

- ai arbeitet für die Freilassung von gewaltlosen politischen Gefangenen, d.h. von Frauen und Männern, die auf Grund ihres Glaubens, ihrer politischen Überzeugung, ihrer ethnischen Abstammung, ihres Geschlechts, ihrer Hautfarbe, ihrer Sprache, ihrer nationalen oder sozialen Herkunft oder ihres wirtschaftlichen Status inhaftiert wurden und Gewalt weder propagiert noch angewendet haben;
- ai setzt sich für faire und zügige Gerichtsverfahren für alle politischen Gefangenen ein;
- ai wendet sich gegen die Todesstrafe sowie gegen Folter und grausame, unmenschliche oder erniedrigende Behandlung oder Strafe;
- ai tritt gegen politische Morde und das "Verschwindenlassen" von Menschen ein;
- ai ruft Regierungen auf, ungesetzliche Tötungen ihrer Truppen in bewaffneten Konflikten zu unterbinden;
- ai fordert bewaffnete politische Gruppen auf, Übergriffe wie die Inhaftierung von gewaltlosen politischen Gefangenen, Geiselnahmen, Folterungen und ungesetzliche Tötungen zu beenden;
- ai wendet sich gegen Übergriffe durch nichtstaatliche Täter, wenn der Staat seiner Verpflichtung, wirksamen Schutz zu gewähren, nicht nachkommt;
- ai setzt sich dafür ein, dass die für Menschenrechtsverletzungen Verantwortlichen vor Gericht gebracht werden;
- ai tritt für den Schutz von Asylsuchenden ein, denen die Rückführung in ein Land droht, in dem sie von Verstößen gegen ihre fundamentalen Menschenrechte gefährdet sind;
- ai wendet sich gegen bestimmte schwer wiegende Verletzungen wirtschaftlicher, sozialer und kultureller Rechte;
- ai sucht die Zusammenarbeit mit anderen nichtstaatlichen Organisationen, den Vereinten wie regionalen zwischenstaatlichen Organisationen;
- ai tritt für effektive und dem Schutz der Menschenrechte dienende Kontrolle internationaler Beziehungen zwischen Militär, Sicherheitskräften und Polizei ein;

- ai unterstützt Programme zur Menschenrechtserziehung und zur Förderung des Bewusstseins für die Menschenrechte. [Satzung von Amnesty International Sektion der Bundesrepublik Deutschland e.V. § 2 (Stand 10/ 2006)]

Quelle 3:
www2.amnesty.de/internet/aiallgem.nsf/7ea17bce3e650670c1256aa70051edb7/b466f632754ba7f841256869004cb50f?OpenDocument (Stand 10/ 2005)

Quelle 4:
www.amnesty.de (Stand 10/ 2005)

Quelle 5:
www.institut-fuer-menschenrechte.de/webcom/show_page.php (Stand 09/ 2005)
Quelle 6:
www.presseportal.de/story.htx?firmaid=51271 (Stand 09/ 2005)

Quelle 7:
www.humanrights.ch/cms/ pdf/030408tangram12_angst_ecri.pdf (Stand 11/ 2005)

Quelle 8:
www.dir-info.de/dokumente/ecri_report2001.shtml Einleitung (Stand 09/ 2005)

Quelle 9:
www.humanrights.ch/cms/pdf/030408_tangram12_angst_ecri.pdf (Stand 09/ 2005)

Quelle 10:
Text des Europäischen Parlaments (2001) unter:
http://www.europarl.eu.int/factsheets/2_1_1_de.htm (Stand 11/ 2005)

Quelle 11:
Text des Europäischen Parlaments (2001) unter:
http://www.europarl.eu.int/factsheets/2_1_1_de.htm (Stand 11/ 2005)

Quelle 12:
www2.amnesty.de/internet/deall.nsf/44cc9b529851e45ac1256aa1004bb4c0/56186ef18d88cd38c1256d3200426709?OpenDocument (Stand 01/ 2006)

Quelle 13:
www2.amnesty.de/internet/deall.nsf/c1070c04ee5add56c12567df002695be/e33dc0b0f6e5740fc1256e9e00309a9c?OpenDocument (Stand 01/2006)

Quelle 14:
www.cpt.coe.intdocumentsdeu2003-21-inf-deu.pdf

Quelle 15:
Jahresbericht des CPT 2000: CPT/Inf (2003) 20

Quelle 16:
Jahresbericht des CPT 1996: CPT/Inf (97) 9

Quelle 17:
Stellungnahme der Regierung der Bundesrepublik Deutschland zum Bericht des Europäischen Komitees zur Verhütung von Folter und unmenschlicher oder erniedrigender Behandlung oder Strafe (CPT) anlässlich seines Besuches in Deutschland vom 3. bis 15. Dezember 2000: CPT/Inf (2003) 21

Quelle 18:
Jahresbericht des CPT 1993: CPT/Inf (93) 13

Quelle 19:
Europahandbuch unter: http://orae.fes.de:8081/fes/docs/INFOONLINE/MH-Europarat.html

Quelle 20:
www.un.org/dpi/ngosection/gerbro.htm (Stand 02/2006)

FRANKFURTER KRIMINALWISSENSCHAFTLICHE STUDIEN

Band 1 Peter Böning: Die Lehre vom Unrechtsbewußtsein in der Rechtsphilosophie Hegels 100 S., 1978.

Band 2 Wolfgang Schneider: Kriminelle Straßenverkehrsgefährdung (§ 315c Abs. 1 Ziff. 2, Abs. 3 StGB). Eine kriminologische und strafrechtliche Untersuchung zur Problematik dieser Verkehrsstraftaten unter Berücksichtigung ausländischer Rechte. 342 S., 1978.

Band 3 Lothar Kuhlen: Die Objektivität von Rechtsnormen. Zur Kritik des radikalen labeling approach in der Kriminalsoziologie. 178 S., 1978.

Band 4 Günther Grewe: Straßenverkehrsdelinquenz und Marginalität. Untersuchungen zur institutionellen Regelung von Verhalten. 148 S., 1978.

Band 5 Dieter Haberstroh: Strafverfahren und Resozialisierung. Eine Studie über Verstehen und Nicht-Verstehen, über Verstanden-Werden und Nicht-Verstanden-Werden und deren Bedingungen in der Hauptverhandlung. 202 S., 1979.

Band 6 Thomas Vogt: Die Forderungen der psychoanalytischen Schulrichtungen für die Interpretation der Merkmale der Schuldunfähigkeit und der verminderten Schuldfähigkeit (§§ 51 a.F., 20, 21 StGB). 182 S., 1979.

Band 7 Andreas Michael: Der Grundsatz in dubio pro reo im Strafverfahrensrecht. Zugleich ein Beitrag über das Verhältnis von materiellem Recht und Prozeßrecht. 214 S., 1981.

Band 8 Ilias G. Anagnostopoulos: Haftgründe der Tatschwere und der Wiederholungsgefahr (§§ 112 Abs. 3, 112 a StPO). Kriminalpolitische und rechtssystematische Aspekte der Ausweitung des Haftrechts. 1984.

Band 9 Helga Müller: Der Begriff der Generalprävention im 19. Jahrhundert. Von P.J.A. Feuerbach bis Franz v. Liszt. 1984.

Band 10 Frowin Jörg Kurth: Das Mitverschulden des Opfers beim Betrug. 1984.

Band 11 Martin J. Worms: Die Bekenntnisbeschimpfung im Sinne des § 166 Abs. 1 StGB und die Lehre vom Rechtsgut. 1984.

Band 12 Jong-Dae Bae: Der Grundsatz der Verhältnismäßigkeit im Maßregelrecht des StGB. 1985.

Band 13 Helmut Fünfsinn: Der Aufbau des fahrlässigen Verletzungsdelikts durch Unterlassen im Strafrecht. 1985.

Band 14 Christoph Krehl: Die Ermittlung der Tatsachengrundlage zur Bemessung der Tagessatzhöhe bei der Geldstrafe. 1985.

Band 15 Walter-Hermann Kiehl: Strafrechtliche Toleranz wechselseitiger Ehrverletzungen - Zur ratio legis der §§ 199, 233 Strafgesetzbuch -. 1986.

Band 16 Matthias Krahl: Die Rechtsprechung des Bundesverfassungsgerichts und des Bundesgerichtshof zum Bestimmtheitsgrundsatz im Strafrecht (Art. 103 Abs. 2 GG). 1986.

Band 17 Patrick Carroll Campbell: § 220a StGB. Der richtige Weg zur Verhütung und Bestrafung von Genozid? 1986.

Band 18 Winfried Hassemer (Hrsg.): Strafrechtspolitik. Bedingungen der Strafrechtsreform. 1987.

Band 19 Felix Herzog: Prävention des Unrechts oder Manifestation des Rechts. Bausteine zur Überwindung des heteronom-präventiven Denkens in der Strafrechtstheorie der Moderne. 1987.

Band 20 Astrid Michalke-Detmering: Die Mindestanforderungen an die rechtliche Begründung des erstinstanzlichen Strafurteils. Zur Auslegung des § 267 StPO. 1987.

Band 21 Lothar Kuhlen: Die Unterscheidung von vorsatzausschließendem und nichtvorsatzausschließendem Irrtum. 1987.

Band 22 Michael Buttel: Kritik der Figur des Aufklärungsgehilfen im Betäubungsmittelstrafrecht (§ 31 BtMG). 1988.

Band 23 Matthias Kögler: Die zeitliche Unbestimmtheit freiheitsentziehender Sanktionen des Strafrechts. Eine vergleichende Untersuchung zur Rechtslage und Strafvollstreckungspraxis in der Bundesrepublik Deutschland und den USA. 1988.

Band 24 Klaus Lüderssen/Cornelius Nestler-Tremel/Ewa Weigend(Hrsg.): Modernes Strafrecht und ultima-ratio-Prinzip. 1990.

Band 25 Jürgen Taschke: Die behördliche Zurückhaltung von Beweismitteln im Strafprozeß. 1989.

Band 26 Daniela Westphalen: Karl Binding (1841-1920). Materialien zur Biographie eines Strafrechtsgelehrten. 1989.

Band 27 Sigrid Jans: Die Aushöhlung des Klageerzwingungsverfahrens. 1990.

Band 28 Dimitris Spirakos: Folter als Problem des Strafrechts. Kriminologische, kriminalsoziologische und (straf-)rechtsdogmatische Aspekte unter besonderer Berücksichtigung der Folterschutzkonvention und der Pönalisierung der Folter in Griechenland. 1990.

Band 29 Stephan Moll: Strafrechtliche Aspekte der Behandlung Opiatabhängiger mit Methadon und Codein. 1990.

Band 30 Stefan Werner: Wirtschaftsordnung und Wirtschaftsstrafrecht im Nationalsozialismus. 1991.

Band 31 Xanthi Bassakou: Beiträge zur Analyse und Reform des Absehens von Strafe nach § 60 StGB. 1991.

Band 32 Rainer Runte: Die Veränderung von Rechtfertigungsgründen durch Rechtsprechung und Lehre. Moderne Strafrechtsdogmatik zwischen Rechtsstaatsprinzip und Kriminalpolitik. 1991.

Band 33 Olaf Hohmann: Das Rechtsgut der Umweltdelikte. Grenzen des strafrechtlichen Umweltschutzes. 1991.

Band 34 Klaus Jochen Müller: Das Strafbefehlsverfahren (§§ 407 ff. StPO). Eine dogmatisch-kriminalpolitische Studie zu dieser Form des schriftlichen Verfahrens unter besonderer Berücksichtigung der geschichtlichen Entwicklung – zugleich ein Beitrag zum StVÄG 1987. 1993

Band 35 Sang-Don Yi: Wortlautgrenze, Intersubjektivität und Kontexteinbettung. Das strafrechtliche Analogieverbot. 1991.

Band 36 Birgit Malsack: Die Stellung der Verteidigung im reformierten Strafprozeß. Eine rechtshistorische Studie anhand der Schriften von C. J. A. Mittermaier. 1992.

Band 37 Rüdiger Schäfer: Die Privilegierung des "freiwillig-positiven" Verhaltens des Delinquenten nach formell vollendeter Straftat. Zugleich ein Beitrag zum Grundgedanken des Rücktritts vom Versuch und zu den Straftheorien. 1992.

Band 38 Cornelius Nestler-Tremel: AIDS und Strafzumessung. 1992.

Band 39 Christine Gutmann: Freiwilligkeit und (Sozio-)Therapie – notwendige Verknüpfung oder Widerspruch? 1993.

Band 40 Walter Kargl: Der strafrechtliche Vorsatz auf der Basis der kognitiven Handlungstheorie. 1993.

Band 41 Jürgen Rath: Zur strafrechtlichen Behandlung der aberratio ictus und des error in objecto des Täters. 1993.

Band 42 Martin Fischer: Wille und Wirksamkeit. Eine Untersuchung zum Problem des *dolus alternativus.* 1993.

Band 43 Regina Harzer: Der Naturzustand als Denkfigur moderner praktischer Vernunft. Zugleich ein Beitrag zur Staats- und Rechtsphilosophie von Hobbes und Kant. 1994.

Band 44 Helmut Pollähne: Lockerungen im Maßregelvollzug. Eine Untersuchung am Beispiel der Anwendung des nordrhein-westfälischen Maßregelvollzugsgesetzes im Westfälischen Zentrum für Forensische Psychiatrie (Lippstadt). 1994.

Band 45 Hans-Joachim Leonhardt: Rechtsmittelermessen der Staatsanwaltschaft. Eine Gegenüberstellung von § 296 StPO mit Nummern 147 und 148 Richtlinien für das Strafverfahren und das Bußgeldverfahren (RiStBV). 1994.

Band 46 Rolf Grünebaum: Zur Strafbarkeit des Therapeuten im Maßregelvollzug bei fehlgeschlagenen Lockerungen. 1996.

Band 47 Barbara Bialas: Promille-Grenzen, Vorsatz und Fahrlässigkeit. 1996.

Band 48 Christine Pott: Die Außerkraftsetzung der Legalität durch das Opportunitätsdenken in den Vorschriften der §§ 154, 154a StPO. Zugleich ein Beitrag zu einer kritischen Strafverfahrensrechtstheorie. 1996.

Band 49 Wolfgang Köberer: *Iudex non calculat.* Über die Unmöglichkeit, Strafzumessung sozialwissenschaftlich-mathematisch zu rationalisieren. 1996.

Band 50 Institut für Kriminalwissenschaften Frankfurt a.M. (Hrsg.): Vom unmöglichen Zustand des Strafrechts. 1995.

Band 51 Petra Kamberger: Treu und Glauben (§ 242 BGB) als Garantenstellung im Strafrecht? 1996.

Band 52 Anastassios Triantafyllou: Das Delikt der gefährlichen Körperverletzung (§ 223a StGB) als Gefährdungsdelikt. (Zugleich ein Beitrag zur Dogmatik der Gefährdungsdelikte). 1996.

Band 53 Norbert Kissel: Aufrufe zum Ungehorsam und § 111 StGB. Grundrechtlicher Einfluß bei der Feststellung strafbaren Unrechts. 1996.

Band 54 Susanne Ehret: Franz von Liszt und das Gesetzlichkeitsprinzip. Zugleich ein Beitrag wider die Gleichsetzung von Magna-charta-Formel und Nullum-crimen-Grundsatz. 1996.

Band 55 Stefan Braum: Geschichte der Revision im Strafverfahren von 1877 bis zur Gegenwart. Zugleich eine Kritik der Kontinuität politischer Macht im Recht. 1996.

Band 56 Katja Diel: Das Regreßverbot als allgemeine Tatbestandsgrenze im Strafrecht. 1997.

Band 57 Christoph Koller: Die Staatsanwaltschaft – Organ der Judikative oder Exekutivbehörde? Die Stellung der Anklagebehörde und die Gewaltenteilung des Grundgesetzes. 1997.

Band 58 Frank Schößler: Anerkennung und Beleidigung. Rechtsgut und Strafzweck des § 185 StGB. 1997.

Band 59 Regina Engelstädter: Der Begriff des Unfallbeteiligten in § 142 Abs. 4 StGB. Zugleich eine Kritik an aktuellen Zurechnungslehren. 1997.

Band 60 Jörg Reinhardt: Der Ausschluß und die Ablehnung des befangen erscheinenden Staatsanwaltes. 1997.

Band 61 Jens Christian Müller-Tuckfeld: Integrationsprävention. Studien zu einer Theorie der gesellschaftlichen Funktion des Strafrechts. 1998.

Band 62 Peter Maria Rohe: Verdeckte Informationsgewinnung mit technischen Hilfsmitteln zur Bekämpfung der Organisierten Kriminalität. Zugleich eine rechtsvergleichende Analyse der polizeilichen Abhörbefugnisse in den U.S.A. 1998.

Band 63 Dirk Fabricius: Was ein Lehrbuch lehrt ... Eine exemplarische Untersuchung von Jakobs *Strafrecht – Allgemeiner Teil*. 1998.

Band 64 Stefan Sinner: Der Vertragsgedanke im Strafprozeßrecht. 1999.

Band 65 Sebastian Schattenfroh: Die Staatsphilosophie Giovanni Gentiles und die Versuche ihrer Verwirklichung im faschistischen Italien. 1999.

Band 66 Athanassia Dionyssopoulou: Der Tatbestand der Geldwäsche. Eine Analyse der dogmatischen Grundlagen des § 261 StGB. 1999.

Band 67 Klaus von Lampe: *Organized Crime*. Begriff und Theorie organisierter Kriminalität in den USA. 1999.

Band 68 Christian Hanssen: "Trennung der Märkte". Rechtsdogmatische und rechtspolitische Probleme einer Liberalisierung des Drogenstrafrechts. 1999.

Band 69 Institut für Kriminalwissenschaften und Rechtsphilosophie Frankfurt a.M. (Hrsg.): Irrwege der Strafgesetzgebung. 1999.

Band 70 Konstantinos Chatzikostas: Die Disponibilität des Rechtsgutes Leben in ihrer Bedeutung für die Probleme von Suizid und Euthanasie. 2000.

Band 71 Bettina Wirmer-Donos: Die Strafrechtstheorie Karl Christian Friedrich Krauses als theoretische Grundlage des spanischen Korrektionalismus. 2001.

Band 72 Christine Löw: Die Erkundigungspflicht beim Verbotsirrtum nach § 17 StGB. 2001.

Band 73 Florian Ufer: Der Verwertungswiderspruch in Theorie und Praxis. Prozessuale Obliegenheiten des Verteidigers und ihre Bedeutung für die Rechtsposition des Beschuldigten. 2002.

Band 74 Katja Melzer: Psychisch kranke Straftäterinnen. Frauen im Maßregelvollzug. 2001.

Band 75 Gregor Kuntze-Kaufhold: Lebenswelt und Unparteilichkeit. Kriterien für eine Rechtsanwendungslehre am Beispiel der Analyse von fünf Hauptverhandlungen in Strafverfahren. 2002.

Band 76 Iris Kristina Passek: Die erstinstanzliche Zuständigkeit der Oberlandesgerichte in Staatsschutzstrafsachen. Historische Entwicklung und aktuelle Probleme. 2002.

Band 77 Michael Krebs: Die Weisungsgebundenheit des Staatsanwalts unter besonderer Berücksichtigung des rechtstatsächlichen Aspekts. 2002.

Band 78 Kerstin Degenhardt: Europol und Strafprozeß. Die Europäisierung des Ermittlungsverfahrens. 2003.

Band 79 Domenico Siciliano: Das Leben des fliehenden Diebes: Ein strafrechtliches Politikum. 2003.

Band 80 Marc Colussi: Produzentenkriminalität und strafrechtliche Verantwortung. 2003.

Band 81 Thilo Lars Hild: Grenzen einer strafrechtlichen Regulierung des Kapitalmarktes. Eine kriminalrechtliche Untersuchung von Börsengängen und Aktienhandel in Deutschland und den USA. 2004.

Band 82 Philipp Rau: Schweigen als Indiz der Schuld. Ein Vergleich des deutschen und englischen Rechts zur Würdigung des Schweigens des Beschuldigten. 2004.

Band 83 Alexandra Pfeiffer: Die Regelung der Lebendorganspende im Transplantationsgesetz. 2004.

Band 84 Elena Fischer: Recht auf Sterben?! Ein Beitrag zur Reformdiskussion der Sterbehilfe in Deutschland unter besonderer Berücksichtigung der Frage nach der Übertragbarkeit des Holländischen Modells der Sterbehilfe in das deutsche Recht. 2004.

Band 85 Jörg Ziethen: Grundlagen probabilistischer Zurechnung im Strafrecht. 2004.

Band 86 Stefanie Schork: Ausgesprochen schuldig. Dogmatische und metadogmatische Untersuchungen zum Schuldspruch. 2005.

Band 87 Claudia Schubert: Verbotene Worte? Versuch einer Neubestimmung im Umgang mit rassistischen Äußerungen jenseits des Strafrechts. 2005.

Band 88 Ulfrid Neumann / Cornelius Prittwitz (Hrsg.): Kritik und Rechtfertigung des Strafrechts. 2005.

Band 89 Denis Basak: Die Zuständigkeitsregeln internationaler Strafgerichte und Art. 101 GG. Zum Verhältnis der deutschen Strafgerichtsbarkeit zu den Internationalen Tribunalen für Jugoslawien und Ruanda sowie zum Ständigen Internationalen Strafgerichtshof. 2005.

Band 90 Hsiao-Wen Wang: Der universale Strafanspruch des nationalen Staates. Eine Untersuchung über das Weltrechtsprinzip im Internationalen Strafrecht. 2005.

Band 91 Leonie Frenz: Faktizität des Rechts in der forensischen Psychiatrie. Eine Untersuchung im LKH Moringen. 2005.

Band 92 Eva-Maria Unger: Schutzlos ausgeliefert? Der Europäische Haftbefehl. Ein Beispiel für die Missachtung europäischer Bürgerrechte. 2005.

Band 93 Marcus Bastelberger: Die Legitimität des Strafrechts und der *moralische Staat*. Utilitaristische und retributivistische Strafrechtsbegründung und die rechtliche Verfassung der Freiheit. 2006.

Band 94 Marc Reiß: Rechtliche Aspekte der Präimplantationsdiagnostik. Unter besonderer Berücksichtigung der Rechte der von einem Verbot betroffenen Paare. 2006.

Band 95 Alexander Kolz: Einwilligung und Richtervorbehalt. 2006.

Band 96 Vasco Reuss: Eine Kritik der juristischen Vernunft. Rezeptionsversuche der Negativen Dialektik Adornos für die Dogmatik des Strafrechts. 2007.

Band 97 Lutz Eidam: Die strafprozessuale Selbstbelastungsfreiheit am Beginn des 21. Jahrhunderts. 2007.

Band 98 Christiane Rüdiger: Schutzinteresse und Deliktsstruktur der „Bestechungsdelikte" (§§ 331 ff. StGB). 2007.

Band 99 Urte Eisenhardt: Das nemo tenetur Prinzip: Grenze körperlicher Untersuchungen beim Beschuldigten. Am Beispiel des § 81a StPO. 2007.

Band 100 Institut für Kriminalwissenschaften und Rechtsphilosophie Frankfurt a. M. (Hrsg.): Jenseits des rechtsstaatlichen Strafrechts. 2007.

Band 101 Nils Möckelmann: Die rechtliche, psychiatrische und gesellschaftliche Beurteilung jugendlicher Straftäter in der jüngeren deutschen Geschichte. Eine Analyse anhand zweier Strafverfahren mit Gutachten des Psychiaters Ernst Rüdin aus den Jahren 1915/1917 unter Berücksichtigung der Entwicklungen bis zur Gegenwart. 2007.

Band 102 Alexa Albrecht: Zur Erosion der Menschenrechte im demokratischen Rechtsstaat. Reaktionen der Systeme und der Zivilgesellschaft. 2007.

Institut für Kriminalwissenschaften und Rechtsphilosophie Frankfurt a. M. (Hrsg.)

Jenseits des rechtsstaatlichen Strafrechts

Frankfurt am Main, Berlin, Bern, Bruxelles, New York, Oxford, Wien, 2007.
X, 683 S.
Frankfurter kriminalwissenschaftliche Studien.
Verantwortlicher Herausgeber: Ulfried Neumann. Bd. 100
ISBN 978-3-631-56213-0 · br. € 88.–*

Der 100. Band der Frankfurter Kriminalwissenschaftlichen Studien sammelt Originalbeiträge früherer und jetziger Mitarbeiterinnen und Mitarbeiter des Instituts für Kriminalwissenschaften und Rechtsphilosophie der Johann Wolfgang Goethe-Universität Frankfurt am Main. Die Beiträge widmen sich dem Thema der Schwächung rechtsstaatlicher Traditionen durch den Prozess des An- und Umbaus, den das gesamte Strafrecht in immer größerer Beschleunigung erfährt. Unter den Kapitelüberschriften *Verfall, Verlust, Verschwinden* werden die Hauptkennzeichen dieser Entwicklung auf den Gebieten der Gesetzgebung, Kriminalpolitik, Strafrechtspraxis und Strafrechtswissenschaft dargestellt und am Maßstab „rechtsstaatlichen Strafrechts" gemessen.

Aus dem Inhalt: Der Verfall des rechtsstaatlichen Strafrechts · Der Verlust des Rechtsstaats im materiellen Strafrecht · Das Verschwinden schützender Verfahrensformen

Kolibri 360 GmbH
Ferdinand-Jühlke-Straße 7
99095 Erfurt, Deutschland
produktsicherheit@kolibri360.de

Druck:
CPI Druckdienstleistungen GmbH
im Auftrag der
Kolibri 360 GmbH
Ferdinand-Jühlke-Str. 7
99095 Erfurt